2019出国留学蓝皮书

基于留学中介评价指数

中信银行股份有限公司 著

Blue Book

China's Study Abroad Agencies

中信出版集团 | 北京

图书在版编目（CIP）数据

2019出国留学蓝皮书：基于留学中介评价指数 / 中信银行股份有限公司著 . -- 北京：中信出版社，2019.4 (2019.9重印)
ISBN 978-7-5217-0318-4

Ⅰ．① 2… Ⅱ．①中… Ⅲ．①留学生教育—世界—2019—指南 Ⅳ．① G649.1-62

中国版本图书馆CIP数据核字(2019)第057083号

2019出国留学蓝皮书——基于留学中介评价指数

著　　者：中信银行股份有限公司
出版发行：中信出版集团股份有限公司
（北京市朝阳区惠新东街甲4号富盛大厦2座　邮编　100029）
承 印 者：北京通州皇家印刷厂

开　　本：787mm × 1092mm　1/16　　印　　张：19.5　　字　　数：220千字
版　　次：2019年4月第1版　　印　　次：2019年9月第3次印刷
广告经营许可证：京朝工商广字第8087号
书　　号：ISBN 978-7-5217-0318-4
定　　价：58.00元

《2019出国留学蓝皮书》
编审委员会名单

序　一

中信银行党委委员　谢志斌

2019 年是中信银行股份有限公司（以下简称“中信银行”）连续第 4 年以第三方角度解读留学市场，评价留学中介机构。我们希望本书的付梓能够帮助更多的留学家庭做出理性的决策。

1978 年的改革开放，拉开了第三次留学潮的序幕。改革开放初期，国家领导人指出“增加留学生的数量，是 5 年内快见成效、提高中国国力水平的重要方法之一，要成千成万地派”。这一指示吹响了中国青年学生走向世界的号角，迎来了中国历史乃至世界历史上从未有过的留学大潮。时至今日，留学已成为千家万户热议的话题。“世界那么大，我想去看看”的思想在普通家庭中逐渐引起共鸣。自改革开放以来，我国各类出国留学人员累计已达 585.71 万人。

出国留学是一个重大决定，牵动着千万家庭的心。从萌生想法到行前准备，从签证办理到学费汇款，甚至留学归来的整个周期，对于缺乏经验的留学家庭来说，每一步都充满了对未知的困惑。如何做出正确的留学选择？如何选择留学中介？如何办理签证？如何交纳学费？如何携带生活费？如何保障孩子在海外的安全？众多繁杂的问题，令父母感到焦虑。

中信银行作为国内最早开办出国金融业务的商业银行，是国人出国梦的铺路者和出国金融的领航者，拥有 20 年的出国金融业务服务经验。我行始终以为出国客户提供贴心、全面、便利的服务为己任，以用创新性思维发现和满足客户的实际需求为目标，在出国金融领域，创造了众多“率先”和“唯一”。我行是美国驻华大使馆在中国境内唯一授权签证办理代交费、代传递和护照返还的机构；是国内首批获得国家外汇管理局批准，推出个人外汇业务的银行之一；是业内率先推出“全球签”一站式签证办理服务的银行；是新西兰移民局唯一授权办理代开新西兰留学汇款专用账户的中资银行；是率先推出国内首张留学生信用卡的银行；是率先推出国内首个拥有个人外币现金管理工具——“外币薪金煲”的银行；也是国内合作使馆最多的银行。截至目前，我行的合作使馆已经达到9家，覆盖了美国、英国、澳大利亚等留学主流国家。同时，我行在线上、线下打造了超过2 000人的出国金融和个人外汇业务专员团队，以及400名全能型出国金融国际规划师团队，旨在为出国客户提供专业、贴心的服务。

中信银行的“出国金融”刚刚走过第20个年头，我们将凭借成功服务近2 000万出国客户的经验，从金融和非金融的角度，更好地为留学家庭提供覆盖留学前、留学中、留学后的一站式服务，让留学生有备而行。

未来的世界，是国际人的世界；未来的市场，是全球化的市场。走出国门到世界去，本身就是留学生体验人生和认识世界的最好课程，是他们成为国际人、步入世界市场的第一步。而拥有西方国家的经历和视野，全面地汲取不同的知识和思维方法，将有助于我国的下一代形成符合他们未来发展的世界观和人生观，让他们成为助力“中国梦”的中坚力量。中信银行衷心祝愿莘莘学子抓住机遇，实现留学梦想，体验人生精彩！

2019年3月

序　二

凯度华通明略中国区董事总经理　莫尼诗·裘德海瑞（Maneesh Choudhary）

2018年，凯度华通明略很荣幸地接受了中信银行的邀请，共同撰写《2019出国留学蓝皮书》。作为全球领先的市场研究公司，凯度华通明略旨在利用科学、有效的调研和扎实的数据分析，以客观、中立、可靠的评价体系，为读者细致剖析留学市场，提供留学中介机构选择的参考信息。凯度华通明略将通过数据展现留学申请及留学后生活的全过程，从而帮助“准留学家庭”更快熟悉海外生活。

在与中信银行一同撰写本书的过程中，我们能够深切地感受到：作为中国最早开办出国金融业务的商业银行，中信银行在为出国客户提供服务的同时，切身了解和体会了客户所面临的实际需求。不但想客户之所想，中信银行还能通过创新性思维和贴心、有温度的服务帮助客户寻求解决问题的方法，并且不断地总结这些需求，形成对于出国留学的深入理解，将这些观点和理解转化为切实的建议在本书中体现出来，力求真正有效地帮助到留学家庭。对于中信银行用心理解客户、服务客户的精神，我们十分钦佩！

《2019出国留学蓝皮书》有两大特点：一是“精准提炼”，提供了全面、精确的信息资料和数据结果；二是“直接对话”，通过专家视角、留学生视角、家长视角等真实、生动的案例展示，为留学家庭解惑答疑。

在《2019出国留学蓝皮书》的写作过程中，我们在中国以及世界各地的主要留学国家收集到 5 329 份有效调研样本，并创新性地加入了中国众多企业对留学生的评价与反馈。如此一来，全书从留学准备开始，到海外留学生活，再到留学后就业，形成了一个完整的“留学闭环”，能够让读者全面了解留学过程，对整个留学过程做到心中有数。

《2019 出国留学蓝皮书》已经是“出国留学蓝皮书”系列的第 3 版了。2019 年，我们继承和延续了前两版的写作理念及理论方法：用数据说话，以准确、翔实的调研数据为基础，向留学家庭呈现公正、客观的留学市场概览与留学中介机构排名。与此同时，我们还对前两版的内容进行了丰富和扩展，引用大量资料与访谈，通过真实的案例和权威的专家解读，为留学家庭提供可靠的留学建议。

凯度华通明略是一家全球领先的调研机构，隶属于 WPP 集团（世界上最大的传播集团）旗下一流的数据、洞察和咨询公司——凯度。凯度华通明略已成立 46 年，在超过 55 个国家和地区开展业务。我们每年发布的 BrandZ ™榜单，是全球最权威、规模最大的品牌估值报告之一。我们通过提供综合全面的、以调研为基础的定性和定量解决方案，帮助客户打造强有力的品牌。

在留学热潮中，我们愿携手中信银行，共同服务于广大留学家庭，使《2019 出国留学蓝皮书》成为权威的中介评价榜单和留学家庭必备的留学指南。同时，我们希望通过自身的专业知识和努力，帮助中信银行更好地理解客户、服务社会大众，为中信银行走向世界、打造“有温度”的伟大品牌而助力。

2019 年 3 月

前　言

2019年，中信银行打造出版《2019出国留学蓝皮书》，践行为留学家庭提供“有温度”的服务的宗旨。本书在持续追踪行业数据、把握市场脉搏的基础上，增加了对社会人士的调查，进一步提升了在留学、留学生和留学生技能等方面综合评价的全面性，带领留学家庭从各层面透视留学、了解留学、走近留学。

2018年，我国的出国人数为66.21万，较2017年增加5.37万人，同比增长8.83%。留学回国人数为51.94万，较2017年增加3.85万人，同比增长8%。近20年来，我国自费出国留学人数迅速增长，与留学息息相关的产业也取得了前所未有的发展。留学中介机构作为留学群体留学过程中的重要渠道之一，成了留学家庭关注的重点，人们对客观评估留学中介机构的需求日益增长。当前留学呈现出低龄化、“一带一路”国家留学热、专业选择多样化、职场留学人数增长、留学生回流增加等新趋势，而如何掌握和面对这些新趋势也成为留学家庭关注的新问题。本书通过对出国留学中介机构进行客观评价以及解读留学市场，为留学家庭提供了参考和指导。

《2019出国留学蓝皮书》作为一本“有用”的留学中介指南，共采集5 329份样本（见图0-1），新增社会人士调查样本，从留学申请开始构建了一个覆盖留学各个环节的完整体系，对留学市场、留学人群、留学服务及留学后生活进行了详尽描述。本书在国内共采集4 075份样本，通过对百余家留学中介机构进行考察评估，完成了多维度的留学中介机构评价榜单。书中新增的差异化服务指标使评价体系更加全面，为留学家庭选择留学中介机构建立了全面立体的参考体系。本书在海外共采集 1 137 份样本。与此同时，本书新增了社会人士样本 117 份，从包括企业雇主在内的社会人士角度解析留学生群体的特征及优劣势。

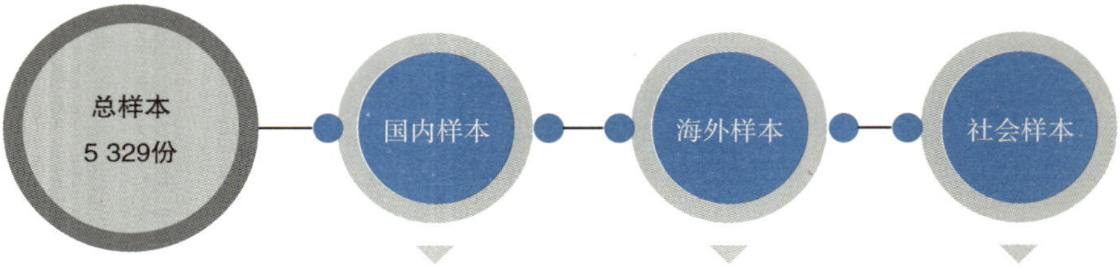

4 075份样本

2018年，国内样本覆盖北京、上海、广州、深圳、杭州、成都、武汉、西安、济南、长沙共10个城市。在城市覆盖上表现出城市代表性和区域代表性，共采集4 075份样本。其中，面对面访问采集3 408份样本，线上采集667份样本。

1 137份样本

在海外执行完成。基于2018年留学目的地的选择，选取主流留学国家，如美国、加拿大、英国和澳大利亚，以及非主流的欧洲、亚洲留学国家及地区。

117份样本

访问了包括企业雇主、高级经理人在内的社会人士，从他们的角度解析了留学生群体的特征及优劣势。

图 0–1　2018 年中信银行出国留学调研部分样本构成

2019 年度的蓝皮书延续了往年针对国内消费者调研的部分，在国内采集的 4 075 份样本覆盖全国 10 个城市，在样本量及覆盖率上都达到了较高的标准，并将调研误差控制在极小的范围内，力求为读者展示最真实的留学市场分析，如图 0–2 所示。

在留学中介机构综合榜单体系构建过程中，本书结合中介客户调研数据、百度大数据和中介机构资质评价数据，保证了留学中介机构评价体系的全面性与客观性。中介客户调研数据覆盖全国 10 个城市，涵盖了 5 个不同地域，通过线上调研和线下访问相结合的方式，客观地反映了留学家庭对留学中介机构的评价。在评价指标的选取中，本书紧贴留学

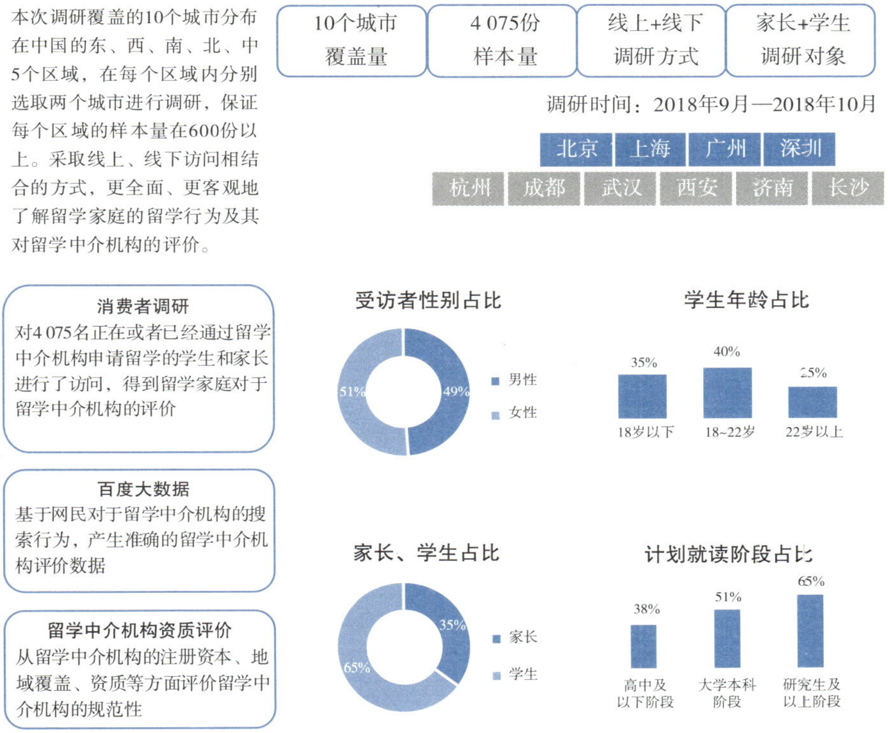

图 0–2　2018 年中信银行出国留学中介评价指数构成及国内中介机构客户调研部分样本构成

家庭关注的热点问题和留学中介机构的服务内容，采用因子分析等方法，洞察留学市场和留学中介机构的特点，对其不同服务领域的表现进行评估。本书借助百度的数据优势，利用大数据海量、真实、及时、全覆盖的特点，反映留学中介机构的品牌活跃度。同时，通过中介机构规模、分支机构数量等资质类指标，本书综合评估了留学中介机构的规范性和持续经营能力。

在海外样本方面，本书选取主流留学国家（如美国、英国、加拿大、澳大利亚、新西兰等）为主要的样本采集地，除英国外的欧洲和亚洲因其留学国家和地区较为分散，所以做整体的样本采集。部分海外留学人群有多个国家求学经历，因此国家样本计算中存在重叠。样本采集的具体情况如图 0–3 所示。

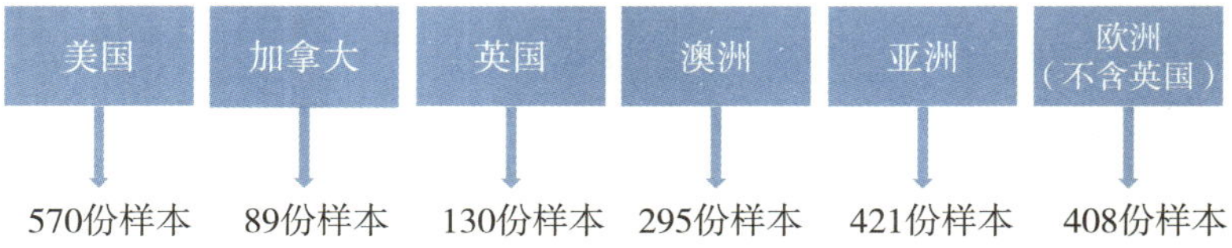

图 0–3　2018 年中信银行出国留学国外客户调研部分样本构成

《2019 出国留学蓝皮书》作为一本“有趣”的留学家庭记录，通过对话准留学家庭及海外留学生，向读者讲述他们最生动的留学经历。本书对留学准备、留学学习、留学生活、留学就业和留学金融各个方面进行了细致描述，帮助留学家庭走好留学中的每一步。本书新增了针对社会人士的调研，将为读者提供一个全新的视角，告诉读者别人眼中的留学生和留学生技能，帮助留学生进一步适应社会，完成从留学到工作的衔接。

《2019 出国留学蓝皮书》作为一本“有情”的留学规划指导，新增了专家访谈，把握留学中的各种变化，对留学过程中的新趋势、新现象做出了详尽和专业的解读，帮助留学家庭更好地解决新变化带来的新问题。同时，针对留学各个阶段可能遇到的各类情况，本书提出了有效可行的方法，为留学家庭保驾护航。

本书由中信银行联合凯度华通明略共同撰写。在撰写过程中，我们根据遵从真实的原则，通过调研数据合理构建统计模型，并对得到的数据进行中立客观的解释。但是，为了尽快为留学家庭提供对当前留学新趋势、新变化的可信参考，本书的撰写和出版过程比较紧迫，如有疏漏之处，敬请谅解。

本书能够付梓，要感谢多方团队与人员的共同努力和支持。感谢鄂学文先生针对留学中介行业整体发展给出的分析和建议；感谢史蒂文·亨德里克斯（Steven Hendryx）先生针对中美教育及面试申请给出的建议；感谢香莎莉女士从招生官角度为我们分析学校的录取倾向；感谢全美私立中学中国学生联合会理事长郑卫峰先生对美国大学所采取的申请者选拔策略的说明；感谢国家二级心理咨询师春子老师及翼心理辅导老师 Joy（乔伊）对留学生心理问题的分析指导；感谢中国驻美大使馆对涉及在美领事保护工作内容的分享；感谢黄雷博士对留学生安全问题及领事保护方面的分享；感谢马列伟博士在留学生就业问题上给出的中肯建议。

中信银行股份有限公司

2019 年 3 月

目　录

第一章

蓬勃发展的留学市场——出国留学形势与趋势

第一节 “支持留学、鼓励回国、来去自由”
——改革开放四十年的留学路

1978 年 6 月 23 日，当时的国家领导人在听取关于清华大学的工作汇报时，做出了关于扩大增派留学生的指示，“我赞成留学生的数量增大，主要搞自然科学……要成千成万地派，不是只派十个八个”。由此开启了我国新时代的留学浪潮。

以上述讲话为基础，以恢复中美外交为契机，1978 年 12 月，我国在建国后首次向美国公派了 52 名访问学者，他们通过层层筛选，作为“首航学者”前往美国各个高校进行为期两年的学术研究。当时这 52 名“留学生”都已参加工作，年龄最小的 33 岁，最大的 48 岁，其中不乏大学教授、驻院医生等。此次学术交流及外交活动拉开了我国新一轮出国留学热潮的大幕。次年，国家提出“抓紧时机，积极选拔，广开渠道，力争多派，科技为主，兼顾其他”的大政方针，进一步推动了我国留学市场的发展。

截至 2018 年，改革开放之路已经走过 40 个春秋。在这 40 年间，我国的经济实力发生了翻天覆地的变化。经济的蓬勃发展带动了民间出国留学的热潮，且在近 20 年尤为突出：在改革开放的第 3 个 10 年里，我国的出国留学人数激增，中国成为世界第一大留学生生源国；在改革开放的第 4 个 10 年里，国内经济水平稳步提升，对人才的重视程度不断得到提升，通过留学提升个人价值并回国就业已经成为众多优秀人才的最佳选择。

1993 年 11 月，中国共产党第十四届三中全会首次以中共中央文件《中共中央关于建立社会主义市场经济体制若干问题的决定》的形式确立并肯定了“支持留学、鼓励回国、来去自由”的出国留学政策。

1998—2007 年，国家针对出国留学推出各项支持政策，持续推动留学市场发展。1998—1999 年，国家先后建立了国家留学网、中国留学人才信息网等网络平台，将出国留学摆在了人才发展的重要位置，并将其作为国家人才发展战略的重要部署。

进入 21 世纪，随着中国加入 WTO（世界贸易组织），与国际接轨日益增多，众多优秀学者开始将出国留学当作提升个人竞争力的重要手段，中国留学人员的数量急剧上升。2000 年，财政部、教育部发布《财政部 教育部关于调整国家公派留学人员奖学金资助标准的通知》，并在通知中提及：提高在埃及、泰国等国家的中国国家公派留学人员的奖学金标准，加强“长江学者奖励计划”的海外宣传力度，同时继续执行“支持留学、鼓励回国、来去自由”的方针，鼓励留学人员回国为祖国服务。2001 年，国家出台相关政策进一步扩大公派留学人员的规模，全年出国留学人数超过 8.4 万人。2002 年，澳大利亚、新西兰、英国、加拿大等国家放宽针对中国学生的留学签证政策。2003 年，教育部印发《教育部关于简化大专以上学历人员自费出国留学审批手续的通知》，大大简化了自费出国人员的审核手续。此后，我国的留学人数以每年 10 万人的数量递增，并于 2006 年年底突破百万大关，正式迎来“留学大潮”的时代洪流。

在改革开放的第 4 个 10 年里，我国的留学人数仍在稳步增长，留学后的归国人员也在与日俱增。伴随着经济发展与国力增强，国家和企业求贤若渴，海归人才凭借语言能力、思维方式等方面的优势，受到了职业市场的热捧。国家在吸引留学生归国方面，也做出了诸多努力。自2008年以来，我国全面实施人才强国战略，制定“千人计划”共分13批次引进高层次人才和留学人才。同时，针对“海归就业”提出并落实了众多优惠政策，例如：“海归”达到硬性条件，即具有资格申请北、上、广等地的户口；对于“海归”创业给予资金支持以及税收、贷款优惠等众多扶持。

十八大以来，我国进入全面深化改革、扩大对外开放的新阶段，开始积极参与和引领全球新一轮技术创新与产业变革。大国地位和国际影响力的显著提升，使得我国留学工作所承担的使命更加重要。为此，国家积极进行政策调整，搭建人才交流互动平台，使其成为支持留学人员回国发展的有力支撑与重要载体。国家领导人在讲话中多次提及“加强国际人才的交流合作，推动不同文明互相尊重，推动各国人民相互理解”，还提出“党和国家将按照‘支持留学、鼓励回国、来去自由’的方针，把做好留学人员的工作作为实施科教兴国战略和人才强国战略的首要任务，以更大力度推进‘千人计划’‘万人计划’，千方百计地创造条件，使留学人员回到祖国有用武之地，留在国外有报国之门”。

截至2018年年底，我国已有365.14万留学生学成归国。针对留学人员高涨的回国意愿和国内用人单位的“求贤若渴”，教育部会同有关部委和地方政府举办了人才交流会等大型活动，进一步为双方创造了便利条件，切实推动了人才回流，促进了人才资源不断地为国家繁荣和社会发展提供有力支持。

国内良好的经济形势催生了大量的就业机会。随着我国逐步成为全球技术创新和模式创新的“策源地”，经济结构不断转型升级，越来越多的优秀人才选择回国就业和创业。教育部数据显示，[①] 2018年我国留学

---

① 资料来源：中华人民共和国中央人民政府网站《教育部：2018年度我国出国留学人员总数达66.21万人》，网址为http://www.gov.cn/xinwen/2019-03/27/content_5377428.htm。

人数持续上涨，达到 66.21 万人，较 2017 年增加了 5.37 万人，同比增长 8.83%。留学回国人数为 51.94 万，较 2017 年增加了 3.85 万人，同比增长 8%，如图 1-1 所示。

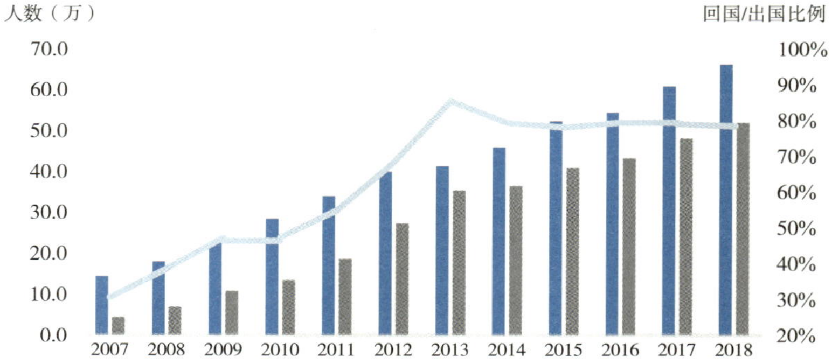

	2007	2008	2009	2010	2011	2012	2013	2014	2015	2016	2017	2018
出国人数	14.40	17.98	22.93	28.47	33.97	39.96	41.39	45.98	52.37	54.45	60.84	66.21
回国人数	4.40	6.93	10.83	13.48	18.62	27.29	35.35	36.48	40.91	43.25	48.09	51.94
回国/出国比例	31%	39%	47%	47%	55%	68%	85%	79%	78%	79%	79%	78%

图 1-1　2007—2018 年中国留学生人数及回国 / 出国比例

在自费出国留学人数迅速增长的 20 年间，我国与留学息息相关的产业同样得到了前所未有的发展。语言培训、语言考试、游学机构、留学中介、签证及银行服务等在各自领域都发挥了巨大的作用，使自费留学变得更加便利可行。区别于语言培训和其他服务的阶段性，留学中介机构的服务周期较长，呈现出持续性、陪伴性等特点，在留学生发展规划、申请准备等环节中扮演的角色越来越重要。在这种环境下，学生和家长对于中介服务的需求不断增长，留学中介机构越发受到全社会的广泛关注。因而，留学中介机构更需要通过不断提升自身的服务水平与服务质量，来满足市场的更高期待。

第二节 出国留学新趋势

目前，我国留学活动处于高速发展时期。近年来，我国的留学人数持续上涨，留学关注度显著提升，留学呈现低龄化、多样化、理性化等多种发展特点。根据当前情况，出国留学呈现如下发展新趋势。

一、留学人数不断增长，低龄化趋势进一步显现

近 10 年来，我国留学生人数迅速增加，留学群体分布呈现从“本科及以上”向“高中及以下”的延伸趋势。教育部 2017 年的统计数据显示，中小学阶段的留学生占出国留学生总数的比例已经增长到 33.93%。[①]中国教育在线发布的《2017 中国出国留学发展趋势报告》指出，低龄化留学趋势加剧，出国读中学的增长率超过读本科的增长率。[②]越来越多的家长选择让孩子在国外接受基础教育，且该趋势还将持续发展。

随着父母受教育程度与经济实力的双重提升，追求更先进的“教育理念”和“教育质量”成为家长送孩子出国接受基础教育的重要原因。一方面，国外的中小学教育更加注重培养学生的实践能力、想象力和创造力，这对于在教育理念上更追求孩子个性化发展的家长来说，具有较大的吸引力；另一方面，家长希望自己的孩子能够尽早接触到国外的教育方法，尽早提升孩子对英语的接受和理解能力，从而为孩子日后顺利适应国外的本科教育打下良好基础。此外，国内升学竞争激烈、名校难上，当家长无法全力帮助孩子顺利走好升学的每一步时，送孩子出国留

① 资料来源：中华人民共和国教育部网站《新闻发布会散发材料——聚焦国家战略 提供人才 支撑留学工作取得显著成绩——十八大以来留学工作情况介绍》。网址为 http：//www.moe.edu.cn/jyb_xwfb/xw_fbh/moe_2069/xwfbh_2017n/xwfb_170301/170301_sfcl/201703/t20170301_297675.html。

② 资料来源：中国教育在线《2017 中国出国留学发展趋势报告》。网址为 https：//www.eol.cn/html/lx/report2017/er.shtml。

学便成为一种直接、合理且有效的选择。尽管如此，出国留学仍需审慎理性的决策——是否出国，何时、何阶段出国，需要家长与孩子针对自身的实际情况，基于孩子的自理能力、心理成熟程度、自我约束管理能力等各方面综合考量。

二、美、英、加、澳仍是主流，“一带一路”沿线国家现留学热潮

在留学国家的选择上，美国、英国、加拿大、澳大利亚仍是当前四大热门留学目的国。本次《2019 出国留学蓝皮书》的调研结果显示，选择美国作为留学首选地的学生及家长比例占到 24%，选择加拿大的占到 14%，选择英国及澳大利亚的各占 13%。

《2018 美国门户开放报告》的数据显示，2017—2018 学年，中国在美留学人次达到 36.33 万，相比上一学年增长 3.6%，超过全世界留学生在美留学的平均增长率，中国留学生总数达到了全美国际学生总数的 33.2%。

近年来，在“一带一路”倡议的支持下，我国与“一带一路”沿线国家开始学历互认，留学生前往相关国家留学的热情不断高涨，这使得这些国家成为新的留学增长点。国家领导人在 2017 年“一带一路”国际合作高峰论坛开幕式的讲话中指出：“我们要建立多层次人文合作机制，搭建更多合作平台，开辟更多合作渠道。要推动教育合作，扩大互派留学生规模，提升合作办学水平。”2018 年 3 月教育部发布的《2017 最新出国留学及来华留学大数据》显示，2017 年我国赴“一带一路”沿线国家留学的人数为 6.61 万人，同比增长 15.7%，增长率超过我国总体出国留学人数的增长率。

三、复合型人才需求增长，专业选择日趋多样

通过留学开阔眼界，培养独立思考、乐于创新的能力，同时提升就

业竞争力，是家长选择送孩子出国留学的主要推动力，因而专业的选择尤为重要。从趋势上看，留学专业的选择愈加丰富。以美国为例，工程学、商科及管理学、数据及计算机科学仍为最热门的专业，选择这三类专业的学生占美国国际学生总数的36.2%。随着近年来国家对于复合型人才的需求持续增长，招聘单位对复合型人才的认可度不断提升，这些都为留学专业的选择带来了积极影响，也使得交叉学科成为新的留学热门专业，如近期各高校纷纷新增的商业分析专业、金融工程专业等。

同样，留学生的专业选择更趋理性化。根据本次针对计划出国留学人群的调研数据反馈，学生及家长在选择就读专业时最关注的是“专业实用性”，并且“兴趣方向”也在影响因素中排名靠前（见图1–2）。可见，学生及家长除注重院校的专业排名和未来职业发展之外，同样追求专业与自身兴趣和爱好等方面的契合，专业选择更加趋向理性。

图1–2　影响专业选择的五大主要因素及其占比

资料来源：《2019出国留学蓝皮书》调研，其中针对计划申请本科及以上学历的留学客户共采集2 350份样本。

四、职场人士留学需求增加，人数及比例稳步上升

留学并非在校学生专属，针对人们在不同阶段产生的新的学习需求和专业能力提升需求，留学不失为一种好的选择。《2019出国留学蓝皮

书》调研显示，职场人士在留学生中的数量及比例稳步上升。相比低龄留学生的申请大多由父母决定和规划，26 岁以上的留学生群体大多已有一定的工作经验，对于学校、专业选择等已进行了充分的考量与判断。他们在开启自己的“后学生时代”时，通常保持理性态度，不过分追求学校排名，反而更看重学校及专业的口碑。相应地，他们对于自己留学后的职业方向、工作地点等问题也建立了更清晰的规划。

领英 2017 年发布的《中国职场人教育投资消费洞察报告》显示，在中国有 98% 的人士在踏上职场后有进行个人提升的诉求，其中有 28% 的职场人士倾向于选择可获得海外经历的留学项目。[①] 这部分人群在经历职场历练后，更明确自身在工作发展中的短板，希望通过专业的学习提升自我，并借助良好的学校资源顺利过渡到下一份理想的工作。他们的留学选择以硕士研究生项目为主。

五、高层次人才回流趋势明显，归国发展渐成主流

在我国出国留学人数逐年增长的同时，已有 300 多万名留学生在完成学业后选择回国发展，占已完成学业的留学生人数的 84.46%。[②] 年度回国与出国人数比例也从 2008 年的 38% 上升至 2018 年的 78%（见图 1-1）。

从归国人员构成这个角度来看，我国留学回国人员的年龄主要分布在 22~34 岁，以高学历人才为主，90% 以上的归国人员具有硕士及以上学历。2016 年的教育部数据显示，我国留学回国就业人员的 81.45% 具有硕士学历，11.09% 具有博士学历，7.46% 具有本科和专科学历。[③] 和

① 资料来源：领英《中国职场人教育投资消费洞察报告——理享国：探索更好的自己》。

② 资料来源：央广网《教育部：2018 年我国出国留学人数 66.21 万　增长 8.83%》，网址为 http://edu.cnr.cn/list/20190328/t20190328_524558397.shtml。

③ 资料来源：中华人民共和国教育部《出国留学人数首次突破 60 万人　高层次人才回流趋势明显　2017 年出国留学、回国服务规模双增长》。网址为 http：//www.moe.gov.cn/jyb_xwfb/gzdt_gzdt/s5987/201803/t20180329_331771.html。

2015 年相比，博士学历的人数比例有所上升。理学、管理学、经济学和工学是留学人员较为集中的学科分布。在留学归国人员中，理学专业的人数比例第一次超越管理学，成为人数占比最高的学科。

从 20 世纪 80 年代初期探讨的“如何保证出国人员学成归国”，到 90 年代的“来去自由”，再到现在的留学生纷纷主动回国，这一切都反映出随着经济实力与综合水平的逐步提升，国际竞争力的不断加强，对高知、高学历人才需求的不断增加，我国已具有对优质人才的巨大“引力”。

同时，国家及各地方政府纷纷出台众多人才吸引政策，鼓励留学生学成回国并参与祖国的发展建设。“长江学者计划”“千人计划”等，都是国家为此所做出的努力，国家正在积极为优质人才施展才能提供良好的平台。

【专家视角】出国留学逐渐向“短平快”的形式发展

访问对象：中国教育国际交流协会出国留学服务分会副理事长鄂学文

近年来，随着国家教育事业的不断发展，留学人数的持续增长，留学市场逐渐出现了一些新的趋势。

在鄂学文看来，“短期留学”会在未来的留学类型中占有一席之地。“之前把孩子送出去接受国外的教育是因为当时国内外教育水平的差距较大，教育模式与方法也有较大不同。随着我国教育国际化的不断深入，教学内容的不断升级以及与国际接轨更为紧密，花费大量精力、时间、金钱适应海外学习的必要性也会有所降低。”

留学热度的不断上升，使得国际学校如雨后春笋一般出现。各公立高中也纷纷开设国际部、国际班，目的就是让学生能够在出国读书前努力适应国外的教育方式，减小国内外教学差别带来的冲击。除此之外，海外高校的夏校、夏令营也得到了众多学生及家长的青睐。国内外教育的联系变得日益紧密，差距也在逐渐缩小。

“未来我们甚至可以发展学分互认、课程互认模式，允许学生开展新的学习模式，如‘学期留学’——一个学期、一个学年或者更短时间的留学。”鄂学文先生说，“让孩子在整个受教育阶段，接触到更多不同国家的教育模式与文化传统，是非常有利于孩子国际化视野的培养的，对孩子未来的学业、职业发展都会有更好的帮助。”

近年来，越来越多的海外高校开始承认中国的高考成绩，中国学子可以凭借自己的高考成绩进入心仪的国外大学，这也是我国教育逐渐被国外接受的重要体现。未来，随着我国教育的不断发展和进步，国内外教育的差异将进一步淡化，学生去海外学习和交流的难度也将大大降低。

第三节　留学申请过程中所面临的问题

在留学申请过程中，哪些问题是学生和家长最关注的？我们在全国10个城市中，随机抽样选取有留学需求的学生及家长进行了问卷调研，希望通过充分了解留学家庭关心的留学申请相关问题，更好地帮助留学家庭进行留学规划。

一、留学申请过程中需要的帮助

如图1–3所示，无论对于学生还是家长，“申请材料的准备”都是在留学申请过程中最受关注的问题。显然，由于各个国家甚至各个学校对于申请材料的要求有所不同，因此在申请学校时了解各个国家、学校所需要的材料及录取标准是留学群体最迫切的需求。此外，留学中介的角色会在留学群体申请学校时起到关键性的引导作用，所以留学群体中关心“留学中介选择”的比例同样过半。与此同时，“个人材料的提升”“留学费用估计”“专业选择”等问题也都受到普遍关注。

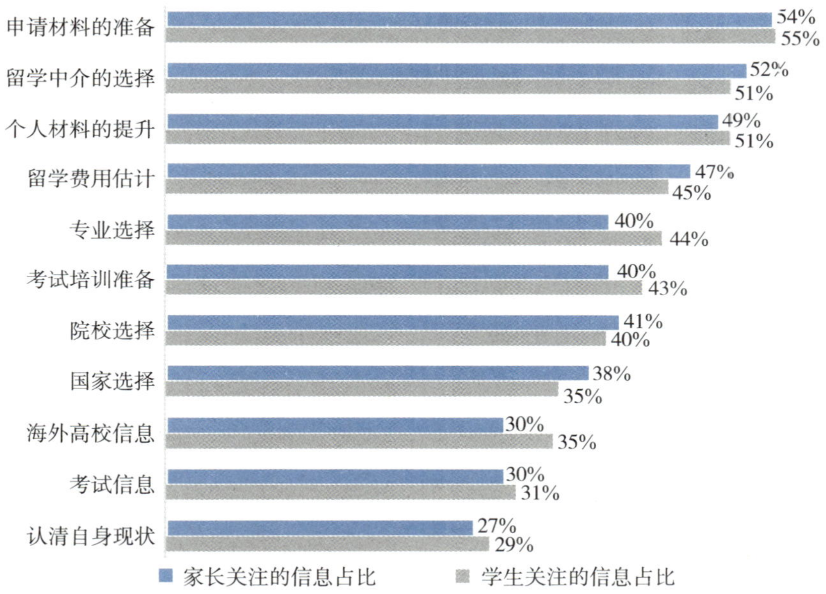

图 1–3　申请过程中需要的帮助

资料来源：《2019 出国留学蓝皮书》调研，共采集样本 4 075 份，其中有留学需求学生的家长样本 1 425 份，有留学需求的学生样本 2 650 份。

二、寻求帮助的渠道

面对众多疑问，留学家庭通常都会选择怎样的渠道来寻求帮助呢？如图 1–4 所示，有 78% 的受访者表示他们在遇到问题时会咨询自己的中介老师，期待获得帮助；有 68% 的受访者表示自己会查询相关资料解决问题。通过家长与学生群体的对比，我们可以看出，家长组获取帮助的渠道倾向于咨询“权威人士”，包括中介及学校老师；学生组倾向于向“经验人士”寻求帮助，如自己的学长，同时还会主动发邮件询问申请学校。

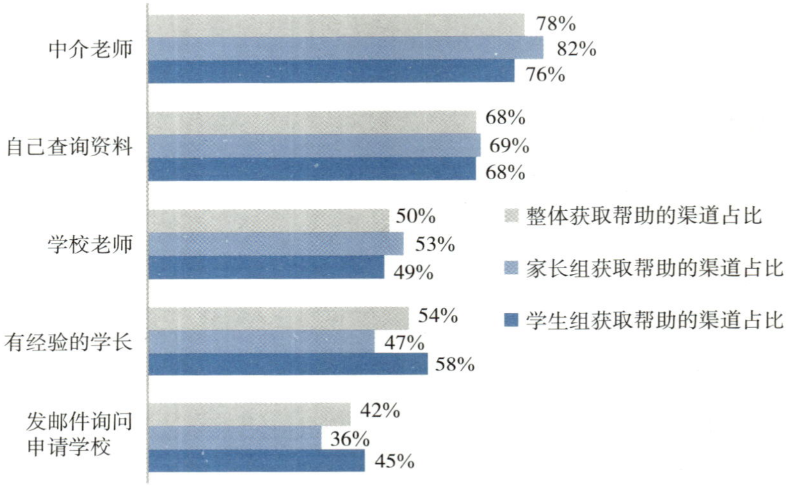

图 1–4　寻求帮助的途径

资料来源：《2019 出国留学蓝皮书》调研，共采集样本 4 075 份，其中有留学需求学生的家长样本 1 425 份，有留学需求的学生样本 2 650 份。

三、社会各界对留学事业的支持

社会各界也对留学生给予了各种各样的支持。例如，教育部留学服务中心的“平安留学”公益项目，中国儿童少年基金会联合有关单位共同推出的“护航计划”公益项目以及中国驻各国使领馆举办的“领保进校园”活动，都为留学生及留学家庭提供了支持与帮助。

1. 平安留学

自 2009 年起，教育部持续开展留学人员行前培训宣传教育活动，为广大留学人员做好出国前的非物质性准备提供线下及线上的培训。截至

2018 年，该培训活动已连续举办了 10 年。

在教育部的委托和指导下，教育部留学服务中心强化和推广“平安留学、健康留学、文明留学、成功留学”的理念，承担出国留学人员行前培训的具体工作。教育部在全国设立的 36 家“教育部出国留学培训与研究中心”以及各地教育厅和高校，采用线下、线上、实景、团组等多种培训形式，借助一套服务体系、一个网站、一个微信平台、一个视频播放系统、多系列教材、多学科专家团队以及联动工作机制，采取“走出去，请进来”的方式，为 13 万余人提供了现场培训，为超过 37 万人次提供了在线培训。

出国留学人员行前培训的主要内容包括：思想政治，爱国教育，国家留学政策和在外管理规定，公派留学人员办理出国手续的流程及自费留学人员一站式相关留学服务介绍，中国公民海外领事保护相关内容，海外安保常识，安全防卫技能培训，学术准备，涉外礼仪常识，心理健康常识，中西医日常保健知识，留学国别概况介绍。

除此之外，教育部留学服务中心还筹建了出国留学行前培训网站，该网站积累了较为丰富的留学人员所关心的通识、国别内容及相关视频课件。该网站还与时俱进地建立了平安留学公众号，及时发布行前培训相关信息。留学家庭可以登录“出国留学行前培训网”查询感兴趣的培训内容以及行前培训会举办的时间和地点。2019 年 3 月，2019“平安留学伴你行”公益宣传活动在京启动。中信银行作为参与平安留学讲座的唯一金融机构，凭借 21 年出国金融服务经验，为留学家庭讲解留学金融知识和海外金融安全。

扫描右侧二维码关注“平安留学”▶

2. 护航计划

2017年，中国儿童少年基金会推出“护航计划”公益项目，旨在为出国留学的少年学子提供公益保障服务。

“护航计划”公益项目统一由中国儿童少年基金会组织实施，从安全护航、服务护航、文化护航及数据护航4个方面为海外留学生提供全方位的保障。

自2018年5月起，“护航计划”进校园公益宣讲活动在全国相关高中落地，主题包括立志、安全、心理、法律、金融、就业指导等，形成了针对留学的“系统性指导体系”。中信银行作为“护航计划”的爱心编队成员，为留学家庭提供专业的出国金融服务，用心护航留学之路。

扫描右侧二维码关注“护航计划”▶

3. 领保进校园

外交部领事司领导表示，留学生是一个巨大的群体，领事保护工作人员将采取切实有效的措施妥善处理涉及中国海外留学生的案件，加强使馆网站、微信公众号和微信群等信息平台的建设。“领保进校园”活动可以有效地将安全预警信息和知识传达给留学生，不断加强留学生的安全防范意识，提高自我防范能力。

获取更多领事保护信息，请扫描右侧二维码关注“领事直通车”▶

国家建设需要留学归国人才的加入，需要学生和家长重视留学带来的积极影响，需要社会各界对留学事业给予鼎力支持。因此，本书将从留学生及留学家庭关注的热点及重点出发，以申请准备步骤为轴，辅以各个领域的专家观点以及海外留学生的真实经历分享。我们期待书中的叙述能够生动有效并且有温度地还原海外留学生从准备初期到毕业后求职的全貌，进而让即将或已经踏上留学申请道路的学生和家长相对全面地了解留学申请、留学准备及留学后的相关事宜，以便在日后的留学过程中，获得更加优质、更为贴合自身实际的学习体验。

第二章

出国的选择与决策

第一节　对话：两代人的留学梦

一、20 年前：因梦想而出国

如今，出国留学已经不再是一个陌生的话题。随着时代的发展，自费出国留学的人数在逐年攀升，这一切得益于我国经济的快速发展及人民生活的日益富足。但在 20 年前，远赴海外留学并非易事。当年那些勇敢追求梦想的学子面对的情况又是怎样的呢?

作为改革开放后较早出国的一批留学生之一，韩女士向我们描述了她的留学经历。

“20 年前，我父母一个月的工资加在一起不过 200 元，而当时美国大学研究生一学期的学费是 1.2 万美元，如果我没有申请到奖学金，那么出国留学对我来说根本就是天方夜谭。在申请的时候，很多学校要求交纳注册费，200～300 美元不等，这对当时的我来说已经是非常大的一笔费用了。因此，我也不敢申请太多的学校，最后选择学校的标准也是看哪所学校给的奖学金最多。”

以 1998 年为例，当时我国人均 GDP（国内生产总值）为 6 860 元，不到 1 000 美元。同年，我国出国留学人数为 1.7 万人，其中自费人数为 1.1 万人。而在这 1.1 万自费人群中，绝大多数留学生是依靠海外大学提供的奖学金完成学业的，只有极少部分的留学生可以自己承担海外留学费用。在这样的情况下，这些留学生在海外生活的负担就显得十分沉重。

“除去上课时间，我每周还要额外工作 40 多个小时来减轻经济负担。我周围的朋友也都通过各种方式来赚取生活费。有些同学在中餐馆里做服务生，时薪 1 美元，算上小费，一天的工资差不多二三十美元，可以满足日常的一些花销。我们当时很少有出去吃饭和聚餐的情况，大多时候都是自己做饭。由于没有车，交通不便，大部分学生都是和朋友合租在学校周边的公寓里。最不方便的是和父母及朋友的联系。我记得当时我每次跟父母打电话，都是寥寥几句互报平安后就挂断了，因为话费太贵，一次通话就得花去差不多 20 美元。我们一般一个多月才和父母通一次电话。”

与现在身在世界各地都可以进行无障碍的沟通不同，20 年前各地的实时沟通主要还是依靠电话，高昂的话费使得留学生与家人的沟通联系变得十分不便，这种不便还体现在当时的留学申请上。

“我们当时获取学校信息的途径也非常有限，大多是写信给各个学校索要申请材料清单和信息，准备好材料后再邮寄过去。现在的学生只需要登录申请学校的官网就可以查询到所需要的申请材料清单，比我们那时方便得多。虽然有这么多的不便，我们还是选择了出国留学。”

现在的学生如果提出出国留学的想法，只要家庭条件允许，大多数家长都会给予支持。但在 20 年前，出国留学遇到的第一个问题可能就是父母的不理解和不支持。

“毕业后我在一家外企工作，一个月的工资近 3 000 元，在当时算是很高的了。在我的父母看来，这是非常优渥的生活了，而我却提出辞职并准备出国留学，这让我的父母非常不理解。由于信息不畅，当时我的父母与外界的交流接触也没有现在这么频繁，在他们眼中，国外的生活就是未知的、危险的。尽管如此，我还是克服了各种困难，选择出国留学，因为我非常渴望经历不一样的人生。我觉得如果继续在国内工作和生活，我就永远无法摆脱父母的控制，会一直活在父母的保护之下，无法真正独立。另外，看到单位里外国同事的生活方式与我们有很大的不同，我也想要去体验这种生活，而留学可以帮我更加接近这种生活。”

“我记得，当时我读了世界银行的一篇文章，文章中说中国在未来30年需要超过100万名管理者，而当时的中国很缺乏拥有这方面知识和经验的人才，所以我报读了MBA（工商管理硕士）。这在当时的国内是非常罕见的，因为MBA专业的学生很难获得奖学金，而奖学金对于当时的留学生及其家庭来说至关重要。当时留学生申请的专业普遍集中在理工科上，因为这些专业的学生更容易获得奖学金，也有一部分原因是他们的父母本身就是‘高知’人群，他们受到了父母的鼓励而选择了理工专业。不论因为何种动机选择了何种专业，我们那批留学生都有着清晰的想法和明确的目标，即使是家庭条件非常优越的同学，他们的目的性也都非常强。在我看来，是否有目的地留学是我们和现在的留学生之间存在的明显差异之一。”

作为当代的留学生，丰富自己的阅历已经成为出国留学最主要的目标，虽然他们不再像先前的学子有那么强的“使命感”，但他们也是为了自己更好的发展在不断奋斗。通过聆听20年前的留学生叙述他们的留学生活，我们确实可以发现，尽管随着社会的不断发展，他们的生活已经发生了翻天覆地的变化，但最初的“留学梦”却从未改变。

二、20年后：感知世界、提升自我

出国留学对于留学家庭来说，看似是同样的一种结果，但事实上，每个留学家庭的留学动机都存在着一定的差异。虽然出国留学的动机主要集中在体验国外的教育生活、增加阅历和锻炼语言沟通能力方面，但不同家庭之间出国留学动机的差异性却非常显著。

“体验国外的教育生活环境、增加阅历”是最普遍的留学动机。由于国内外的教育风格与教学侧重点不同，而不同的教育模式可以带来不一样的体验，因此有39%的受访者表示，出国留学是为了增加阅历，感受不同的教育环境（见图 2-1）。

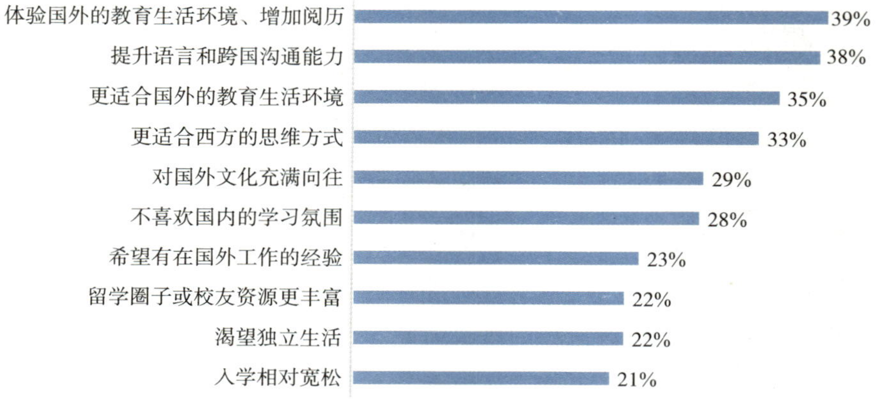

图 2-1 出国留学十大动机及其占比

资料来源：《2019 出国留学蓝皮书》调研，共采集 4 075 份样本。

除了“体验国外的教育生活环境、增加阅历”之外，希望通过留学提高语言能力和跨国沟通能力的受访者也占到了 38%。在全球化的趋势下，英文水平在各个行业都成为一项非常重要的基本能力，流利的英文沟通能力、出色的英文阅读和写作能力能够为求职者加分。国内的外语教学体系更侧重书面表达和语法理论，忽视了听力及语言应用的重要性，所以很多学生即使在英文考试中获得了较高的分数，在实际生活中也无法顺利地沟通。而在国外的生活环境中，由于没有了母语环境的约束，外语变成了留学生最主要的沟通语言。在这种环境下，留学生的沟通能力自然而然地会得到提升。

认为自己或子女“更适合国外教育生活环境”或“更适合西方的思维方式”也是热门的留学动机，占比分别为 35% 和 33%。相比国外的教育模式，国内教育要求学生习得扎实的知识系统、逻辑辩证的思考方式，但考试及评分制度仍然较为保守；而国外的教育鼓励学生独立思考和判断，鼓励学生自由和多样化发展。两种教育风格迥异，也各有特色，但“准留学生们”由于对自身的发展及对未来的期望不同，因此更适合海外的教育生活环境。

“不喜欢国内的学习氛围”是 28% 的受访者选择出国留学的动机。不仅如此，面对高考“千军万马过独木桥”的竞争，国内的学生不得不进行高强度的学习，造成了一部分学生没有时间发展个人兴趣爱好，这也使得部分同学希望通过留学来改变现状。

在就业竞争日益加剧的今天，除了语言能力，国外的实习经历也可以明显提高个人竞争力，让留学生有可能在求职时脱颖而出。因此，23% 的受访者表示“希望有在国外工作的经验”是他们的留学动机。

从不同群体的角度来看，家长与学生群体的留学动机存在一些差异。图 2-2 和图 2-3 分别显示了我们对家长和学生群体出国留学动机的调查结果。家长群体考虑的出国留学动机较为集中，主要集中在“体验国外教育生活环境，增加阅历”、“提升语言和跨国沟通能力”、“觉得子女更适合国外的教育生活环境”以及“觉得子女更适合西方的思维方式”等选项上（见图 2-2）。

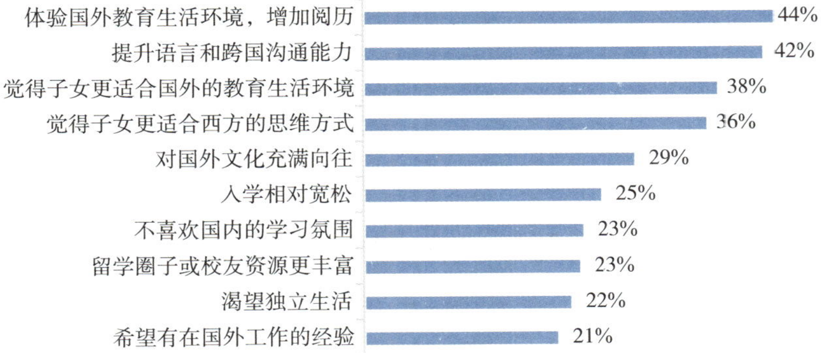

图 2-2　家长选择送子女出国留学的动机及其占比

资料来源：《2019 出国留学蓝皮书》调研，针对有留学需求的学生家长共采集样本 1 425 份。

其中，有 44% 的受访者表示送子女出国留学是为了让其体验不同的教育环境。另外，为了让子女“提升语言和跨国沟通能力”获得了 42% 的受访家长的支持。除此之外，认为子女更适合国外的教育环境及思维方式也是家长群体送子女出国留学的普遍共识，分别有 38% 和 36% 的受访家长认可这一动机。

从学生群体的角度来看，除了大家普遍认可的提升交流能力、增加阅历外，在学生受访者中，因为“不喜欢国内的学习氛围”以及“在国内没有时间、空间发展自己的兴趣爱好”这两点动机选择出国留学的占比分别为 31% 和 19%，且学生群体认可这两项动机的比例明显高于家长群体（见图 2–3）。

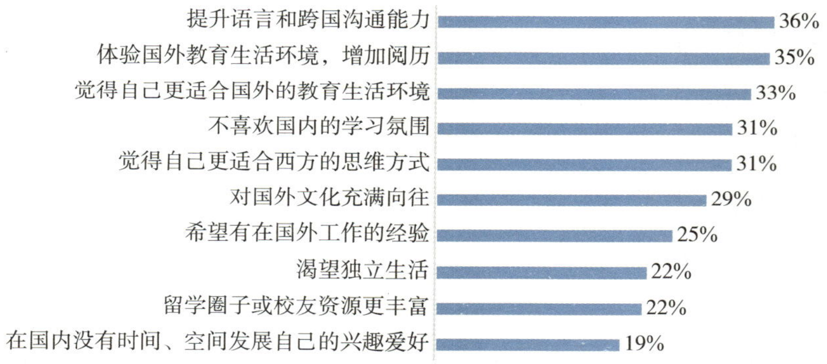

图 2–3　学生群体出国留学动机及其占比

资料来源：《2019 出国留学蓝皮书》调研，针对有留学需求的学生，共采集样本 2 650 份。

对比看来，学生群体对于出国留学动机的考量较为分散，选项之间的比例差相对较小，而家长群体在增加阅历、提升沟通能力以及认为子女更适合国外教育思维方式等选项上的共识度较高。这也表现出家长在考虑让子女出国留学时的目标更为明确，而学生在面对出国的抉择时虽然有自己的考量，但目标不够明确，考虑因素也较为分散。

总体来说，增加阅历、提升语言和沟通能力是最普遍的留学动机，较为普遍的留学动机则包括国内外教育、学习环境和思维的差异，认为自身更适合国外的教育氛围和思维环境；同时，提高自身竞争力、扩大人脉资源也是较为普遍的留学动机。尽管受访者反馈的留学动机不尽相同，但这些留学动机都可以体现出留学生和留学家庭希望通过出国留学提升留学生自身能力、增强综合竞争力、更好地适应国际化人才需求的美好愿望。

【专家视角】什么才是正确积极的出国留学动机

访问对象：麻省理工学院前面试官史蒂文·亨德里克斯

谈到正确积极的留学动机，麻省理工学院前面试官史蒂文·亨德里克斯先生提及，留学的真正目的是帮助孩子搭建一个国际化的平台，培养国际化视野。“国际化视野”最初是一个经济学术语，也可以被称为国际眼光或者国际视角，指的是能够站在非常广阔的角度上观察和预测行业运转，从而为企业服务。现在“国际化视野”的词义已经逐渐扩展到经济学以外的各个方面，具有国际化视野的人才通常指具有开阔的国际化眼界、通晓行业国际规则、能够参与国际事务并顺应当前时代和社会发展需要的战略性人才，这类人才一般还精通外语，具有批判性思维和创新性思维等重要素质。

史蒂文先生在访谈中提出：“在我看来，是否留学的问题，本质上是是否要成为一个国际化人才的问题，而非对于国内外学校优劣比较的问题。曾经有学生家长问我中国的某个学校和美国的某个学校相比哪个更好？显然，这样的问题反映出家长并没有想清楚留学最大的意义在哪里。如果只是为了受到更好的教育，那么中国大学的教育水平同样很高；如果你的规划是做一名国际化人才，那么出国留学才是一个更合适的选择。”

同时，在成为国际化人才、有效利用国际化平台的过程中，最重要的就是语言能力，留学生需要在国际化的平台中奠定扎实的听、说、读、写的语言基础。因此史蒂文先生认为，“低龄留学”可以帮助学生更好地发展语言能力，因为在高中及以下阶段，学生有更多的时间可以兼顾学习以外的生活及活动。如果在本科及以上阶段出国，学生的学习压力变大，课外活动也会相应减少，语言能力就无法得到充分锻炼，学生需要花更多精力去平衡学习与生活。史蒂文先生说道：“有些学生难以走出自己的舒适区，无法很好地融入当地的文化和生活。可想而知，他们的语言能力也不能得到很大的提升与进步。这样的留学生缺乏搭建和运用国际化平台的意识，他们只是为了在国外上大学镀金而已。我建议中国的留学生多扩大自己的交友圈，而非仅仅局限在留学生群体中，这样难以使语言能力得到有利发展。”

第二节　选择适合自己的留学阶段

近几年，中国的留学生人数仍然在持续增长，留学生总数已经占到了国际留学生总数的1/4，出国留学开始从精英逐步走向大众，同时留学阶段与留学目的地也日趋多样。

如今，出国留学从精英逐步走向大众，一些学生在出国时就有着明确的计划和目的，并能根据自身兴趣、职业规划等实际情况做出选择。但也有部分学生受到国内“出国潮”的影响，盲目出国留学——在哪个阶段出国、去往哪个国家、选择哪个专业等问题上都很茫然。

然而，这些选择对于学生未来的成长以及职业发展都至关重要。不同留学阶段对于学生的成长有着截然不同的影响：在高中及以下阶段，留学生的语言及沟通能力会得到较好的培养，同时思维方式更容易西化；

在本科阶段，国外的教育模式更偏向通才教育，除主修课外，学生还会得到多方面、多领域的教育；而在研究生阶段，专才教育则是大多数学校采用的教育模式。因此，如何规划和选择一条适合自己的留学道路，对于每个留学生来说都非常重要。

一、留学阶段选择现状及考虑因素

1. 出国留学想法的萌生——前瞻性与自发性

在“出国留学想法萌生的时间”这一问题上，我们可以看到学生及家长的想法差异性较大。从家长群体的角度来看，有 55% 的受访者表示在子女上初中时就有了让其出国留学的想法，而在子女上大学时萌生该想法的家长只占全体受访者的 8%。我们不难发现，在学习规划上，家长相较于子女更具前瞻性（见图 2–4）。

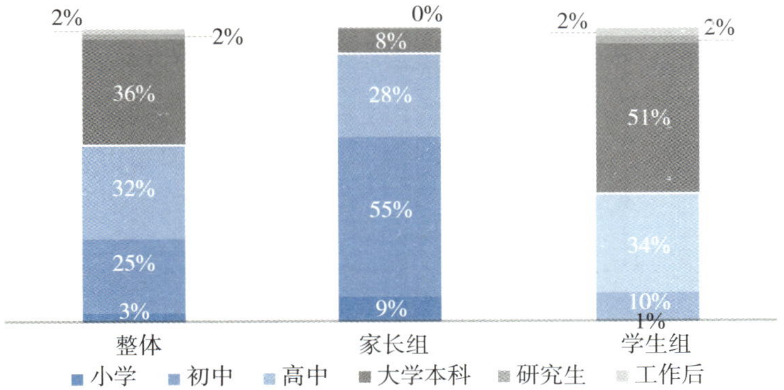

图 2–4　不同人群出国留学想法萌生时间点及其对应比例

资料来源：《2019 出国留学蓝皮书》调研，共采集样本 4 075 份，其中有留学需求的学生家长样本 1 425 份，有留学需求的学生样本 2 650 份。

由图 2–4 可知，学生群体萌生留学想法的时间点与家长相比有明显的滞后性。有超过五成（51%）的学生表示，在大学期间才萌生了出国留学的想法，其次有34%的学生表示在高中阶段萌生了出国留学的想法，在初中及小学阶段萌生出国想法的学生仅占全部人数的11%。我们可以看到，学生群体萌生出国留学想法具有明显的自发性，多集中在高中及大学阶段。在这两个阶段，学生有了较强的自我意识并开始思考对未来的规划。另外，还有4%的受访者是在研究生阶段及工作后才萌生了出国留学的想法，这部分人群普遍对自己的未来有了明确的打算，在国家和专业的选择上也会更具目的性。

2. 就读阶段的选择

除出国留学想法萌生时间的差异外，家长及学生群体在出国留学攻读学位的规划方面也具有明显的差异性。从家长的角度来看，大多数家长希望孩子可以尽早出国体验国外的教育及文化，因此计划让孩子出国就读高中及以下阶段的家长占到了56%，让孩子出国就读本科的家长则占到了34%。安排孩子在低龄阶段留学的家长，一般已经为孩子做了长远的打算，他们希望孩子在较早的阶段就可以完成不同国家之间学业的对接，这样孩子在申请本科及更高学历时可以获得优势（见图2–5）。

由此可见，大多数家长对何时送孩子出国这一问题是经过深思熟虑的，并且都做了长远计划。家长选择让孩子出国留学，大多希望孩子在国外接受先进的教育，在更宽广的领域里探索，丰富孩子的人生阅历。

从学生的角度来看，由于学生群体萌生出国留学想法的时间较晚，所以相应的计划就读阶段也会提升。如图2–5所示，在学生群体中，最热门的就读阶段为研究生阶段，有52%的受访者计划在研究生阶段出国深造；其次是计划就读本科的学生群体，占到了受访者的33%。由于学生群体在上高中前缺乏一定的自主性，对父母的依赖性强，所以选择在高中及以下阶段就独自出国留学的学生群体仅占到全部样本量的8%。

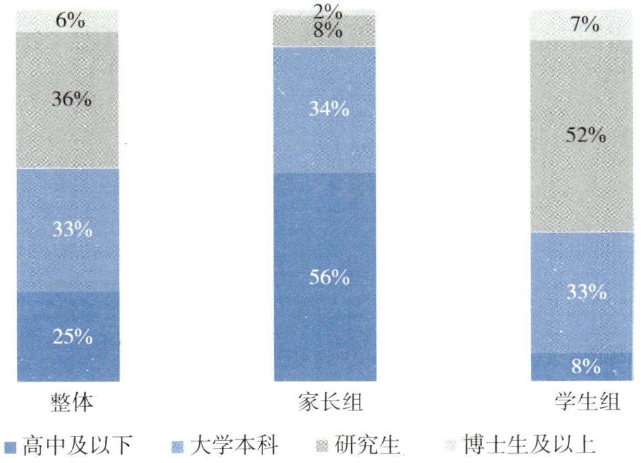

图 2-5 不同人群出国留学攻读学位规划及其对应比例

资料来源:《2019 年出国留学蓝皮书》调研，共采集样本 4 075 份，其中有留学需求的学生家长样本 1 425 份，有留学需求的学生样本 2 650 份。

> 孩子之前一直就读于国内学校，今年 8 月进入新加坡高中就读。我们选择在高中阶段安排孩子出国留学主要是考虑到孩子已经在国内接受到良好的基础教育，而且申请高中留学的语言考试难度相对小一些，较好通过；更重要的是，在新加坡接受 3 年的高中教育，孩子的英语能力会得到很大程度的提升；孩子也可把这段学习经历作为跳板，在以后的留学阶段能够更好地融入当地的环境。而且从新加坡高中申请美国或者其他国家的高校比从国内直接申请容易很多，择校范围会更广一些。至于大学和研究生阶段会选择哪一个国家、哪一所学校，这个由孩子自己决定。
>
> ——刘同学（新加坡高中在读）的家长

近年来，留学人群的年龄构成逐渐年轻化，本科生人数在我国留美学生人数中占比最高。2000 年前后，我国留学生主要以研究生及以上学历的人群为主，占到了 80% 以上，而如今本科留学人群的比例已经大幅增加，赶超研究生留学人群的比例。2018 年美国门户网站数据显示，2017—2018 学年，中国在美留学生中，本科生的人数占到了在美留学生人数的 40.7%，增长率为 5.3%；而在美攻读研究生的中国学生占比为 36.6%，增长率为 4.1%。由此可见，本科留学人群的占比和增长率均高于研究生留学人群。

总体来看，中国留学生目前普遍选择的留学阶段为本科及研究生阶段，但不可否认的是，近年来，越来越多的家庭选择在基础教育阶段让孩子出国留学。学生和家长在选择留学阶段时，应综合考虑各方面的因素，选择最适合学生发展的道路。

3. 不同年龄阶段家中决策角色的差异

在决定是否出国留学的问题上，针对目前学生所处的不同年龄阶段，家中决策者的角色也有一定的差异（见图 2–6）。

选择高中及以下阶段留学的受访者表示，在该阶段，学生大多听从父母的意见，由全家共同决策和父母决策的比例相对较高，分别为 28% 和 26%。而且在该阶段，由于主要由母亲负责照顾孩子的学习、生活，因此母亲也更加了解子女的个性与能力。这就导致由母亲单独做出决定的比例也非常高，达到了 22%。同时，由于选择高中及以下阶段出国留学的学生自身的年龄较小，决策能力也有所欠缺，因此完全由学生本人做出决定的比例仅占 10%。

选择在本科阶段留学的受访者中，由学生本人独立决定的比例有所上升，达到了 31%，较高中及以下阶段增长了 21%。在该阶段，由于学生有了一定的独立思考及决策能力，因此学生本人的想法在这一阶段受到了更多的尊重，由全家共同决策的比例也高达 37%。相较高中及以下阶段而言，全权由父母做决定的比例在这一阶段有所下降。

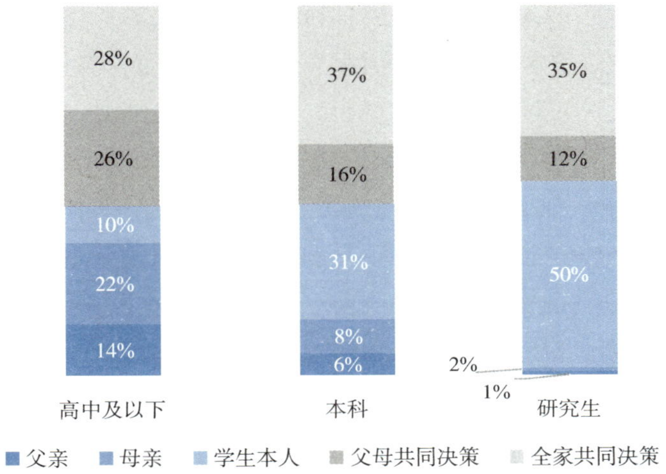

图 2-6　不同阶段出国留学的主要决策者及其对应比例

资料来源：《2019 出国留学蓝皮书》调研，共采集样本 4 075 份，针对在高中及以下阶段留学的样本 1 005 份，在本科阶段留学的样本 1 346 份，在研究生及以上阶段留学的样本 1 724 份。

在研究生阶段，由于学生已经具备了独立思考及决策能力，因此由他们本人作为主要决策者是最为普遍的现象。有 50% 的受访者表示留学规划是由自己决定的，其次是全家共同决定的，占了总数的 35%，由父母一方或父母二人决定的比例仅占到全体受访者的 15%。

关于出国留学的决策，有专家建议："出国留学最好是孩子的自发选择。如果由于年龄限制，孩子暂时没有出国留学的想法，家长可以与孩子商量并循序渐进地引导。例如带着孩子参加国际游学项目，感受国外的学习和生活氛围。如果在引导之后，孩子仍然没有留学的想法，家长就应该慎重做出决定，不要盲目跟风将孩子送去留学。"

4. 不同留学阶段的考虑因素

到底适不适合出国读书？什么阶段出国读书更好？这是每一个准留

学家庭都会面临的问题。不仅是申请者本人，学生家长也会有各式各样的疑惑。在决定留学阶段时，学生及家长应从多方面来考量。

> 在孩子的中学时期，我受到周围人的影响，就有让孩子出国留学的想法。当时孩子还处于一种懵懵懂懂的状态，所以我和孩子母亲一同担任了出国留学的决策角色。我们原本打算送孩子去美国留学，但是身边的一位朋友给我们提供了一些建议：他把孩子送到新加坡留学，因为在高中阶段留学新加坡可以作为本科阶段留学美国的跳板。经过多方面的考虑，也询问了孩子自己的想法，我们选择了送孩子去新加坡读高中。后期申请大学会听取孩子自己的想法，我们不会再做过多的干预。
>
> **——易同学（新加坡高中在读）的家长◀**
>
> 通过和家人商议，我们认为孩子的性格更适合接受国外的教育，最终决定送孩子出国留学。当时家长安排孩子出国与孩子自愿出国的比例大概为6：4。我们安排孩子出国是因为：孩子热爱思考和提问，美国的教育方式更适合孩子发散思维的培养。而且我们曾经在国外读过书，希望孩子拥有更加广阔的视角。
>
> **——谢同学（美国波士顿大学本科在读）的家长◀**

> 关于出国留学的决策，主要受到身边朋友的影响：父母受到周围很多朋友送孩子出国留学的影响，我自己也受到周围同学的影响，很向往出国读书。留学机会主要得益于我们学校的“2+2”项目，通过该项目出国留学的学生人数大概占到全校出国留学人数的40%。绝大多数研究生是自己申请、自己做留学决策的。
>
> **——王同学（澳大利亚悉尼大学研究生在读）◀**

通过调查不同留学阶段的受访者出国留学的主要考虑因素，我们可以看到：在不同阶段，受访者的考虑因素各有不同。

图 2–7 呈现的是高中阶段留学人群的主要考虑因素。“有利于语言能力的养成”和“该阶段适应能力强”是选择在高中阶段留学的最普遍因素，分别有 53% 和 51% 的受访者表示认同。低龄留学的优势之一是学习语言的能力强，融入速度快。

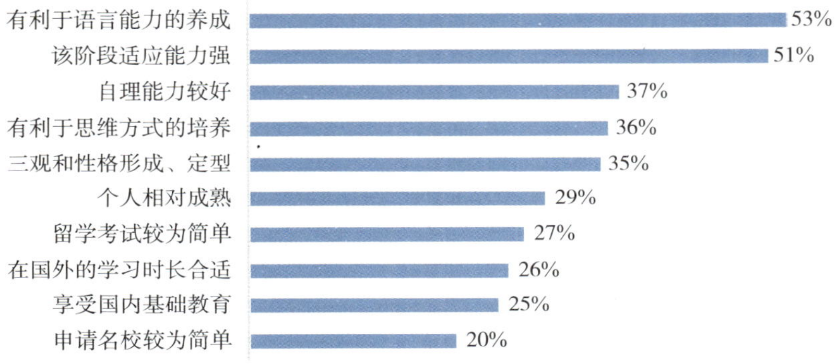

图 2–7　选择高中阶段出国留学人群的主要考虑因素及其占比

资料来源：《2019 出国留学蓝皮书》调研，共采集样本 4 075 份，针对高中及以下留学阶段的样本 1 005 份。

37% 的受访者表示“自理能力较好”是他们选择高中阶段留学的考虑因素。对于低龄留学生群体来说，自理能力的强弱不仅仅意味着学生能否在异国独立打理好生活琐事，也反映出学生的自我约束和时间规划能力。

“有利于思维方式的培养”“三观和性格形成、定型”是约 36% 和 35% 的受访者的考虑因素。海外的教育更鼓励学生进行独立思考、自主学习并积极提问，在这样的学习环境下，学生的好奇心和求知欲更容易被激发，而丰富的课余活动也可以培养学生的表达能力和协作能力，开发和培养学生的多种兴趣。这样看来，如果学生在国内接受过良好的基础教育之后再去国外的中学学习，无疑是一种很好的互补方式，同时也有利于学生拓宽视野和减少文化隔阂。

除此之外，“留学考试较为简单”是该阶段 27% 的受访者主要的考虑因素。由于高中阶段的出国考试难度较低且相对本科及研究生阶段需要准备的申请材料较少，因此众多家长选择让孩子提前出国读书，以减轻升学压力。大部分国家对于申请高中阶段留学的学生不做语言成绩要求，学生仅需提供初中在校成绩及毕业证书等材料即可，因此大大减轻了申请压力。有关申请所需材料，本书第三章第二节将进行详细解读。

选择本科阶段出国留学人群的主要考虑因素的调查结果如图 2–8 所示。47% 的受访者认为该阶段适应能力强，45% 的受访者认为该阶段有利于语言能力的养成。一方面，由于国外的本科阶段的学制一般是 3～4 年，相对研究生的 1～2 年学制时间较长，学生有更多的时间去适应和融入国外的语言和文化氛围；另一方面，本科阶段的学习压力相比研究生较小。以英国为例，很多专业的研究生学制只有 15 个月，课程时间可能只有 12 个月，短时间和高强度的学习带给学生很大的压力。在这种情况下，学生很少有额外的时间和精力参与社会活动并融入当地文化，而本科阶段的留学生可以得到相对更多的锻炼机会。

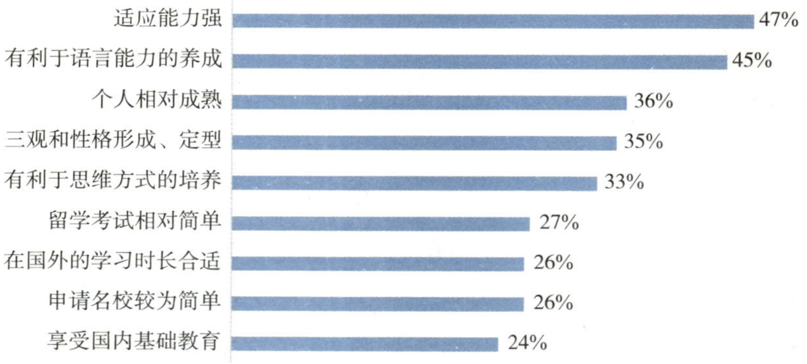

图 2–8　选择本科阶段出国留学人群的主要考虑因素及其占比

资料来源：《2019 出国留学蓝皮书》调研，采集攻读本科学位的学生样本 1 346 份。

“三观和性格形成、定型”以及“个人相对成熟”也是留学生选择本科阶段出国留学的主要考虑因素，分别有35%和36%的学生选择了这两项。申请本科阶段出国留学的学生年龄大多为19~20岁，大部分学生具有比较成熟的判断能力和解决问题的能力，同时这个阶段的学生已经接受了国内初高中阶段的基础教育，学科基础良好，学习能力已经得到了一定的锻炼。33%的学生认为本科阶段出国“有利于思维方式的培养”。因为中西方的思维方式有着明显的不同，西方国家更偏向于培养学生的发散性思维并鼓励学生独立思考。所以学生在本科阶段出国留学，不仅可以拓展国际视野、增加阅历，还可以锻炼多维度的思维方式。

另外，有27%的受访者认为，相对于研究生阶段的留学考试而言，本科阶段的“留学考试相对简单”，同时，“申请名校较为简单”也是26%的受访者重点考虑的因素。国内本科升学的竞争十分激烈，学生通过高考考取名校也被戏称为“千军万马过独木桥”，而很多申请国外学校的标准化考试，允许学生多次参与并选择最高成绩，这样的模式也在一定程度上减轻了学生的压力。

在研究生阶段，大部分学生都在22岁左右，这个年龄段学生的心智相对成熟，也有较强的明辨是非能力和自我把控能力，有能力合理地安排自己的学习和生活。从调查结果来看（见图2–9），有45%的学生是考虑到研究生阶段适应能力较强而选择在该阶段出国留学的，出于类似的考虑，分别有40%和41%的同学选择了自理能力较强和个人相对成熟作为主要考虑因素。研究生阶段的学生的学习能力较强，大部分学生已经找到了适合自己的语言学习方法，通过国外良好的语言学习环境来提高语言水平也是学生最看重的因素之一，有45%的学生选择了这一点。另外，选择“三观和性格形成、定型”以及“有利于思维方式的培养”作为研究生阶段出国的主要考虑因素的学生占比均为34%。留学生长期独自在海外生活，缺乏父母和亲友的陪伴和关怀，在这样的环境下具有较高的心理成熟度非常重要。

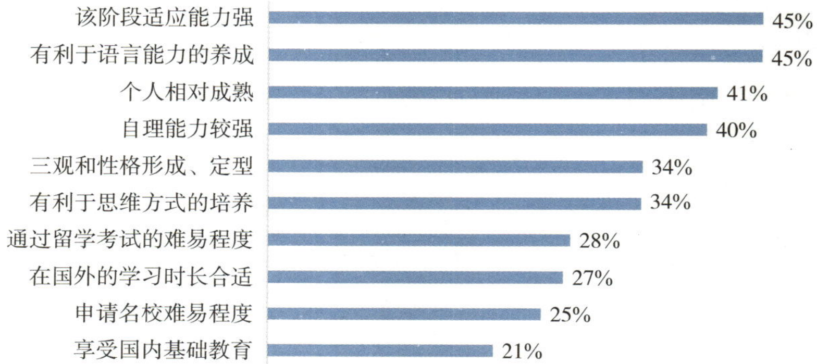

图 2–9　选择研究生及以上阶段出国留学人群的主要考虑因素及其占比

资料来源：《2019 出国留学蓝皮书》调研，采集攻读研究生及以上学位的学生样本 1 724 份。

另外，27% 的学生认为，在国外的学习时长合适是主要的考虑因素之一。国内的硕士一般分为学术型硕士和专业型硕士两种，分别需要 3 年和两年的攻读时间，而国外大部分硕士项目的时间比较短，如英国大部分专业只需要 15 个月的攻读时间，美国研究生的攻读时间也取决于学生修学分的规划，如果学生早早修完学分便可以提前毕业。所以很多研究生阶段的学生为了缩短学习时间和增加实习时间而选择在国外读研。

通过对不同阶段出国留学人群的考虑因素的分析，我们可以看到，个人心理是否成熟、思维方式是否定型以及适应能力都是受访者较为看重的心理因素，而考试的难易度以及名校的申请难易度则是受访者看重的外部因素。因此，在选择适合自身的就读阶段时，准留学生也可以从自身能力及外部条件两个方面进行综合考量。

二、如何选择适合自己的留学阶段——了解中外不同阶段的教育差异

在国外，不同学习阶段的学校对于专才教育和通才教育的侧重有所不同。专才教育是指为培养某一特殊技能或某一领域的专业人才而进行的个性化教育培训。从个人层面来讲，在社会分工不断细化、学科不断精细化的现代社会，一个人的精力有限，很难精通多个领域，甚至即使在一个学科的内部也很难掌握不同研究方向的前沿动态；从企业需求层面来看，很多新兴工业都需要专门人才，比如具有很大发展潜力的生物科技领域，这就让专才教育成为高校教育中必要的一部分。与专才教育相对，通才教育重视知识的综合性和广泛性，要求学生全面发展，其目的是培养多领域的复合型人才。通过接受通才教育，学生可以均衡地接受各个门类、各个学科的基础理论。

通才教育在国外被称为“Liberal Education”或者“General Education”。美国教育家罗伯特·M. 赫钦斯（Robert M. Hutchins）是大力倡导通才教育的代表人物之一。国外大学对于通才教育的主张主要有以下几点：首先，教育的目的是发展智力——高等教育可以通过多学科的教育激发学生的思维，拓宽他们的个人视野；其次，知识本身不是相互割裂的，比如心理学家也需要受到逻辑学、数学等学科的训练；最后，通才教育能为其他高层次的学习提供坚实的知识基础。很多美国大学的教育理念强调了对于通才教育的重视，例如斯坦福大学在本科学位项目中说明，通才教育可拓宽学生的知识和学生对人类主要领域的领悟，也可为学生的终身教育以及未来所需的知识打下基础。无独有偶，哈佛大学在核心课程中也说明学生不应该仅仅得到特定专业的学习，而是要接受更为广博的教育。

国外通才教育与专才教育的差异也体现在本科和研究生阶段的教育

目的上。以美国为例，美国本科和研究生的教育目的有很大的不同。就本科来说，美国很重视通才教育，即综合、全面性的教育。具体来讲，在大学四年的学习中，学生的学分有将近一半来自专业以外的学科，这些课程通常是必修且是综合性和基础性较强的课程。在这样的通才教育中，学生需要学习外语、写作等学科来加强个人的沟通表达能力，也需要学习历史、心理学等来拓宽个人的知识储备，即使是文科生，也必须学习数学、科学等学科以锻炼逻辑思维能力。

从中外大学对专业学习的态度来看，在国内，我们经常会听到人们谈论“我在某大学学习某专业”；更多人认为在高等教育阶段学习的内容即专业内容，是为未来的工作服务的。而在国外，尤其是西方国家，大家更倾向于将高等教育阶段所学习的内容称为“主修课（Major）”。对于接受海外教育的学生来说，主修课只是他们为了深入地了解和学习某个学科而选择的，而非为今后的事业和工作做准备。因此，在美国接受本科教育的学生的主要目的是成为一个受过教育的人，其次才是为日后的个人发展获得一些技能。

如果学生想要加强某一类学科的学习深度，接受更为专业性的培训，则更加适合在研究生阶段出国留学。在研究生阶段，一些社会性较强的课程（如商科类课程）会更加注重实践，书本知识则成了学习的次要内容。在日常的教学环境中，学生更多的是学习如何运用学到的知识去完成目标，如何更好地参与团队协作来加强日后工作的能力，专业性的实践培训成为主要内容。而学术性较强的学科则更加注重学生的学习深度，即通过不断的研究学习来进行专业性的训练。

前文在“专家视角：什么是正确积极的出国留学动机”中提道，国外的高中阶段更能锻炼学生的语言能力，并能为其未来的深造及就业打下基础。若学生想要获得更多课程学习外的发展，如体育、艺术的发展，可以选择在高中阶段留学。

本科教育是一个发现自我的过程，主要目标是“育人”并获取各方面知识。以成为全球化人才为目标，但还未明确未来的发展方向的学生，可以选择在本科阶段留学，以实现对自我兴趣的探索和发现。

研究生阶段的教育更偏向于“专才教育”，以专业培训为目的。这时的专业学习才是深度学习，并与职业规划和发展息息相关，能为学生未来求职做好知识储备。学生在有了明确的专业或职业发展目标后，可以选择在研究生阶段出国学习。

除了对教育内容的认知差别外，留学费用也是学生选择留学阶段的重要考虑因素。高中及本科阶段出国留学的周期较长，而在一般情况下，在海外就读高中的留学生会继续升入海外的高校，因此留学家庭至少需要支付 7 年的海外学习和生活费用，而本科阶段出国留学也至少需要准备 4 年的留学资金。所以选择在高中或本科阶段出国留学的学生，除了需要有对自身规划发展的目标外，还需要结合家庭的经济状况进行多方面的衡量。

此外，在决定出国留学阶段时，学生除了要考虑适应能力、语言及思维能力的养成外，也要思考出国留学是为了接受怎样的教育。在综合考虑自身能力的同时，学生还要结合个人需求来做决定，切不可随波逐流，产生盲从心理。

第三节　选择适合自己的留学国家、学校和专业

一、国家选择

随着近年留学人数的不断攀升，留学生对于留学国家和地区的选择也呈现出多样化的趋势。

1. 国家选择的考虑因素

留学国家的整体教育实力是受访者普遍关注的因素，有超过 34% 的受访者表示在选择留学国家时会将该国的综合教育环境纳入考虑因素（见图 2–10）。其次是“教育管理和就读环境”以及该国的“文化吸引力”，有 24% 的受访者表示在选择留学国家时会优先考虑这两个因素。

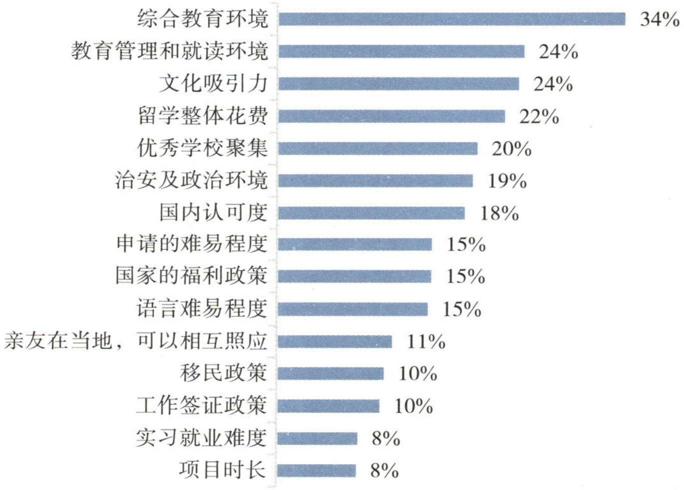

图 2–10　选择留学国家的考虑因素及其占比

资料来源：《2019 出国留学蓝皮书》调研，共采集样本 4 075 份。

留学家庭自身的经济条件也是影响受访者选择留学国家的因素之一。22% 的受访者表示，在选择留学国家时需要考虑留学整体花费。家长应该在做决定之前就充分衡量家庭现有的经济条件，评估是否能支持学生留学阶段的所有费用（包括学费、生活费等）。

与综合教育环境相得益彰的是优秀学校聚集，部分受访者表示，有优秀学校聚集的地区学术氛围浓厚，更有利于学习和深造，因此将优秀学校聚集作为选择留学国家标准的受访者达到了 20%。人们常说“儿行千里母担忧”，留学生独自在海外面临着文化的差异以及陌生的环境，难免会让家长感到担忧，因此留学国家的治安及政治环境备受关注，有 19% 的受访者表示在选择留学国家时会考虑留学国家的“治安及政治环境”。

随着近年的“回国潮”越来越热，有更多的留学生希望毕业后可以回到国内发展，因此国内公司及工作单位对留学国家的认可度就变得越发重要，有 18% 的受访者表示会在选择留学国家时衡量这一因素。除此之外，申请的难易程度、留学国家的福利政策、工作签证政策、项目时长等因素都在一定程度上影响着受访者的决定。

综上所述，在决定留学国家时，大部分受访者都有多重考量。清楚了解各留学国家的学术水平、整体花费、治安问题以及文化背景等内容可以帮助“准留学家庭”更便捷地衡量留学国家与自身期望之间的差异，从而帮助“准留学家庭”选到心仪的留学国家。

2. 国家选择的倾向性及各留学国家的综合信息概览

如图 2-11 所示，在留学首选目的地中，美国以 24% 的占比位列第一，加拿大占到了 14%，英国与澳大利亚分别获得 13% 的受访者的青睐。

不同的留学国家各有其优势与特点，面对越来越多样的留学国家选择，准留学生可能会觉得有些茫然。接下来我们将从文化氛围、高校数量、教育资源、留学费用、未来发展和安全等角度来为大家分析部分主流英语留学国家的实际情况，以便大家根据自身情况做出合适的选择。

（1）美国

美国作为老牌的留学国家，不仅受到中国学生的欢迎，在世界范围内也是拥有留学生数量最多的国家。截至 2018 年 3 月，在美留学生超过了 120 万人。美国之所以受到世界各地学生的青睐，主要得益于它拥有

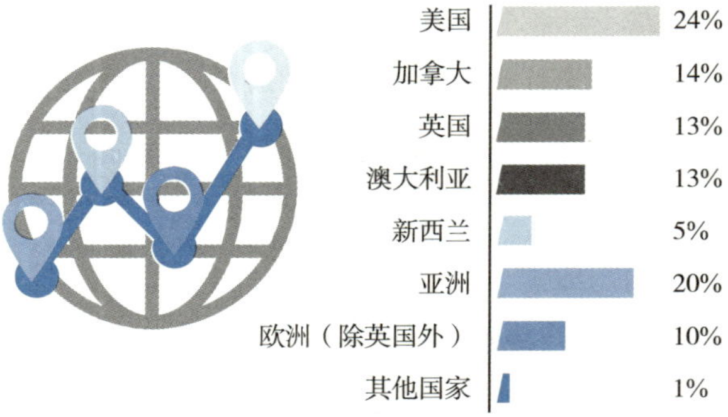

图 2-11　留学首选国家或地区所占比例

资料来源：《2019 出国留学蓝皮书》调研，共采集样本 4 075 份。

世界上最先进的科技以及丰富的教育资源，并且拥有开放包容的文化氛围（见图 2-12）。

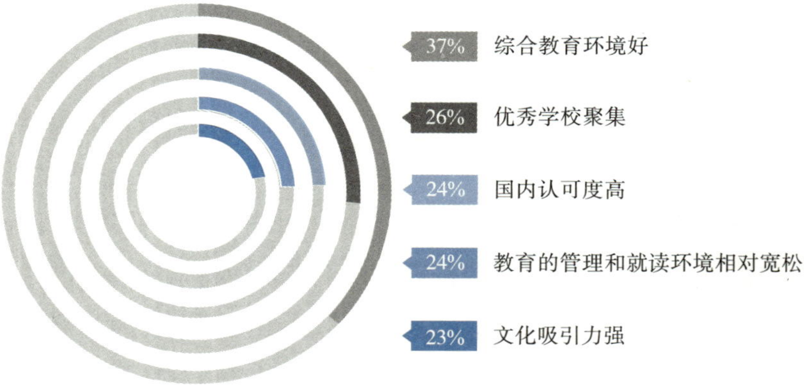

图 2-12　选择美国作为首选留学目的地的考虑因素及其对应比例

资料来源：《2019 出国留学蓝皮书》调研，针对选择美国作为留学目的地的人群共采集样本 968 份。

从《2019 中国留学蓝皮书》调研数据中我们可以看到，综合教育环境好、优秀学校聚集、国内认可度高是中国学生选择美国作为留学目的地的主要原因。在QS（夸夸雷利·西蒙兹公司）2019世界大学排名中，位列世界前5名的大学中有4所来自美国，在排名前20的高校中来自美国的学校超过半数。美国高校的教育水平不仅体现在学校排名方面，在个人荣誉方面也有着极大的优势。诺贝尔奖设立至今，共授予892位个人和24组团体该项荣誉，其中美籍获奖者占比约为40%。因此，无论是学校的教学资源还是高校的教育成果，都可以体现出美国在高等教育领域不容小觑的实力。

另外，美国作为世界上拥有移民数量最多的国家，各国文化在长期的交流融合下融洽发展。2018年美国人口普查数据显示，在美华裔公民超过508万人，仅排在墨西哥裔移民后，位居第二。在美国，留学生时常可以参加世界各国的文化活动，体验不同的文化韵味。同时，在美国随处可见的中餐厅以及各地的中国城都可以在一定程度上帮助中国留学生适应海外生活，缓解文化差异带来的冲击。

美国虽是众多留学生的梦想之地，但高昂的留学费用、越发突出的安全状况及稀缺的工作机会却使得一批人望而却步。

就读美国学校费用高昂。美国的公立高中费用相对较低，每年学费为1万~3万美元（约合7万~21万元），但仅接纳国际交换生且数量有限；就读于私立高中的学生，每年学费为3万~5万美元（约合21万~35万元）。本科阶段，对于国际学生及申请非本州公立大学的美国学生而言，公立高校与私立高校的费用相差无几。以加州大学洛杉矶分校为例（见表2–1），非加州居民2018—2019学年官方给出的学费标准为42 217美元，加上生活必需的各项费用后，住在学校宿舍的学生每人每学年的花销高达63 669美元，超过40万元，几乎是目前国内中产阶级家庭年收入的总和。

表 2-1 美国加州大学洛杉矶分校 2018—2019 学年费用概况 （单位：美元）

	学校宿舍	校外租房	借住在亲戚家中
学费	13 225	13 225	13 225
住宿及伙食费	15 816	13 806	6 369
书本费杂费	1 509	1 509	1 509
交通费	432	867	1 473
个人花销	1 470	1 680	1 605
医疗保险	2 225	2 225	2 225
非本州居民附加学费	28 992	28 992	28 992
非本州学生总计	**63 669**	**62 304**	**55 398**

除了高昂的费用，安全问题也是前往美国留学的留学生较为担心的问题。不同于国内对于枪支的严格管控，美国的枪支管理较为宽松，因此枪击案件频发。加之近两年在美国的留学生受伤或遇害的新闻频发，使得不少家长都对在美生活的安全性产生了质疑。从总体上来看，美国的安全系数呈明显的两极分化，安全的地区几乎没有罪案发生，夜不闭户是真实写照，但可能只是相距了一条街的地方，抢劫、贩毒、枪击等各类案件却层出不穷。因此，计划前往美国的留学生需要提前了解学校周边的犯罪情况，以选择相对安全的街区居住，出门时也尽量结伴同行。我们建议学生在留学前和留学期间多关注中国驻使领馆发布的安全领事提醒。

虽然美国为留学生提供了可在美实习和工作的机会，但留学生想要长期留在美国工作还需面临各种挑战。美国为国际毕业生提供为期一年的专业实习，在此期间，留学生可以和持有工作签证的人一样享有合法清楚了解各个街区的犯罪情况，有利于学生选择相对安全的住址，同时可以帮助学生在日常生活中避免前往犯罪率较高的地区。

以下一些网站清楚地标记出了目标地区周围的犯罪情况及安全指数（仅供参考）：

https：//spotcrime.com/——可以标记出不同案件的种类。

https：//www.redzonemap.com/——可以标记出各类案件，同时还可以规划出相对安全的路径。

https：//maps.nyc.gov/crime/——仅针对纽约市区，由纽约警方提供，可以看到近 30 天的犯罪情况。◀

的工作权利，同时如果留学生想继续留美工作，也可与受雇公司商议，要求公司帮忙申请工作签证。但目前，每年申请美国工作签证的人数逼近 20 万，而可颁发的工作签证数量仅为 8.5 万份（6.5 万份本科及以上学历工作签证和 2 万份硕士及以上学历工作签证）。由于申请人数与工作签证数量存在巨大的差距，美国政府采用抽签的方式决定工作签证的发放，2018 年这一中签率小于 50%。

美国有着丰富的文化和教育资源，是世界上科技最为先进的国家，受到了来自世界各地学生的喜爱。但有意前往美国留学的学生及家庭，仍需要了解自身未来的发展需求，并结合自身的实际情况做好留学预算和未来规划，量力而行。

（2）加拿大

加拿大作为老牌留学大国，其综合教育环境受到留学生的普遍认可。此外，良好的治安及政治环境、较强的文化吸引力及宽松的就读环境等也都是加拿大受到留学生青睐的主要原因（见图 2-13）。

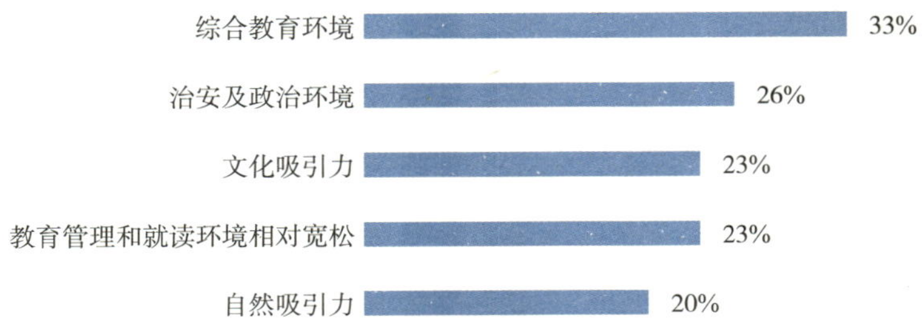

图 2-13　选择加拿大作为首选留学目的地的考虑因素及其对应比例

资料来源：《2019 出国留学蓝皮书》调研，针对选择加拿大作为留学目的地的人群共采集样本 561 份。

选择加拿大作为留学首选国家的学生人数达到全体受访者的 14%，仅次于美国。与美国一样，加拿大也是传统的移民国家，但加拿大华裔人口的比例更高，达到了全国人口的 5.1%。以温哥华为例，华裔人口占到了总人口数量的 21%。这样高比重的华裔人口可以帮助初出国门的留学生更快地适应海外生活。但高密度的华裔人口使得加拿大部分地区的交流依旧以汉语为主，留学生如果长期居住在华人聚集的地方，不与当地居民交流、接触，那么将很难提升英文沟通能力，海外留学也会失去部分意义。

加拿大与美国同属北美洲，两国无论是地理位置还是文化背景都较为相似，学校的教学模式也大体相同。但相比美国大学动辄百万元的留学费用，加拿大的留学费用就显得更为亲民。加拿大公立高中的学费为 12 000～15 000 加元（约合 6.1 万～7.6 万元）每学年，私立高中则根据学校的不同收费差异较大，每学年的学费为 15 000～55 000 加元（约合 7.6 万～28 万元）。在高等教育阶段，2017—2018 学年，加拿大大学国际本科生的平均学费为 25 180 加元（约合 13 万元）每学年，研究生的平均学费为 16 252 加元（约合 8.3 万元）每学年。虽然个别加拿大高校（如多伦多大学）的学费直逼美国高校，但总体来看，前往加拿大留学是一个更为经济的选择。

同时，加拿大的工作及移民政策较为宽松，特别是针对在加拿大获得高等学历的人群，加拿大政府会给予更多的移民加分。对于想要长期留在海外发展的学生来说，加拿大无疑是一个非常好的选择。

但在教育资源方面，加拿大却略显不足。加拿大全国设有 93 所公立大学，其余全部为学院，且只有部分学院有提供本科文凭的资格。在 QS 2019 世界大学排名中，多伦多大学以第 28 名位列加拿大众多大学的第一位。在世界排名前 50 的名单中，有 3 所高校来自加拿大，在世界排名前 200 的名单中，有 7 所高校来自加拿大，这与美国的 48 所、英国的 29 所差距较大。

（3）英国

英国的文化底蕴深厚、教育风格严谨是全世界公认的，同时也拥有很多历史悠久并且学术水平高的知名大学。综合教育环境优良、文化吸引力强成为英国受众多留学生欢迎的主要原因（见图 2–14）。

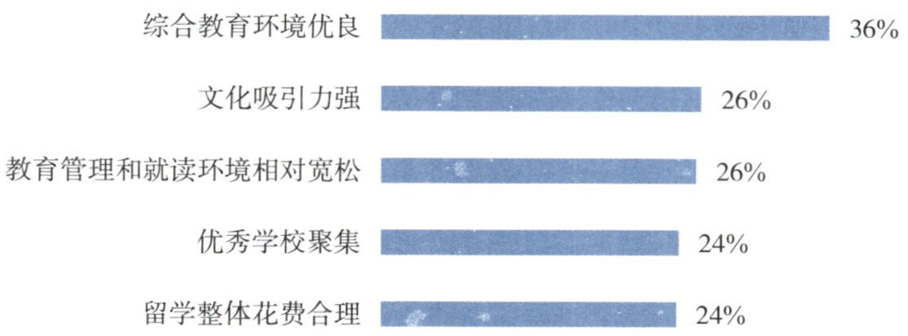

图 2–14　选择英国作为首选留学目的地的考虑因素及其对应比例

资料来源：《2019 出国留学蓝皮书》调研，针对选择英国作为留学目的地的人群共采集样本 543 份。

在 QS 2019 世界大学综合排名中，前 10 名的大学中有 4 所位于英国，前100名的大学中有18所位于英国，前200名的大学中有29所位于英国（数量仅次于美国）。由此可见，英国拥有较高水准的教育资源和教育质量。英国留学的学制较短，通常本科为3年、研究生为1年。虽然英国单年学费的价格较高，但由于学制短，在英国留学不但节省时间而且性价比较高。

除此之外，英国的文化包容度较高，文化生活多样，很多大城市如伦敦、曼彻斯特等都有唐人街，拥有很多留学生熟悉的中国文化元素。但是在日常生活中，饮食、思维方式、社交等方面仍然会存在较大的中西方差异。

由于英国留学的学制较短，因此总体花费相对较少。在高中阶段，公立高中的留学费用为每年1.6万~2万英镑（约合14万~17.5万元），而私立高中的留学费用为每年3.2万~4.8万英镑（约合28万~42万元）。在本科阶段，部分学校针对不同专业的学生收取统一的费用，大致为每年2.5万英镑（约合22万元），而有些学校会依据不同专业收取不同学费，如表2–2所示。我们建议留学生在申请前通过学校官网对各项费用进行查看。在研究生阶段，不同专业的学费差距较大，一般来讲，理工科学费为1.8万~2万英镑（约合16万~17.5万元），而商科学费为2.5万~3万英镑（约合22万~26.3万元）。英国学费上涨是这几年的趋势，基本每一年都会上涨5%~10%。

表2–2　英国某大学2019—2020学年费用概况

学院	课程名称	国际学生学费（英镑）
艺术学院	建筑（艺术学学士）	26 000
生物科学学院	生物科学	26 000
数学学院	数学（理学学士）	19 800
教育学院	学前教育（教育学学士）	19 800

就生活费来说，伦敦地区和非伦敦地区差异较大。以学校提供的独立单人间宿舍为例，伦敦地区每年的住宿费用为 1 万～1.5 万英镑（约合 8.9 万～13.3 万元），而非伦敦地区的住宿费用为每年 0.6 万～1 万英镑（约合 5.3 万～9 万元）。在其他生活成本方面，伦敦地区略高于其他城市，总体为每年 0.5 万～0.8 万英镑（约合 4.5 万～7 万元）。整体来看，在英国留学的生活成本方面，伦敦地区为每年 1.5 万～2 万英镑（约合 13.3 万～18 万元），非伦敦地区为每年 1 万～1.5 万英镑（约合 9 万～13.3 万元）。

虽然英国拥有雄厚的教育实力，但是留学生毕业之后在英国找到工作并申请工作签证却是有难度的。2018 年 12 月 19 日，英国政府在议会上公布的新《移民白皮书》指出，为了使毕业生找工作不受签证时效的限制，在 2021 年后，所有在英取得学士或硕士学位的毕业生都可以得到有效期为 6 个月的签证，获得博士学位则会得到有效期为 1 年的签证。正在读本科或本科以上学历的学生在课程结束前，可以将自己的签证转为限期 3 个月的技术类工作签证。如果学生已经毕业离开英国，那么两年之内仍然可以申请此签证。

这一政策的出台是自 2012 年英国取消留学生毕业工作签证（PSW）后，首次对留学生工作签证政策做出的改变，使得留学生在英国的求职时间更长。但是对于留学生来说，由于激烈的竞争以及文化差异等问题，在短时间内找到合适并且提供工作签证的工作是比较困难的，而且申请工作签证对于公司资质、薪水高低都有严格的要求。所以对于计划在国外工作并长期发展的留学生来说，在英国进行职业发展是很有挑战性的。

另外，英国进行严格的枪支管控，治安情况相对较好，大部分地区的安全系数较高，但是一些大城市的部分区域由于人员构成复杂，容易出现盗窃等案件。我们建议留学生选择治安好的地区租房，提前了解当地警局地址及报警电话，并且避免深夜独行。

（4）澳大利亚

综合教育环境好、教育管理和就读环境相对宽松、留学整体花费合理是澳大利亚受到留学生及留学家庭青睐的主要原因（见图 2-15）。

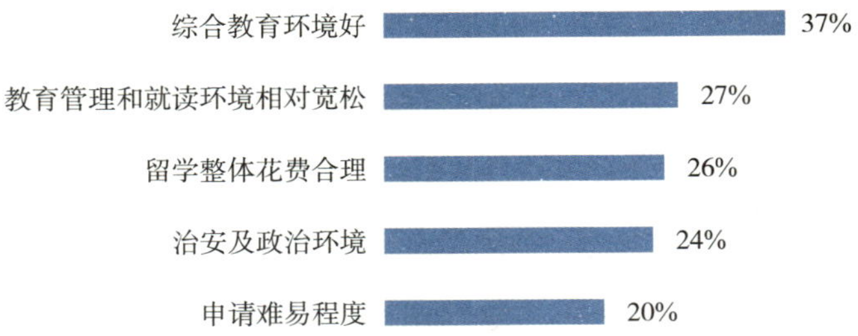

图 2-15　选择澳大利亚作为首选留学目的地的考虑因素及其对应比例

资料来源：《2019 出国留学蓝皮书》调研，针对选择澳大利亚作为留学目的地的人群共采集样本 531 份。

澳大利亚位于南半球，自然环境温和，气候极佳，曾被联合国评为世界上最适合居住的国家之一。澳大利亚也是一个拥有移民数量较多的国家。虽然从主流文化的角度而言，澳大利亚属于西方文化圈，大多数人的生活方式与欧美国家类似，但实际上澳大利亚的文化氛围多元而且包容度高，政府也通过实施政策、提供援助等方式鼓励多元文化的发展。

澳大利亚的教育质量处于世界一流水平，师资力量雄厚、专业全面、国际认可度较高。根据 QS 2019 世界大学排名，澳大利亚有 7 所大学处于世界 100 强，这足以证明澳大利亚先进的教学水平。

在基础教育阶段，澳大利亚公立高中的学费比较便宜，一年的学费为 1 万 ~1.5 万澳元（约合 5 万 ~7.5 万元）；私立高中的学费略高一些，为每年 1.6 万 ~3 万澳元（约合 8 万 ~15 万元）。

澳大利亚的本科学制与其他英联邦国家一样为 3 年制，个别专业性较强的学科如医学类需要 4~5 年。在澳大利亚读本科，学费一般为

1.5 万～2 万澳元（约合 7.5 万～10 万元）每年，部分名校如澳大利亚八大名校的学费会更高一些，通常在 2 万澳元（约合 10 万元）以上。在澳大利亚读研一般需要 1.5～2 年，每年的学费根据学校和专业的不司而有所差异，一般为每年 2 万～3 万澳元（约合 10 万～15 万元）。和本科阶段类似，名校研究生阶段的学费同样比普通院校高。在生活费方面，墨尔本、悉尼等大城市的生活成本较高，每年需要 1 万～1.5 万澳元（约合 5 万～7.5 万元），而昆士兰、西奥、南澳地区的生活费用为每年 1 万澳元左右。综合来看，澳大利亚的留学费用为每年 10 万～18 万元，而且政策允许留学生每周工作 20 个小时（有利于减轻家庭负担）。所以澳大利亚的留学费用较为合理，是很多工薪家庭的选择。

澳大利亚的签证政策比较灵活，在澳大利亚就读两年以上且获得本科以上学历的留学生，在毕业之后无论是否找到工作，都可以申请为期两年的毕业工作签证。毕业工作签证为澳大利亚的新毕业生提供了留澳工作的机会，让他们在完成学业和获得学位的同时能够有机会在澳大利亚继续停留两年时间，为他们日后在澳大利亚的长期发展提供了更多可能。总的来讲，如果留学生考虑在留学目的地长期发展，或希望在完成学业的同时获得更多的工作经验，那澳大利亚是一个合适的选择。

澳大利亚是发达国家，社会秩序稳定，犯罪率低，大部分城市治安良好。除此之外，澳大利亚是世界上第一个颁布国际学生教育保护法的国家，即《海外学生教育服务法案》。这套法案的主要目的是规范各个院校为海外留学生提供的教育与培训服务质量，保护海外留学生的合法权益。

（5）欧洲国家（除英国外）

欧洲院校整体国际化程度高、教育资源丰富，这主要得益于其独特的地理环境。此外，留学花费合理、性价比高，使得越来越多的人选择前往欧洲留学（见图 2-16）。另外，由于文化差异较大、小语种要求较高等，留学生也面临着一定的挑战。

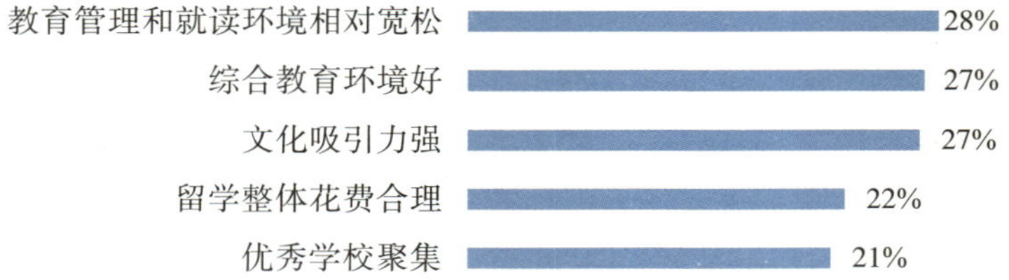

图 2-16　选择欧洲国家作为首选留学目的地的考虑因素及其对应比例

资料来源：《2019 出国留学蓝皮书》调研，针对选择欧洲地区（除英国外）作为留学目的地的人群共采集样本 403 份

从教育资源来看，欧洲作为西方文明的发源地，拥有许多世界级名校。在 QS 2019 世界大学综合排名中，荷兰 13 所高等大学中有 9 所位列世界前 200 名，是世界级名校分布密度最高的地区。除此之外，欧洲还拥有很多各专业领域知名的高校，德国的机械专业、工程专业，法国的艺术设计专业、商科类专业，荷兰的法律专业、建筑专业，意大利的美术专业、音乐专业，西班牙和瑞士的酒店管理专业等都在世界范围内享有很高的声誉。其中，瑞士格里昂酒店及旅游业管理大学是世界三大酒店管理名校之一，巴黎国立高等美术学院是世界四大美术学院之一。

相对于美国和英国，相对较低的留学费用也是欧洲吸引越来越多的留学生的原因之一。欧洲地区的中学学费加上生活花销为每年 20 万 ~ 25 万元。虽然高中阶段的中国留学生只能就读于私立中学，无法享受免费教育，但在高等教育阶段，由于欧洲很多国家将本科阶段归为义务教育阶段，所以很多公立大学的学费全免，学生每年只需要负担少量的注册费用和生活费。例如，法国公立大学的本科学费全免，德国公立大学的本科和博士学费全免。对于本科阶段为非义务教育的国家来说，欧洲地区的学费大多为每年 0.1 万 ~ 0.2 万欧元（约合 0.77 万 ~ 1.5 万元）。

研究生阶段为非义务教育阶段，大部分国家学制为 1~2 年，学费为每年 0.2 万 ~ 0.4 万欧元（约合 1.5 万 ~ 3 万元）。虽然部分北欧国家和地区的消费较高，但整体来说，它们是性价比较高的留学目的地。欧洲地区的生活费每年约为 1 万欧元，经济发达地区如巴黎及北欧国家等生活成本较高，为 1 万 ~ 1.5 万欧元（约合 7.7 万 ~ 11.6 万元）每年。

从文化角度来看，欧洲大部分地区人口密度小，相对于其他主流留学国家，华人聚集较少，而且欧洲国家的生活习惯和文化氛围与中国国内差异较大，留学生很难找到文化归属感。

对于留学生来说，在欧洲国家找到适合的工作并且获得工作签证是一件较为困难的事情。一方面，欧洲大部分国家没有鼓励移民的政策，留学生毕业之后可以停留的时间较短；另一方面，虽然欧洲大部分国家的官方语言是英语，并采取英文授课，但很多企业仍会对当地小语种水平做一定要求。所以，对于希望在留学国家有工作经验或者长期发展的学生来说，选择去欧洲留学是一个不小的挑战，而且应尽早学习小语种，以做好求职准备。

关于欧洲留学的安全性，不同地区的情况有所差异。南欧如西班牙、葡萄牙等地的社会治安大体稳定，但偷窃等小型案件的案发率较高；西欧如法国等地，近年来由于难民问题，安全事件频发；北欧大部分国家社会安定、治安良好，是世界范围内最为安全的地区之一。我们建议学生在选择留学国家时，提前了解所在国家和城市的治安情况，确保在安全舒适的环境中生活和学习。

（6）亚洲国家和地区

以新加坡为首的亚洲留学国家，由于其较高质量的教学水准、较强的文化认同感、合适的价格、友好的签证政策以及丰富的工作机会，近年来逐渐成为越来越多中国学生的留学目的地（见图 2-17）。

图 2-17　选择亚洲国家及地区为首选留学目的地的考虑因素及其对应比例

资料来源：《2019 出国留学蓝皮书》调研，针对选择亚洲国家及地区作为留学目的地的人群共采集样本 829 份。

亚洲留学国家与中国的距离较近，方便留学生家人的探望和沟通。而且亚洲的新加坡、日本等国家，在传统文化方面与中国有着千丝万缕的联系，对于中国留学生来说，比较容易找到文化认同感。新加坡的官方语言是英语，但由于华人数量占全部人口的 75% 以上，因此有着良好的双语环境，对于中国留学生来说，既有利于适应和融入当地生活，又有利于英语水平的提高。

亚洲国家及地区分布着很多世界一流的高校，例如位于新加坡的新加坡国立大学和南洋理工大学，这两所高校在 QS 2019 世界大学排名中分别位于第 11 名和第 12 名。日本也有包括东京大学在内的 9 所大学位于世界前 200 名，而中国香港也集中了很多世界一流大学，有 4 所学校位于世界前 60 名。总体来讲，亚洲国家和地区有着非常优质的教育资源，且教育质量高、专业选择多样，是不容忽视的留学目的地。

亚洲地区的学制因国家和地区的不同而有所差异。就新加坡来说，本科阶段公立大学为 4 年制，部分私立大学为 3 年制，研究生为 1~2 年制。日本的本科为 4 年制，但是一般需要先读 1~2 年的语言课程，这便增加了整体的留学时长；其研究生为 2 年制。中国香港的本科因专业不同学制有所不同，一般为 3~4 年制，研究生为 1~2 年制。

与欧美国家相比，亚洲地区留学的花费较低。高中阶段，每年在新加坡就读的学费约为 7 万元，生活费在 6 万元左右，每年总花销约为 13 万～15 万元；日本的学费加上生活费为每年 10 万～15 万元；而中国香港则根据学校类别的不同收费差异较大，香港公立高中不接受非香港户籍的学生，直资中学及私立中学的学费为每年 0.4 万～23.8 万港元（约合 0.3 万～20.5 万元）。

高等教育阶段，新加坡公立大学的本科学费约为 3 万新元（约合 15 万元）每年，而且部分公立大学对外国学生开放助学金政策，给予外国学生一定比例的补助；生活费为 0.8 万～1 万新元（约合 4 万～5 万元）每年。在日本留学，本科和研究生学费为每年 75 万～100 万日元（约合 4.6 万～6.2 万元）；私立大学费用稍高，学费和生活费的总体费用为每年 10 万～15 万元（如果在东京地区生活，那么开销会更高一些）。中国香港的学费为每年 12 万～16 万港元，生活费大约为每年 5 万港元。总体来说，亚洲地区的年均留学费用比欧美国家略低，是一个比较经济的留学目的地。

亚洲地区的工作机会相对较多，发展空间广阔。在新加坡，留学生毕业之后如果找到工作，就可以办理个人就业准证，工作半年之后就可以申请永久居住权，有利于学生的长期职业发展规划。其他地区如中国香港等地，就业机会较多，而且由于文化差异较小，有利于工作时的交流和沟通。在安全方面，新加坡、日本及中国香港等均为经济高度发达的地区，治安稳定、犯罪率低，这也是很多人选择在亚洲留学的原因。

不同留学国家各有所长，但同时也都无法做到尽善尽美。美国凭借优质的教育资源受到留学生的青睐，但高昂的费用让人望而却步；英国作为传统的教育强国，其完善的教育体系和短学制等条件受到越来越多留学生的关注，但严苛的工作签证条件使想要长期在海外发展的学生不敢轻易选择；加拿大学费低廉、就业环境较好，但华裔比例较高，缺乏自制力的学生无法真正体验留学生活……

因此，有留学计划的家庭在为孩子选择留学国家时，应当结合家庭条件与孩子的个人兴趣，充分衡量教育水平、留学预算、工作难度等多方面的因素，选择符合孩子自身发展规划的国家或地区，为留学之路做好铺垫和准备。

二、学校选择

1. 学校选择时的考虑因素

留学国家影响了留学生在海外的生活和文化大环境，而就读学校则影响了留学生海外生活的各处细节——从继续深造到生活便利方面，都与留学学校的选择密切相关。

学校的教学环境、教学质量是受访者最为关心的问题，“师资力量”“教学氛围或学风”“在国内的认可度和知名度”“硬件设施”等条件都是“准留学家庭”在选择就读学校时的优先考虑因素。其中学校的“师资力量”是最受关注的因素，有 38% 的受访者表示在选择学校时会考虑该因素（见图 2-18）。

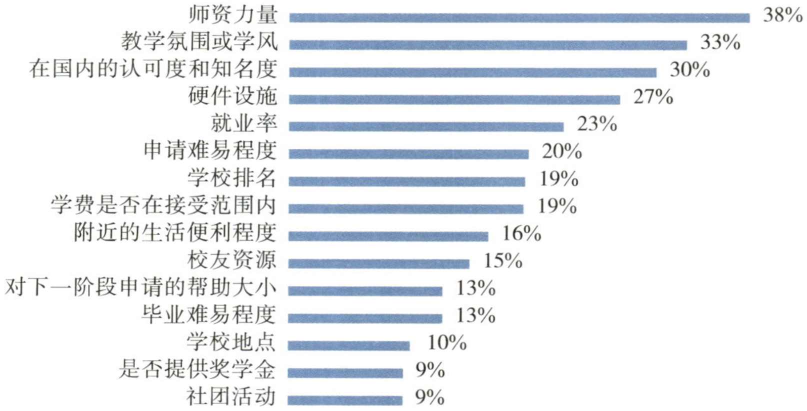

图 2-18　选择留学高校时的考虑因素及其对应比例

资料来源：《2019 出国留学蓝皮书》调研，针对选择攻读本科及以上学历的人群共采集样本 3 070 份。

就业率、申请难易程度及学校排名也是学生在选择就读学校时普遍考虑的因素，分别有 23%、20% 及 19% 的受访者表示在选择学校时考虑过该类因素。学校并不是人生的终点，在完成学习后，留学生都要面临找工作的考验，因此就业率这一因素也是“准留学家庭”不得不考虑的。申请的难易程度在一定程度上与学校排名相呼应，排名越高的学校对学生的要求越高，竞争也会更加激烈，因此申请者需要综合考虑这一因素，找到自己的平衡点。

学校选择经验分享二维码 ▶

2. 学校选择的倾向性及学校排名解读

（1）学校选择的倾向性

对学校排名的执着是留学生选择学校时亘古不变的话题。排名在一定程度上可以证明一所学校的教学质量及水平，合理有效地参考排名可以帮助申请者更便捷地找到自己的目标院校。

专业排名、院校排名到底应该看什么？是不是排名靠前的学校的专业都不会差？那么多排名榜单到底该信哪一份？相信每一位申请者在择校时都会存在类似的疑问。

调研结果显示，有 55% 的受访者表示，在选择学校时相比专业排名，他们更看重学校排名。其中 34% 的受访者表示学校的当地排名更为重要，而 21% 的受访者更看重学校的世界排名（见图 2–19）。

部分申请者存在“学校排名高即学校所有的专业应该都好”的认知，因此一味地追求学校排名，然而该认知存在一定的误区。如艾奥瓦州立大学的综合排名仅排在全美第 119 位，但其生物工程专业位列全美第一，击败了众多一流名校；弗吉尼亚理工大学位于全美大学综合排行第 76

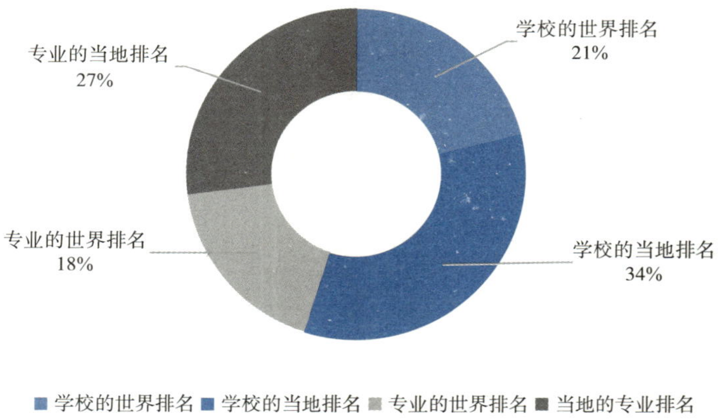

图 2-19　学校选择时看中的排名类别

资料来源：《2019 出国留学蓝皮书》调研，针对选择攻读本科及以上学历的人群共采集样本 3 070 份。

位，其计算机工程专业却稳居全美前 20 位。

因此在选择学校时，申请者应该对未来发展有所规划。若申请者希望在所学专业有所建树或获得认可，还应加强对专业排名的重视。

（2）全球认可度较高的排名解读

目前市场上的高校排名榜单层出不穷，即使是当前公认的四大较为权威的榜单，[①] 它们之间也存在着较大出入。那么该如何选择参考榜单，各榜单又有哪些侧重点呢？

US News 排名

US News 排名是目前美国最具影响力的大学排名榜单，由《美国新闻与世界报道》（*US News and World Report*）杂志在每年十月前后发布。除了我们熟知的 US News 美国大学排名、世界大学排名外，US News 排

① 四大权威榜单（排名不分先后）为：US News 世界大学排名、泰晤士高等教育世界大学排名、QS 世界大学排名、ARWU（软科）世界大学学术排名。

名还针对美国本土的高校进行分类排行（如最佳本科院校、最佳研究生院校），同时也对不同专业进行排名。

针对不同的排行榜单，US News 有着不同的评分方法。在为美国本土高校进行排名时，US News 主要从产出、教学资源、专家意见、财政资金、学生表现以及校友捐赠六个方面进行考量，个别考核标准还有更细致的评分标准，见表 2–3。

表 2–3　US News 美国最佳大学排名评分标准

评分标准	评分细项	占比（%）
产出	社会流动性	5.00
	毕业率及返校率	22.00
	毕业率表现	8.00
教学资源	班级人数	8.00
	教职工薪水	7.00
	拥有该领域最高学位的全职教授数量	3.00
	师生比	1.00
	全职教授比例	1.00
专家意见	同行业人员打分	15.00
	高中升学顾问打分	5.00
财政资金	学生人均教学经费	10.00
学生表现	学生标准化考试评价成绩	7.75
	学生高中班级排名及录取率	2.25
校友捐赠	在世校友中为学校捐赠的人数比例	5.00

资料来源：https：//www.usnews.com/education/best-colleges/articles/how-us-news-calculated-the-rankings。

通过 US News 的评分细项我们可以看到，其评分时考虑的标准涉及学校资源的方方面面，更多的是衡量大学整体的实力而并非完全衡量大学的学术水平。

在世界高校排名中，US News 更注重学校的国家影响力，如学校发表的论文在该研究领域的影响等，评价更为细致（见表 2–4）。

表 2–4　US News 世界大学排名评分标准

评价标准	占比（%）
全球研究声誉	12.50
地区性研究声誉	12.50
发表论文	10.00
出版书籍	2.50
学术会议	2.50
标准化引用	10.00
总被引用次数	7.50
高频被引用文献数量（被引用次数最多的文献的前 10%）	12.50
国际合作	5.00
发表的论文中国际合作者比例	5.00
高频被引用文献数量（在各自领域被引用次数最多的前 1%）	5.00
高频被引用文献百分比（在各自领域被引用次数最多的前 1%）	5.00

资料来源：https：//www.usnews.com/education/best-global-universities/articles/methodology。

扫描右侧二维码获取更多 US News 世界大学排名信息 ▶

QS 世界大学排名

QS 世界大学排名（QS World University Rankings）是由英国一家国际教育市场咨询公司 QS 发表的世界大学排名，一般每年夏季会进行排名更新。

除了我们熟知的世界大学排名外，QS 还提供 QS 亚洲大学排名（QS Asian University Rankings）、QS 拉丁美洲大学排名（QS Latin America University Rankings）、QS 金砖五国大学排名（QS BRICS University Rankings）、QS 世界大学学科排名（QS World University Rankings by Subject）等排名榜单。

QS 世界大学排名主要从六个方面对全球高校进行评价，包括：学术领域的同行评价、全球雇主评价、单位教职工论文被引用次数、师生比例、国际生所占比例及国际教师所占比例（见表 2–5）。我们可以看到，相较于 US News 的评分标准，QS 世界大学排名则更注重本校师生的情况。

表 2–5　QS 世界大学排名评价标准

评价标准	占比（%）
学术领域的同行评价	40
全球雇主评价	10
单位教职工论文被引用次数	20
师生比例	30
国际生所占比例	5
国际教师所占比例	5

资料来源：https：//www.topuniversities.com/qs-stars/qs-stars-methodology。

扫描右侧二维码获取更多 QS 世界大学排名信息 ▶

泰晤士高等教育世界大学排名

泰晤士高等教育世界大学排名也是全球公认的四大高校排名榜单之

一，由英国《泰晤士高等教育》（*Times Higher Education*）杂志发布，在每年 9 月底进行更新，采用教学环境等 5 项评分标准对世界范围内的大学进行排名比较（见表 2–6）。

表 2–6　泰晤士高等教育世界大学排名评价标准

评价标准	评价细则	占比（%）
教学环境	声誉调查	15.00
	师生比例	4.50
	博士学士比例	2.25
	博士学位授予学术人员比例	6.00
	机构收入	2.25
研究水平	声誉调查	18.00
	研究收入	6.00
	论文发表率	6.00
引用率	研究影响力	30.00
国际化	国际学生占比	2.50
	国际教职工占比	2.50
	国际合作	2.50
机构收入	机构收入	2.50

资料来源：https：//www.timeshighereducation.com/world-university-rankings/methodology-world-university-rankings-2019。

相比其他榜单，泰晤士高等教育世界大学排名的评分标准更加细致，同时考查类别也更为全面，增加了机构收入等指标来衡量高校的整体水平。

扫描右侧二维码获取更多泰晤士高等教育世界大学排名信息 ▶

ARWU 世界大学学术排名

ARWU 世界大学学术排名最初由我国上海交通大学高等教育研究院世界一流大学研究中心发布，后转由上海软科教育信息咨询有限公司发布，每年 8 月进行更新，是世界上最早的世界大学排名榜单。

ARWU 世界大学学术排名着重考查高校的教学质量和教学水平，对于学校其他方面的表现有所忽视，同时由于其评价标准多以理工科的奖项、杂志为评分标准，对于非理工科的专业意义较小，因此对于申报非理工专业学生的参考价值相对较低（见表 2–7）。

表 2–7　ARWU 世界大学学术排名评价标准

评价指标	评价细则	占比（%）
教学质量	诺贝尔奖和菲尔兹奖的校友人数	10
师资力量	获诺贝尔科学奖和菲尔兹的教师折合数	20
	各学科领域被引用次数最高的科学家数量	20
研究成果	在《自然》（*Nature*）杂志和《科学》（*Science*）杂志上发表论文的折合数	20
论文引用	被科学引文索引（SCIE）和社会科学引文索引（SSCI）、艺术与人文引文索引（AH-CI）收录的论文数量	20
师均表现	上述五项指标得分的师均值	10

资料来源：http：//www.shanghairanking.com/subject-survey/survey-methodology-2018.html。

在选择学校时，学校排名固然重要（因为学校排名可以在一定程度上反映学校的资质和水平），但个人兴趣的发展、学校所在地区的文化氛围等因素也都对学习过程有着不同程度的影响。因此在选择留学院校时，学生应当综合考虑各方面因素，切忌以排名为唯一标准。

扫描右侧二维码获取更多 ARWU 世界大学学术排名信息 ▶

三、专业选择

1. 专业选择时的考虑因素

专业的选择在很大程度上决定了学生未来的职业发展方向。什么才是选择专业时最应该看重的标准？选择自己喜欢的还是好就业的？这些问题是留学家庭关注的重点。

如图 2–20 所示，“专业实用性”是目前受访者最为看重的专业条件之一，有超过 40% 的受访者在选择专业时将这一条件纳入考虑范围；其次是“自己的兴趣方向”，有 38% 的受访者认为应该根据自己的兴趣方向来选择专业；专业的“就业前景”也备受关注，35% 的受访者表示会选择就业前景良好的专业。

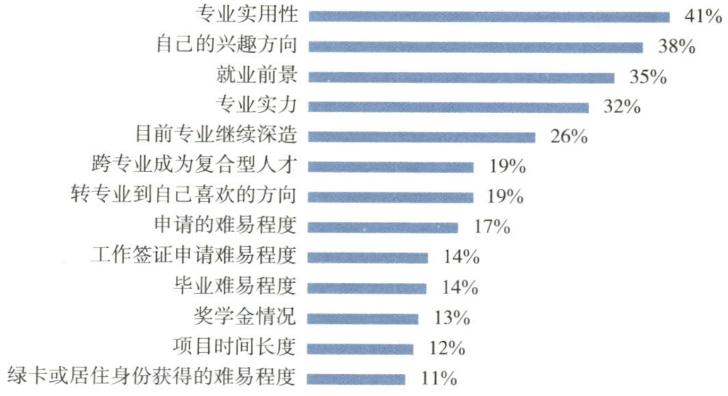

图 2–20　选择就读专业的考虑因素及其对应比例

资料来源：《2019 出国留学蓝皮书》调研，针对选择攻读本科及以上学历的人群共采集样本 3 070 份。

留学不仅仅是为了学习，目前绝大多数留学家庭都希望通过留学提升孩子未来在就业岗位中的竞争力，因此实用的、就业前景良好的专业成为绝大多数人的选择。但兴趣在学习中的作用不可忽视，若留学生盲目地选择不感兴趣的专业，学习会变得很痛苦，甚至影响成绩及毕业时间。

2. 专业选择的倾向性及专业类别解读

在确定留学阶段与留学国家之后，如何选择适合自己的专业进行深度学习，是接下来需要学生及家庭重点考量的事情。在国外，本科阶段的专业选择多以个人兴趣为基础，专业代表的是接下来深度学习的课程方向，而研究生阶段的专业选择则会更为严肃，因为这一阶段的专业学习可能决定了个人未来的职业发展方向。通过调研，我们了解到了近年来不同留学阶段学生的专业选择趋势，本科和研究生阶段的留学生在专业选择上具有一定的共性和差异性。

通过图 2–21 我们可以发现，在本科留学阶段，理科、商科、文科仍然是专业选择的主流方向，其中理科是留学生选择最多的专业，占到了整体的 30.50%，但较 2017 年略微下降 0.5%。商科和文科的选择人数比例都有小幅度上升，分别占到了 25.47% 和 21.85%，较 2017 年分别增长 1.5% 和 2.85%。2018 年工科类课程选读人数出现较大下降，只占整体受访者人数的 11.21%，较 2017 年选读人数下降了近 3 个百分点；艺术类专业和社会学科的选读人数占总受访人群的比例则分别为 4.86% 和 4.53%。

近年来，理科专业由于人才需求量大、就业前景好而逐渐走热，特别是在留学专业选择时，该专业一直受到很多的关注。理科一般是自然科学、应用科学以及数理逻辑的统称。理科类学科主要有数学、物理学、化学、生物学、地理学、计算机软件应用、技术与设计实践等。

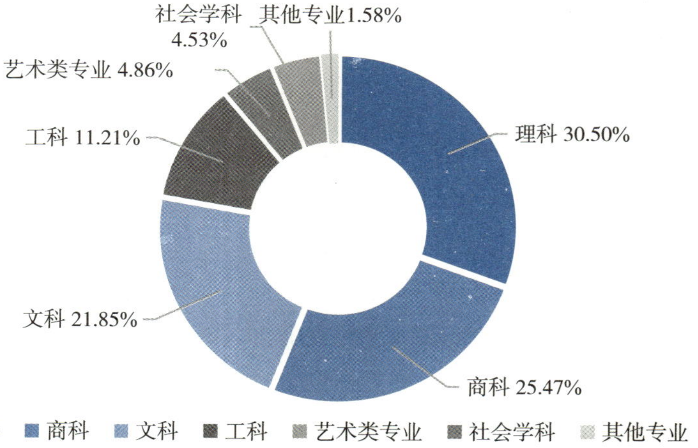

图 2–21　本科阶段出国留学专业选择

资料来源：《2019 出国留学蓝皮书》调研，针对选择攻读本科学位的人群共采集样本 1 346 份。

理科类专业的就业前景相比文科类专业有很大的优势。US News 根据薪资水平、晋升空间等综合因素评估并发布了 2018 年美国最佳职业排行榜，[①] 其中程序开发工程师因为薪资水平高、工作内容具有挑战性、职业发展前景好等因素被评为最佳职业。而依据世界最大薪酬统计网站 Payscale 2018 年发布的美国专业薪资排名，[②] 前 10 名专业中有 4 个都是理科类专业，其中化学与生物分子学是理科类薪资最高的专业，早期职业收入（少于 5 年工作经验）约为年均 7.1 万美元，中期职业收入（拥有 10 年以上工作经验）为年均 13.8 万美元；其他理科类专业如建筑学、航天学等专业的人员收入也较高。除此之外，在学习理科的过程中，学生的逻辑思维能力会得到系统的培养和提升，在就业时即使专业匹配度一

① 资料来源：https：//money.usnews.com/careers/best-jobs/rankings/the-100-best-jobs。

② 资料来源：https：//www.payscale.com/college-salary-report/majors-that-pay-you-back/bachelors。

般，部分雇主也会考虑有理科背景的学生。所以近年来理科类专业受到了广大留学生的持续关注。

商科依然是留学生选择的热门学科方向，包括金融、会计、管理、经济学四个专业方向，主流的专业包括金融、工商管理、会计、市场营销、国际商务、物流、经济学、人力资源管理八类。毕业前景好、工作机会多而且投入回报率高是越来越多留学生热衷于商科的主要因素。根据 Payscale 发布的 2018 年“毕业后收入最高的专业排名”，精算师以早期平均年收入 5.5 万美元、中期平均年收入 15.8 万美元的薪资水平位列第 3。从全球角度来看，近年来商科不仅在国内的热度持续走高，很多欧美国家的学生对于商科也十分热衷，这是全球经济发展对于商业型人才的高需求量带来的结果。而人才的集中申请也使商科的名校申请竞争越来越激烈，录取门槛越来越高，所以我们建议有申请商科意向的学生应提前做好准备。

文科类专业一般涉及人文科学，包含语言类、文学、历史、哲学等学科。国外文科类学科的教育资源非常丰富，很多人文类的前沿研究方法和理论都诞生于欧美高校。虽然在传统印象中，文科类的专业就业前景一般，但是现在这种现状却在悄然改变。比如小语种类专业的留学生的就业前景被越来越看好——随着国内经济和文化的开放程度越来越高，国际间的密切交流给这一专业的学生带来了更多的工作机会。所以，只要有扎实的专业基础，各个行业都会有良好的发展机会，大家应依据个人兴趣和专长，选择合适的专业方向，而非盲目地扎堆报名热门专业。

工科类专业因为发展空间大、薪资高，一直受到留学生的青睐。工科是研究应用技术和工艺学科的统称，代表学科主要有土建类、水利类、材料类、电工类、电子信息类、能源类、化工制药类等。根据 Payscale 发布的 2018 年“毕业后收入最高的专业排名”，收入最高的 10 类专业中有 5 类为工科专业，其中石油工程夺得头筹，就业早期薪资水平约为年均 8.2 万美元，中期薪资水平约为年均 18.3 万美元；工业工程位列第 2，就业早期薪资水平约为年均 7.9 万美元，中期薪资水平约为 16.6 万美元。从申请难度来看，工科类专业对于学生的英文水平要求不高，例如英国某大学对于通信工程类专业的留学生的雅思要求只有 6.0～6.5 分，但是对于学生的逻辑能力、理科基础往往会提出更加严格的要求。

社会科学研究社会发展问题，主要学科有法学、教育学、传媒学等。在传统观念中，人们可能认为社科类专业相比理工科、商科没有明显的就业优势，但是近年来一些社科专业的热度却在不断攀升，毕业生的前景也越发被看好。以教育学专业为例，由于社会和家庭对子女教育的重视程度越来越高，对教育学专业特别是幼教及特殊教育专业人才的需求量也随之增加。除此之外，传媒行业的发展和就业方向也越来越趋于多元化，企业对该类人才的需求量逐渐提高，给传媒学专业的毕业生带来了更多就业机会。

西方的艺术设计类专业一直都是艺术类学生向往的学习园地。伦敦、巴黎、米兰等城市一直以来都是艺术和时尚的代名词，再加上艺术类院校悠久的历史积淀、高层次的世界大赛等人文环境，都为艺术类学生提供了得天独厚的学习环境。虽然选择艺术类专业的留学生只占到总体留学人数的 5% 左右，但是艺术类院校的申请竞争却是非常激烈的。例如，英国申请通过率最低的院校并非我们熟悉的牛津、剑桥等顶尖大学，而是伦敦艺术大学，可见其激烈的竞争程度。

图 2-22 展示了在研究生阶段出国的留学生的专业选择。与本科阶段的专业选择相比，理科、商科、文科仍然是最受欢迎的 3 类留学专业，分别占到了总体的 32.32%、23.95% 以及 17.90%；选择工科类专业的比例略有上升，达到 13.72%；选择社会科学以及艺术类专业的占比仍然较低，分别为 5.28% 和 4.89%。

相比本科阶段，研究生阶段申请理科和工科专业的留学生比例都有明显的增加。一方面是由于理工科就业机会多、人才需求量大，吸引了更多学生选择此类专业；另一方面是因为理工科往往需要研究生及以上学历才能在就业时拥有较高的竞争力，这也鼓励了理工科学生继续深造，所以增加了研究生阶段留学生选择这类专业的比例。

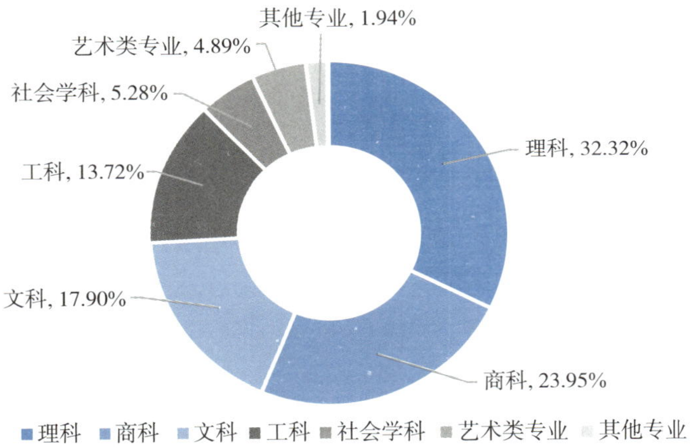

图 2-22　研究生阶段出国留学专业选择

资料来源：《2019 出国留学蓝皮书》调研，针对选择攻读本科及以上学历的人群共采集样本 1 724 份。

研究生阶段选择商科类专业的学生占比仍然高居第二位。一方面，由于商科专业的范围较为广泛，拥有国际化视角的商科毕业生也受到越来越多企业的青睐，高就业率鼓励了更多留学生选择商科深造学习；另一方面，商科通常鼓励培养综合性人才，对于学生的专业学术背景要求较低，通常可以跨专业申请，这也增加了学习商科的人群比例。

研究生阶段选择文科专业的人群比例明显低于本科阶段。相比理工类专业，文科专业对学生的实践能力要求较高，所以文科专业的学生大多在本科毕业之后会选择先工作，在实践中加深对专业的理解，提高个人竞争力。在这种情况下，研究生阶段选择文科专业的人数便明显地下降了。

图 2–23 展示了不同留学国家的留学生在专业选择上的差异性。我们不难发现，无论在哪个国家，选择商科和理科的学生比例都占了绝对优势。特别在美国，选择理科专业的人数比例明显高于其他国家。理科专业一直是美国高校的强势科目，根据 QS 2019 世界大学学科排名，在生物学、信息科学、数学、统计学等理科类专业排名靠前的学校中，美国院校所占比重最大。同时，美国学校雄厚的师资力量和优越的研究条件也是吸引留学生前往美国就读理科专业的重要原因。除此之外，美国理科专业设置奖学金的比例较高，对于留学生也具有较大的吸引力。

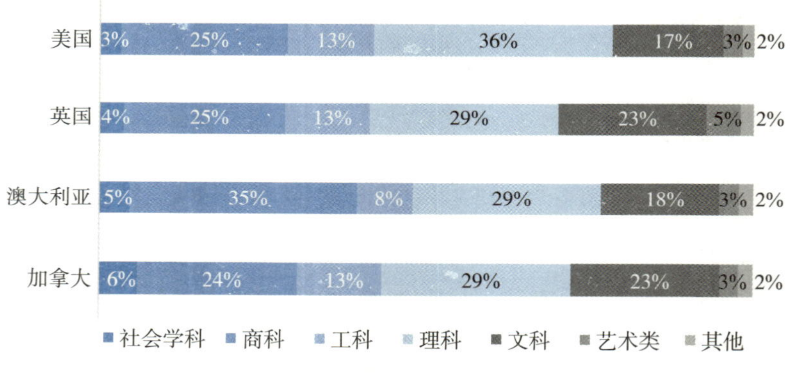

图 2–23 热门留学国家专业选择

资料来源：《2019 出国留学蓝皮书》调研，针对前往美国、英国、加拿大及澳大利亚留学的人群共采集样本 2 603 份，其中前往美国留学样本 968 份，前往英国留学样本 543 份，前往加拿大留学样本 561 份，前往澳大利亚留学样本 531 份。

我们可以发现，选择前往澳大利亚就读商科专业的留学生比例明显高于其他专业。从国家的角度来看，选择在澳大利亚就读商科的学生比例也明显高于其他国家。商科类专业一直都是澳大利亚高校的优势专业，一些院校的金融、会计、管理和市场营销等专业更是拥有较高的研究水平。例如新南威尔士大学和澳大利亚国立大学的会计和金融专业，在 QS 2109 世界大学学科排名中均位于世界前 10 位；墨尔本大学的管理学专业排在世界第 8 位。由此可见，优质的教学质量吸引了大量留学生到澳大利亚学习商科类专业。

虽然理科与商科是留学生的热门选择，但是如果盲目地选择不适合自己的专业，学生很可能在面对国外较大的学习压力时产生消极情绪。我们建议留学生在选择留学专业时，应根据自己的个人兴趣、擅长的领域以及未来职业发展规划等条件，选择一个热爱并适合自己的专业。

留学专业选择经验分享二维码 ▶

留学是一个家庭的重要抉择，从下定决心到正式出国要跨越很长的周期，因此留学家庭需要制订合理的时间方案来指导留学的整个过程。留学时间规划主要有两个出发点：一是开始准备的时间；二是具体准备阶段的规划。基于以上两点做好时间规划，整个留学过程会轻松许多。

开始准备的时间点不仅取决于所申请的院校，而且还与申请阶段有很大关系，不同的申请阶段需要完成的准备事项存在一些差异。

扫描右侧二维码了解各国具体留学时间规划 ▶

第三章

留学准备与申请

一旦确定了留学的国家和方向，留学申请就迈出了至关重要的一步，后续该如何达成目标，又该怎样提高成功申请到心仪学校及专业的概率呢？本章内容将以海外高校录取趋势为切入点，通过数据及留学生和专家们的经验分享，探索提高申请成功率的有效途径，从而帮助申请者做好留学前的相关准备。

第一节　录取趋势：录取率下降，多元化申请材料更受认可

了解各个国家及地区高校的录取状况，可以帮助留学生们有效且合理地规划申请过程，预测申请成功的概率。通过对美国和英国这两大热门留学目的地的高校录取率进行统计与研究，我们发现，从 2008 年开始，这些主流留学国家的录取率便呈现下降趋势。特别值得注意的是，这种趋势在顶尖高校中尤为明显。

2008 年，美国高校的平均录取率为 45% 左右，到了 2018 年已下降到 30%，顶尖高校的录取率更是不到 10%。例如，普林斯顿大学和耶鲁大学 2018 年的录取率仅为 7% 左右，哈佛大学和哥伦比亚大学 2018 年的录取率仅为 6% 左右。

根据 US News“顶尖公立大学录取趋势”报告中近 10 年的数据[①]显

① US News Rankings 网址：https：//www.usnews.com/education/best-colleges/articles/2017-09-28/us-news-data-explore-admissions-trends-at-the-top-public-colleges。

示，2008 年各公立高校平均申请学生人数约为 27 500 人，在 2018 年激增到平均 58 000 人左右，是 2008 年的 2.1 倍（见图 3–1）。相比快速增长的申请人数，公立高校的实际录取人数在 10 年间却并无明显变化。申请人数的迅速增加使得竞争加剧，这成为导致美国大学留学生录取率持续下降的主要原因。

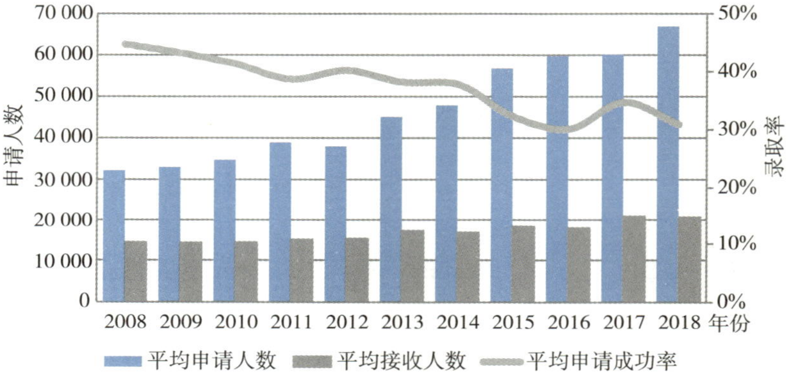

图 3–1　2008—2018 年美国顶尖公立大学录取趋势

资料来源：US News 数据整理。

对越来越多的留学申请者而言，美国名校录取率逐年降低这一趋势无疑给学生和家长们带来了很大压力。而对于美国名校是否有针对中国学生降低录取率这一问题，麻省理工学院前面试官史蒂文先生提出了他的观点："顶尖高校的录取率都在降低，这并非只针对中国学生。"史蒂文先生以麻省理工学院的录取率为例向我们解释道："每年麻省理工学院收到超过 19 000 份申请，其中大约 6 000 人达到了麻省理工学院的入学要求，而最终真正被麻省理工学院录取的只有 1 500 人左右。一方面，很多人是抱着碰运气的心态申请，也就增加了无效申请的数量。在这种情况下，录取率的降低只是因为无效申请在增加，对于符合要求的申请者而言并没有太大影响。而另一方面，录取率越低的学校越被认为是'好学校'，'好学校'自然会吸引更多的申请者参与角逐，使得其录取率进一步降低，正是因为这种'循环'，导致竞争加剧。"

对于英国高校而言，特殊的申请制度会限制学生每年可以申请学校的个数，所以有效减少了无效申请者的数量。因此，相比于美国，英国大学录取率的降幅要小得多，多数大学的录取率仍达到 30% 以上，但相比 2017 年，还是呈下降趋势。例如，帝国理工大学 2017 年录取率为 46.2%，2018 年则降到 43.6%；英国顶尖高校剑桥大学和牛津大学的录取率也分别从 2017 年的 33.8% 和 24.7%[①] 下降到 2018 年的 31.2% 和 23%。

面对录取率的降低，中国的留学申请者应如何应对？如何提升被心仪学校录取的概率呢？通过专家访谈和对留学生在申请阶段经验的总结，我们结合历史数据提出如下建议：首先，保证所有申请材料准备齐全，标准化考试成绩不低于学校最低要求（这是最基本的条件），以此获得心仪学校的敲门砖；其次，不断提升个人软实力，以兴趣为依托，德、智、体全面发展，成为具有个人特色与发展潜力的"复合型人才"；再次，在申请过程中有效规避误区，少走弯路；最后，从容准备面试，展现自己最真实、最好的一面，成功取得 offer。本章接下来的几节会对如上建议做详细阐述。

第二节　材料准备：以标准化考试为基石，通过个性化材料提升竞争力

齐全的申请材料和优异的考试成绩是所有学生申请学校时的敲门砖。

在正式申请时，申请材料越是齐全，越能吸引招生官的注意，也就

---

① 资料来源：High Education Statistical Anlysis。网址：https：//www.ucas.com/data-and-analysis/undergraduate-statistics-and-reports/ucas-undergraduate-analysis-reports。

为成功进入心仪的学校铺平了道路。申请成功与否，自然也不完全取决于成绩的高低，但只有做好充分准备，审慎认真地对待申请的各个环节，才能时刻保证自己的竞争力，让留学申请不留遗憾。

一、高中阶段：对标准化考试要求相对较低，更看重在校成绩

高中及以下阶段的学生出国留学需要准备的标准化考试较少，在大多数情况下只需提交语言考试成绩即可。

相比标准化考试成绩，在校成绩及兴趣特长成为申请高中阶段出国留学的准备热点。超过 40% 的受访者表示在校成绩及排名对高中阶段的留学申请较为重要，不过也有 40% 的受访者认为，兴趣及特长情况是申请成功与否的关键（见图 3–2）。

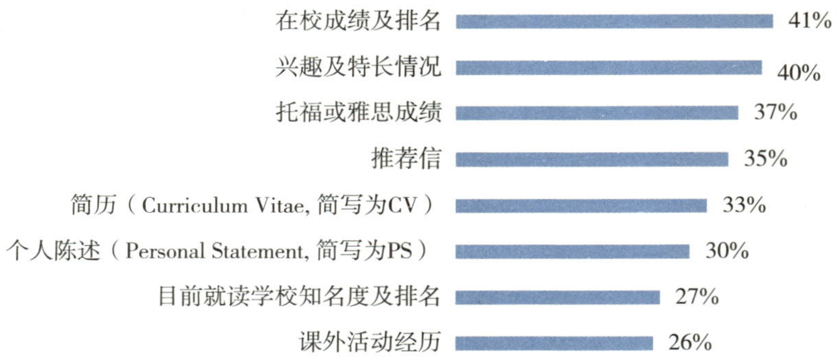

图 3–2 申请高中阶段各准备条件的重要性及其对应比例

资料来源：《2019 出国留学蓝皮书》调研，针对准备申请高中阶段的学生群体及家长共采集样本 1 005 份。

具备一定的语言表述能力是留学及海外生活的基础，因此有 37% 的申请者认为，语言成绩（托福或雅思成绩）也是申请学校时较为重要的材料。一定程度上，该成绩可以反映申请者的语言水平及沟通能力：语

言能力较强的学生可以更快地融入海外生活，更好地表达自己；而语言能力不足的学生，则可能在陌生的语言环境中产生较大的心理落差，随之影响其学业及自身成长。

除此之外，推荐信、简历、个人陈述等也是申请者需要准备的重要材料。在调查中，分别有 35%、33% 及 30% 的受访者认同它们的重要性。

从整体来看，申请高中阶段的“准留学生”对于简历、推荐信及在校成绩与排名 3 个方面的自评打分较高，显然准备比较充分；但对于大家普遍认为重要的兴趣及特长情况和语言成绩方面的准备显得信心不足，更需要接受帮助或进行强化提升（见图 3–3）。

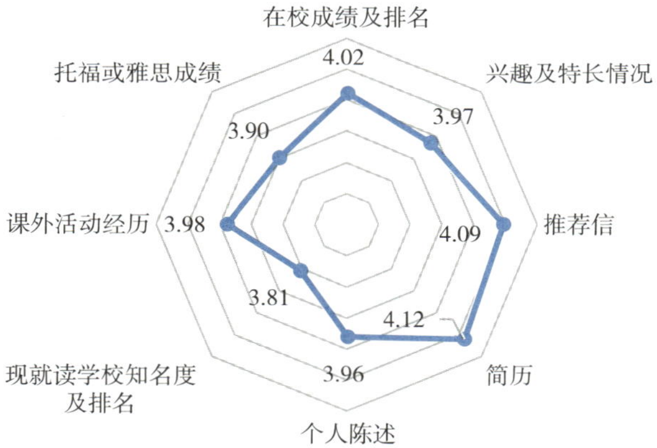

图 3–3　申请高中阶段人群对各材料准备情况自评打分

资料来源：《2019 出国留学蓝皮书》调研，针对准备申请高中阶段的学生群体及家长共采集样本 1 005 份。

由于国家之间对留学申请材料的要求各有侧重，因此我们将分国家对申请材料及申请中的注意事项进行解读。

1. 美国

美国高中的入学要求相对于其他国家更为严格。在申请过程中，学生要提供国内的初中在读证明或毕业证、近年成绩单、语言考试成绩等，部分学校还会要求学生额外提供 SSAT（Secondary School Admission Test，美国中学入学考试）成绩、简历、个人陈述以及老师的推荐信等材料，具体要求会因申请学校不同而有所差异（见表 3–1）。

表 3–1　美国高中申请所需材料

国家	材料类型	所需材料	补充说明
美国	过往成绩	国内学习近年的成绩单	一般要求为近三年，并且提供中英文两版
		毕业证书或在读证明	中英两版
	标准化成绩	语言成绩（托福或雅思等）	美国地区接受度最高的是托福考试，但也有部分学校接受雅思成绩
		SSAT 成绩单	申请名校时的加分材料
	个性化材料	简历	申请时的辅助材料，按学校需求提供
		个人陈述	
		推荐信	

资料来源：美国高中官网及中介信息整理。

与国内学制不同，美国高中为四年制，初中为两年制。因此，如果申请者有高中出国计划并且希望申请到较好的学校，最稳妥的做法是从初中一、二年级就着手准备托福和 SSAT 考试。与此同时，学生一定要关注自己的校内成绩，整体成绩必须保证良好及以上水平才能达到美国高中的录取要求。此外，后期文书中可以结合兴趣与特长，突出自身在一两门优势学科上的成就，以便与成绩单相互呼应，实现竞争力的强化和提升。

关于高中阶段申请语言类考试的两点说明

在网上搜索有关高中阶段申请留学需要提供的语言考试成绩时，经常会有网站显示可通过提交 SLEP（Secondary Level English Proficiency Test，中学生程度英语水平考试）的成绩来替代其他语言成绩。然而，SLEP 考试已经取消，在 2012 年完全被 TOEFL Junior（初中托福，俗称小托福）考试所替代。

对于 TOEFL Junior 考试，虽然我国接受该考试的最大报名年龄为 17 岁，但因该考试是针对 11 ~ 15 岁的学生设计的，因此更适合申请初中阶段出国留学的同学，对于申请高中阶段的同学，还是应该把语言考试的准备重心放在托福考试上。◀

SSAT 考试又被称为小 SAT（Scholastic Assessment Test, 学术能力评估测试），是申请美国中学的重要门槛。考试内容由数学、词汇及阅读 3 部分组成，通常成绩在 2 000 分以上的学生更有进入名校的可能。

目前 SSAT 考试成绩被美国、英国、加拿大的众多私立高中认可，并被列为入学申请的重要参考。特别是对于母语为非英语的国家，SSAT 考试被作为评判学生英语水平的重要依据。同时对于一些想要提升自己软实力而参加夏校的学生，SSAT 考试成绩在某些情况下被视为就读夏校的标准之一。

什么是夏校

夏校又称暑校（Summer School），是指低年龄段的学生在暑假期间去海外高校学习的课程。夏校也分为学分制和非学分制两种。非学分制顾名思义，学生学习的课程无法转换成学分，参加的夏校只是作为个人能力的一种提升。而学分制的夏校则可以在学生完成课业并通过考试后为其颁发正式成绩单，学生可以获得相应的学分，最重要的是这些学分可在未来转到大学使用。◀

2. 英国

随着英国高中越来越受到中国学生和家长的青睐，申请英国高中留学的人数逐年增加，英国教育部门因此相应地提高了其高中的入学门槛（见表 3–2）。

表 3–2　英国高中申请准备材料

国家	材料类型	所需材料	补充说明
英国	过往成绩	近年成绩单	成绩平均分在 80 分以上
		在读证明或毕业证	中英两版
	标准化成绩	雅思成绩	GCSE 阶段总分 4.0 以上 A-Level 阶段总分 5.0 以上 （学校排名越高，分数要求越高）
		英语考试成绩	必须由独立机构出具
	个性化材料	简历	申请时的辅助材料，按学校需求提供
		个人陈述	
		推荐信	

资料来源：英国高中官网及中介信息整理。

英国的中学学制阶段分为 GCSE（General Certificate of Secondary Education，普通中等教育证书）和 A-Level（General Certificate of Education Advanced Level，英国普通中等教育证书考试高级水平课程）两个阶段。

申请 GCSE 阶段的中学时，申请者通常需要提供总分不低于 4.0 的雅思成绩；而申请 A-level 阶段的中学时，则要求申请者提供不低于 5.0 的雅思成绩。[①]同时，最低分数要求会因所申请学校的难易程度有所不同。排名越高、竞争越激烈的学校要求的成绩就越高。例如，申请排名前 50 位的 GCSE 阶段学校，申请者就需要提供不低于 5.0 的雅思成绩；而申请 A-level 阶段的学校，若想进入排名前 50 位的学校，则申请者需要提供不低于 6.0 的雅思成绩。

除了雅思成绩外，学生同样需要提供初中三年的成绩单，且平均成绩达到 80 分以上。若学生目前仍在就读初中，则需要提供从入校到目前为止的所有课程成绩单，在获得全部阶段的成绩后需要向申请学校补齐各阶段的成绩。只有各方面成绩均满足学校要求的申请者才会有资格被录取。

3. 加拿大

加拿大的高中主要分为 3 类：公立中学、国际中学、私立贵族中学。针对不同的学校类型，申请材料亦会有所不同。多数加拿大高中只需学生提交最近两年的成绩单和在读证明即可。如果想要进入顶尖的私立学校或者其他竞争较激烈的学校，则可能被要求提供雅思或托福等语言成绩，不能提供语言成绩的申请者，会被要求参加学校的入学考试以了解学生的语言水平（见表 3–3）。

---

① 英国政府网站 Tier 4（普通）学生签证申请指导（Tier 4 of the Points Based System-Policy Guidance）中规定：申请 Level 3（A-level）以上阶段课程的学生的英语成绩必须达到欧洲语言教学大纲 B2 级别（即雅思 5.0 以上）。

表 3–3 加拿大高中申请准备材料

国家	材料类型	所需材料	补充说明
加拿大	过往成绩	在读证明或毕业证书	中英文两版
		近年国内学习成绩单	中英文两版
	标准化成绩	雅思、托福成绩或 TFI（法语托业考试）成绩	无法提供雅思或托福成绩的学生可以参加学校的入学考试
	个性化材料	简历	申请时的辅助材料，按学校需求提供
		个人陈述	
		推荐信	

资料来源：加拿大教育局及中介信息整理。

在加拿大，每个地区会同时设有多个公立教育局，每个教育局会下辖几所幼儿园、小学、中学等，学生在申请加拿大的公立高中时，需要将申请递交到该地区的教育局。当地的教育局会按照学生填写的志愿学校和申请意愿的先后顺序进行录取，每位学生可以填报 3 个志愿学校。顶尖中学的招生人数通常会很快招满，所以，如果学生想要进入加拿大的顶尖高中就读，至少需要提前一年做好准备。私立中学一般不设留学申请截止时间，但我们建议学生最迟在开学前 3 个月提交申请。

4. 澳大利亚

澳大利亚是英联邦国家，其教育继承了英国的体制，中学阶段的学制为 6 年：4 年初中（7～10 年级），两年高中（11～12 年级）。学生如果申请澳大利亚高中，需要提供近两三年的中英文成绩单、初中毕业证书或在读证明等材料，成绩单中的英语成绩要求都在 75 分以上。与其他国家不同，澳大利亚政府规定，不要求 18 周岁以下的留学申请人员提供雅思成绩。但是，如果他们想要就读于澳大利亚的顶尖私立高中，这类学校通常仍会要求其提供雅思成绩来证明自身的英语水平。同时，部分私立中学还会要求申请者提供 AEAS（澳大利亚教育评估服务机构）的报告、课外活动证明和获奖证书等材料，或参加面试等。申请者可根据入学要求和自身实际情况规划开始准备的时间，尽最大努力提高各科目成绩和英语水平（见表 3–4）。

表 3–4　澳大利亚高中申请准备材料

国家	材料类型	所需材料	补充说明
澳大利亚	过往成绩	在读证明或毕业证书	中英文两版
		初中的成绩单	中英文两版
	标准化成绩	AEAS 报告	
		雅思成绩单	不强制要求提供
	个性化材料	简历	申请时的辅助材料，按学校需求提供
		个人陈述	
		推荐信	

资料来源：澳大利亚高中网站及中介信息整理。

同时需要注意的是，澳大利亚的中学需要提前一年“占座”，想入读澳大利亚中学的留学申请者，务必要提前做好准备，否则即使成绩再好也没办法进入理想的高中。

什么是 AEAS

AEAS（Australian Education Assessment Service）是澳大利亚教育评估服务机构的简称。作为对学生整体学业情况的评估机构，AEAS 被澳大利亚超过 180 所中学及西澳公立教育局接受。AEAS 考试由三部分组成：英语（笔试和口试）、数学推理及非语言综合能力。根据学生的年龄及就读阶段，AEAS 考试分为适用 4 ~ 6 年级、7 ~ 9 年级和 10 ~ 12 年级的三个级别。

AEAS 的成绩报告除了三部分各项成绩外，还会给出针对学生就读年级及就读语言学习班时长两个方面的建议，因此有一部分学校在学生咨询时就要求其提供 AEAS 报告。◀

二、本科阶段：标准化考试类型多，合理选择巧规划

目前，申请本科阶段出国留学的人数最多，留学目的地的选择也较为集中，以英语国家为留学目的地的留学生超过 80%。不同于高中阶段，本科阶段的申请看重标准化考试成绩，并且由于入学难度的提高，申请材料的准备也相对变得复杂。我们可以看到在标准化考试及课程上，除了申请美国高校需要用到的 SAT 及 ACT（American College Test，美国高考）成绩外，AP 课程（Advanced Placement，大学预修课）、IB 课程（International Baccalaureate Diploma Programme，国际预科证书课程）以及 A-Level 课程等都被认为是申请本科阶段的重要材料。

语言成绩被认为是申请本科阶段最重要的材料，47% 的受访者认同这一观点。本科阶段的学习难度加大，对课本的理解、课上的交流及课下的阅读都对留学生的语言能力有着较高要求。

由于平时的成绩可以在一定程度上反映申请者的学习能力及学习态度，在校成绩同样是重要的留学申请准备材料，41% 的受访者认同其重要性。个人兴趣、特长、简历、个人陈述及推荐信等个性化材料也是申请本科留学的必要准备内容。国外大学重视学生综合素质的培养，因此校方在录取时看重学生的全方位发展，希望学生除了学习成绩优异外，还拥有自己的兴趣爱好和特长（见图 3-4）。

简历、推荐信和个人陈述是学生提交给申请学校的“名片”，除了冷冰冰的成绩数字外，如何向心仪学校展现自己的全部实力就要靠这些

“文书类”材料了。

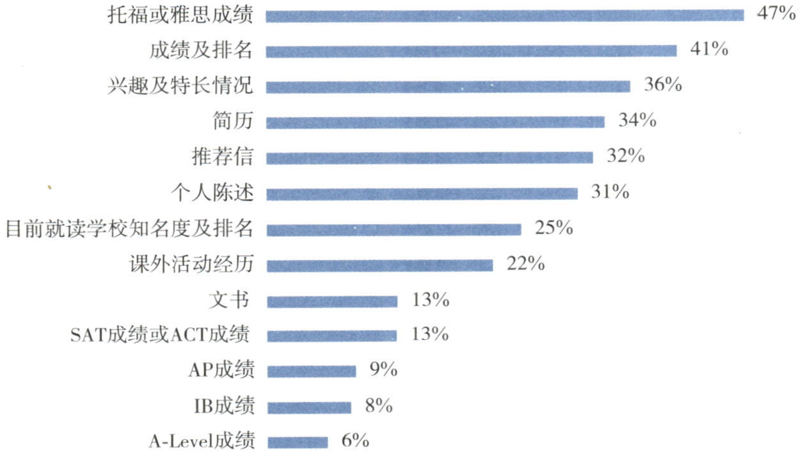

图 3–4　申请本科阶段各准备材料的重要性及其对应比例

资料来源：《2019 出国留学蓝皮书》调研，针对准备申请本科阶段的学生群体及家长共采集样本 1 346 份。

从申请材料的准备情况来看，本科阶段申请者在个人陈述、简历、兴趣及特长情况和成绩及排名方面准备较为充足。但在申请者同样认为较为重要的语言成绩、推荐信、目前就读学校知名度及排名与标准化考试及课程成绩方面准备不足。

标准化考试及课程成绩在本科阶段的留学申请中有着关键的作用，种类也比高中阶段繁杂。部分申请者会普遍觉得自己准备不足或可以准备得更好，因此对自身表现的评价较为保守。标准化课程或考试可以有针对性地选择参与或考试的课程，申请者可以取长补短，选择自己擅长的或是想在未来有所发展的科目，提升自己的表现。

国内高中在国际上的知名度普遍不高，这也是留学申请者认为自己在“目前就读学校知名度及排名”方面表现不佳的原因。因此，申请者可以通过简历、个人陈述和文书等材料展现自己的实力，以便弥补在目前就读学校知名度及排名方面的不足，或是加强在成绩及排名上的表现，展示自己的学习能力（见图 3-5）。

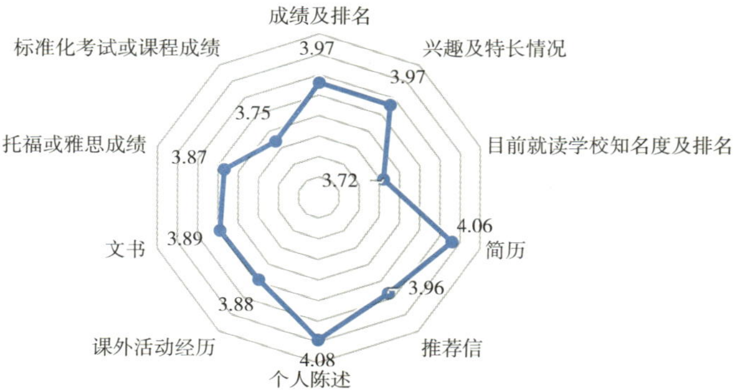

图 3-5　申请本科阶段人群对各材料准备情况自评打分

资料来源：《2019 出国留学蓝皮书》调研，针对准备申请本科阶段的学生群体及家长共采集样本 1 346 份。

由于不同国家高校对申请材料的内容和准备的要求各不相同，因此我们将分国家对本科阶段高校所需的申请材料进行逐一介绍。

1. 美国

申请美国大学需要提交托福成绩、高中在读证明及成绩单、SAT 考试成绩或 ACT 成绩等基础资料，但具体每所学校在申请材料和要求上有所差异。例如部分学校也接受雅思成绩，有些学校甚至接受学生通过参加入学考试或语言班的形式免去语言成绩的提交（见表 3-5）。

由于近年来国外学校对于我国高考的认可度不断提升，部分美国高校会以中国高考成绩作为学生申请时的考量依据。如果申请者没有足够的时间准备 SAT 考试，或者没有获得满意的 SAT 成绩，美国也有部分

表 3–5 美国本科申请准备材料

国家	分类	所需材料	补充说明
美国	标准化成绩	托福	部分可使用雅思成绩或就读语言班替代
		SAT	排名靠前大学必须提供，其他大学选择性提供
		ACT	与 SAT 考试作用相同，可以选择提供
		AP 课程成绩	选择提供
	过往成绩	高中在读证明或毕业证书	中英文两版
		高中三年成绩单	中英文两版（未毕业的学生可提供到目前为止所有课程的成绩单，在正式入学前补交三年完整成绩单）
	个人材料	简历	申请时的辅助材料，按学校需求提供
		个人陈述	
		推荐信	

资料来源：美国大学官网及中介信息整理。

高校允许学生不提供该成绩，但排名靠前的大学一般都要求申请者提供 SAT 成绩。例如，耶鲁大学对留学申请者需提供的材料和需参加的标准化考试的内容及成绩要求的规定如图 3–6、图 3–7 所示。①

除了标准化考试成绩外，部分高校会通过学生在高中阶段选读的 AP 课程考查学生在专业研究方面的表现。同时，为了更好地了解学生的自身情况，不同学校会要求学生提供 1～3 篇文书或个人陈述。

近年来，美国部分高校提出“去标准化”的提议，即他们建议逐渐减轻 AP 课程等标准化考试在学生考量与录取中所占的比重，更希望看到学生自身的独特性和优势。纽约大学国际招生主任鲍伯·费尔南多（Bobbe Fernando）在国际会议中提道，他们计划在招生时拓展考试类型，

① https：//admissions.yale.edu/applying-yale-international-student。

Additional requirements for all first-year applicants（针对所有新生的附加申请材料）
$80 Application Fee or Fee Waiver（80 美元申请费或费用减免证明）
Two Teacher Recommendations（两封老师的推荐信）
One Counselor Recommendation（一封辅导员推荐信）
School Report (including Transcript)（学术报告，包括成绩单）
Standardized Test Results（标准化考试成绩）
Mid-Year Report due when first semester/term senior grades are available at your school（中期学术报告——适用于还未正式毕业的申请者）

图 3–6　耶鲁大学要求申请者提供的材料清单

资料来源：耶鲁大学官网资料整理（https：//admissions.yale.edu/applying-yale-international-student）。

进而了解更多没有机会参加或者没有时间准备传统美国大学考试的学生的整体水平。

麻省理工学院前面试官史蒂文先生也提道，标准化的成绩只是学生申请学校的敲门砖，每年达到申请资格的学生数量众多，最后真正决定学生能否被录取的往往是“其他条件”。因此，除了常规的申请材料外，学生们开始更注重申请材料的多元化，希望学校能够更全面地了解自身情况，进而在申请中获得竞争优势。这些多元化的申请材料包括所获奖项、参与的社会活动、个人研究小论文、艺术作品集，甚至是家长给孩子的推荐信等。

由于近年申请美国大学的人数不断增加，各大院校录取的标准也在不断提升，建议有申请意向的学生尽早了解心仪院校的申请要求，提前做好准备，从标准化成绩与个性化材料等多方面入手准备充分的申请材料，提高申请成功率。

Required Testing and Policies（必须提供的考试成绩）

Yale requires applicants to report results from either the ACT or the SAT.

（耶鲁要求所有的申请者必须提供 ACT 或者 SAT 的考试成绩。）

Recommended Testing（推荐参加的考试）

SAT Subject Tests（SAT 单科测试，建议学生提供，但不是强制性材料。）

AP, IB, and AICE exam scores are recommended but not required. [建议学生提供 AP、IB 及 AICE（美国国际高级教育证书）考试成绩，但不是强制性材料。]

Testing for Non-Native English Speakers（针对非英语母语国家学生的测试）

TOEFL -100 on the internet-based TOEFL iBT（托福：考试成绩不低于 100 分。）

IELTS -Yale's most competitive applicants will have IELTS scores of 7 or higher

（雅思：耶鲁最有竞争力的申请者一般雅思成绩不低于 7 分。）

Pearson Test of English -Pearson Test scores of 70 or higher.

[PTE（学术英语考试）：耶鲁最有竞争力的申请者的 PTE 成绩不低于 70 分。]

Duolingo English Test -Yale's most competitive applicants will have scores above 75 in the multiple-choice answer portion of the test.

（多邻国英语测试：耶鲁最有竞争力的申请者在这项测试的多选题部分成绩一般不低于 75 分。）

图 3–7　耶鲁大学对申请者标准化考试内容及成绩要求

资料来源：耶鲁大学官网资料整理（https：//admissions.yale.edu/applying-yale-international-student#testing）。

【专家视角】美国本科录取趋势：学科交叉，标准化考试弱化，重视求知欲

访问对象：全美私立中学中国学生联合会理事长、美国常春藤教育董事长郑卫峰先生

与近年国内留学需求和申请人数剧增相对的，是逐年下降的名校录取率，

相比往年，美国大学2019年所采取的申请者选拔策略也已发生很大变化。

从今年起，布朗、杜克、加州理工等名校不再要求SAT和ACT写作成绩，芝加哥大学更允许学生自己选择是否提交SAT、ACT分数。标准化考试成绩在申请中的权重被削弱，国内热度不减的AP课程也面临权重下降。大学开始要求申请者提交新的评估材料，例如英语或历史课上老师评分的习作，不仅侧重考查学生在考试之外实际使用英文进行学术讨论的能力，更看重学生对学术问题进行深度思考的能力。

大学真正看重的并不是学生选修了多少门AP课程，而是他们是否充分利用了自己身边最有挑战性的课程，持之以恒地发展个人兴趣并思考现实问题，以及是否能够对学校或当地社区做出贡献。学生的课外活动最好不要浅尝辄止，因为招生官不仅要看申请表上列出的奖项，更重视学生在文书中体现出参与活动的过程和反思。

目前，海外院校对学生申请材料的要求也越来越多元化，除了传统的文书与活动奖项列表，很多学校开始接受或要求个人研究小论文、艺术作品集、视频面试和家长推荐信等。很多大学也开始重视学生的网络参与，如个人网站、博客等。由于申请材料繁多，学生更需要体现出活动、奖项及作品与学术兴趣之间的逻辑性和连贯性。

对综合能力考查的重视，与美国大学加强交叉学科建设，促进跨学科研究的趋势密不可分。埃默里大学和西北大学等中国学生青睐的高校，已推出了艺术和理工专业相结合的课程。本科阶段科研实践的比重也在逐步上升，如伍斯特理工学院就提出，本科生的专业知识需要与社会意识和世界性问题结合。因此，海外高校在录取时也更看重申请者对于交叉学科的深入研究经历。

顶尖的美国高中已开始接轨大学的录取要求和发展趋势，开始进行课程变革，强调学科知识共通，解决现实问题。中国的学生也亟须改变申请策略和升学规划理念。郑卫峰先生表示："以往靠最后几个月'临阵磨枪'抛光简历，或是主要依赖考试培训，通过频繁刷分来获取标准化高分的申请者，在留学申请中将很难再获得优势。这类停留在表层的申请准备，与美国大学所寻求的求知欲存在较大差距。从 2018 年的申请结果来看，仅拥有优异成绩的学生已出现颓势，从中学早期就对个人兴趣有深入而广泛的探索的中分段学生开始崛起了。"

2. 英国

英国本科院校在录取学生时要求学生提供 A-Level 课程的成绩作为入学考查标准。若学生无法提供 A-Level 课程成绩，那他就要选择攻读预科或文凭课程作为前置课程，在完成相关学习后再进行大学本科申请（见表 3–6）。

表 3–6　英国本科留学申请准备材料

<table>
<tr><th>国家</th><th>分类</th><th>所需材料</th><th>补充说明</th></tr>
<tr><td rowspan="7">英国</td><td rowspan="2">标准化成绩</td><td>雅思</td><td>部分高校可以用就读语言班来替代</td></tr>
<tr><td>A-Level 成绩</td><td>无法提供 A-Level 成绩的学生无法直接申请本科课程，但可以通过就读预科或文凭课程申请本科留学</td></tr>
<tr><td rowspan="2">过往成绩</td><td>在读证明或毕业证书</td><td>中英文两版</td></tr>
<tr><td>高中成绩单</td><td>中英文两版</td></tr>
<tr><td rowspan="3">个人材料</td><td>简历</td><td rowspan="3">申请时必须提供</td></tr>
<tr><td>个人陈述</td></tr>
<tr><td>推荐信</td></tr>
</table>

如图 3–8 所示，一般情况下，中国学生申请英国的本科有两种途径可以选择：第一种，如果正在国内就读高一、高二，可以直接报读 A-Level 课程，用 A-level 课程的成绩直接申请英国高校；第二种，针对高三、拿到高考成绩或者已经在国内大学完成一年左右学业的学生，这些学生可以选择申请就读英国大学的预科或者国际文凭课程，在完成相关课程后再继续本科阶段学习。

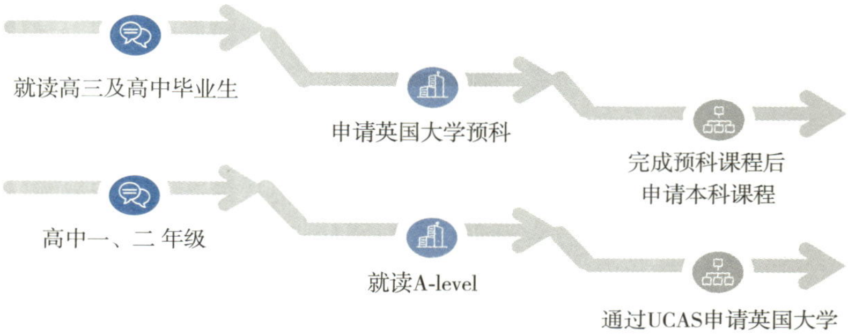

图 3–8　英国本科申请方式

资料来源：留学生及中介专家反馈整理。

即便申请者的 A-Level 成绩已经足够好，但通常还是需要通过 UCAS（Universities and Colleges Admissions Service，大学和学院招生服务中心或称为英国高等院校招生办）来递交本科申请，且每人每年只能在 UCAS 递交一次申请，每次最多可同时申请 5 所大学。如果学生没有 A-Level 课程的成绩，则需要申请大学预科或文凭课程，此时可以直接向拟申请就读大学的相关机构（如预科办公室或语言中心）进行申请。无论哪种情况，申请者都需要提供个人陈述及简历。

对于申请者的高中成绩，一般要求是平均分不低于 80 分，个别院校会提出更高的要求。对于雅思成绩，一般为 5~6 分不等，不同专业也会设有不同要求。

在满足所有录取条件后，学校会给学生发放“无条件录取通知”。若学生尚有个别入学条件不符合，学校会发放“有条件录取通知”，收到“有条件录取通知”的学生需要在入学前满足所有条件后，才可以换成“无条件录取通知”，顺利进入大学就读。

3. 加拿大

申请加拿大的大学一般需要准备高中三年的成绩单、语言成绩（雅思和托福等），通常雅思成绩要求不低于 6 分。有些学校还会要求学生提供高考成绩或会考成绩。以多伦多大学为例，该校要求申请者达到的最低标准为：托福 100 分，其中写作部分不低于 22；或雅思总分不低于 6.5，其中单项不低于 6.0，同时学生需要提供高二会考、高考成绩及高中三年的成绩单。

由于加拿大不同省的教育体系和要求差异较大，建议想要前往加拿大留学的学生在申请前详细了解学校的具体要求，尽量提前一年准备相关的标准化考试。此外，因为 AP 课程的内容及评分相对客观，所以加拿大高校也同样认可学生的 AP 课程成绩。与申请美国大学一样，AP 成绩可以在申请环节获得招生官的认同，同时也可以在大学阶段折成学分。但 AP 成绩在加拿大不强制要求提供，学生可以视自身情况进行判断和决定。

4. 澳大利亚

申请澳大利亚的大学一般需要提供高中成绩、雅思或托福成绩。此外，学术英语考试是澳大利亚自有的一种语言考试形式，相比雅思考试稍显简单，学生可以用这项考试的成绩代替雅思成绩。

如果申请“澳大利亚八校联盟”中的学校，除墨尔本大学外，其他学校都会对学生的高考成绩做出要求。基本要求为超过当地一本分数线，部分学校还会有更高标准。如果申请者对高考成绩没有十足把握，也可以选择先就读学制为 4 个月到一年半不等的八大学校的预科。申请预科需要准备高中的平时成绩和雅思成绩。

澳大利亚八校联盟

澳大利亚八校联盟由悉尼大学、澳大利亚国立大学、西澳大学、新南威尔士大学、墨尔本大学、莫纳什大学、阿德莱德大学和昆士兰大学组成，是目前广受认同的澳大利亚教育水平最优秀的八所学府。◀

三、研究生阶段：专业知识要求高，个性化材料决胜负

研究生阶段课程难度增大，对语言理解的要求也更严格，因此在该阶段有 46% 的申请者认为“托福或雅思成绩”是重要的申请条件之一。同时，研究生及以上阶段的学习更加集中于对专业课程的研究，而当前的学术成就可以在一定程度上体现自己的学习能力，因此 38% 的受访者认为目前的“成绩及排名”也是重要的申请条件。除此之外，兴趣及特长情况、推荐信、简历和个人陈述等个性化材料依旧是申请中决定成败的重要条件，分别有超过 30% 的受访者认同这些（见图 3–9）。

整体看来，申请研究生以上阶段的材料准备情况较其他阶段要更为充分，尤其在个人陈述、简历、兴趣及特长情况和“文书”等个性化材料上。研究生及以上学历的申请者自评打分较高，准备充分。我们可以看到，研究生及以上阶段的申请者在材料准备上体现出明显的针对性，在可以体现个人特性并获得高校青睐的个性化材料上，申请者明显准备得更为充分（见图 3–10）。

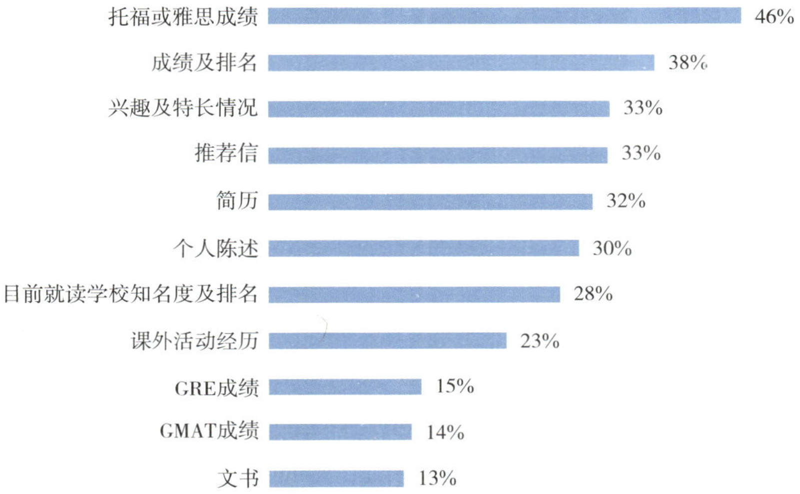

图 3-9 研究生及以上阶段各申请准备条件的重要性及其对应比例

资料来源：《2019 出国留学蓝皮书》调研，针对申请研究生阶段留学的学生及家长群体，共采集样本 1 724 份。

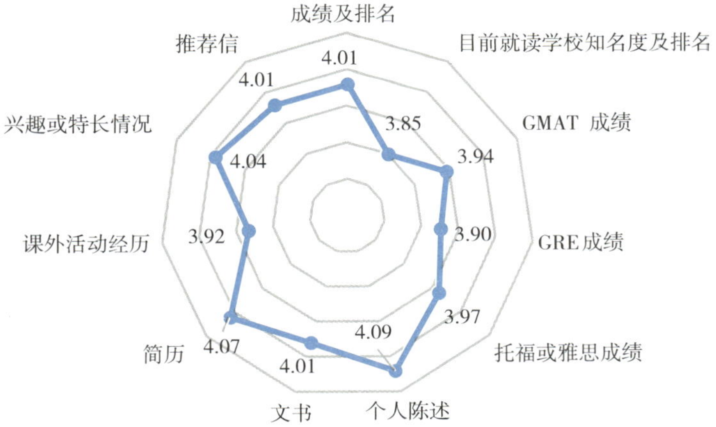

图 3-10 申请研究生阶段人群对各材料准备情况自评打分

资料来源：《2019 出国留学蓝皮书》调研，针对申请研究生阶段留学的学生及家长群体，共采集样本 1 724 份。

1. 美国

美国研究生阶段的留学申请相比本科阶段的留学申请难度稍低，但热门专业的竞争较为激烈。和本科阶段一样，学生在申请硕士学位的过程中需要提交本科阶段成绩单，托福或雅思等语言类成绩、GRE（Graduate Record Examination，美国研究生入学考试）或 GMAT（Graduate Management Admission Test，研究生管理科学入学考试）等标准化考试成绩及推荐信等补充材料。

美国大学的研究生院对申请者的本科成绩有着一定的要求，一般要求学生拥有 3.0 及以上的 GPA（Grade Point Average, 平均学分绩点），GPA 的最低标准会随着学校或专业的排名而变化，一般排名越靠前，GPA 要求越高。由于国内院校的评分标准与海外院校不同，所以部分申请者的 GPA 可能会不尽人意，这时可以提供班级或院系排名作为辅助材料来证明自身的学习能力。同时，由于美国的高校并非只靠本科成绩作为唯一评判标准，申请者也可以通过优异的标准化成绩或者其他补充材料来弥补。

美国硕士类型

美国的硕士研究生教育根据学生未来的发展分成两种类型：一类是以学术研究为导向的学术型硕士（Academic Master），包含理学硕士（MS）和文学硕士（MA）；另一类是以职业发展和未来工作为导向的职业型硕士（Professional Master），包括 MBA（工商管理硕士）、MSW（社会工作硕士）、MED（教育硕士）、MFA（艺术硕士）等。这两类硕士学位除了未来发展方向不同以外，在录取条件、学制等方面并不存在其他差异。◀

在语言成绩方面，申请者若无法达到目标学校的最低标准，则可以通过就读语言课程的形式来弥补。目前，美国部分学校可以为申请者提供“有条件录取”的通知书，即告知学生需要到学校就读语言衔接课程，在完成该课程后即可开始正式课程学习。对于语言成绩分差较大的学生，部分学校也会提供专门的“语言班录取”，在语言成绩达标后再发放正式课程的录取通知。需要注意的是，第一种语言衔接课程是附在研究生课程的录取通知上的；而第二种语言课程则相对独立，发放的是语言班的录取通知书。所以申请者务必要留意学校给出的录取通知书类型，确保在语言课程结束后可以正式入学，以免浪费时间。

在标准化考试方面，根据申请学科的不同，申请者一般需要参加 GRE 或 GMAT 考试。GRE 考试适用于除法律与商业外的各专业。与 SAT 形式类似，GRE 考试分为两部分：一般能力考试（general test）与专项考试（subject test）。通常情况下，我们所提到的 GRE 考试成绩为一般能力考试部分。这一部分主要考查考生的基本英语掌握程度、语言实际运用能力和推理判断能力等，包括分析性写作、词汇和数学 3 个部分。除上述 3 个考试项目外，新 GRE 还增加了不计分板块，用于对未来 GRE 考试形式的探索：该板块会出现在分析性写作之后的某个部分，或者在考试最后设置一道标明用于 ETS（美国教育考试服务中心）研究的题目。由于部分专业的专业性强，需要在录取时了解学生的专业能力，因此会要求学生参加专项考试。专项考试侧重于检测考生在某一学科领域或专业领域内所获得的知识、技能及能力水平，从而帮助院校更好地了解申请者在该学科领域的具体情况。专项考试主要包括 8 个专业：生物、生化、化学、计算机、英语文学、物理、数学和心理学。

作为一种标准化考试，GMAT 目前已被广泛用作工商管理硕士的入学考试，是当前最为可靠的测试考生是否具备顺利完成工商管理硕士课程学习能力的考试项目，帮助各商学院或工商管理硕士项目评估申请人是否具备在工商管理方面继续深造学习的资格。GMAT 考试时间为 3 小时 30 分钟，在规定时间内学生需要完成 4 个部分的考题：分析性写作、综合推理、定量推理和文本逻辑推理。

不仅是美国境内的高校，世界各地高校的研究生院都对提供 GRE 和 GMAT 成绩的申请者更为青睐。因此，申请其他国家或者地区的学生，也可以通过这两类考试的好成绩提高自身竞争力。

2. 英国

申请攻读英国大学研究生，首先需要了解英国不同的硕士类型。在英国，硕士研究生教育被分为两大类：授课型硕士（Taught Postgraduate）和研究型硕士（Research Postgraduate）。授课型硕士包括理学硕士和文学硕士。这类硕士课程大多持续一年，学习方式以授课为主，学生可能会需要参加少量的科研项目，包括商科在内的很多学科都属于授课型硕士的范畴。而研究型硕士则是以研究专项课题为主要学习方式，大多时候被看作是就读博士（PhD）前的准备阶段。研究型硕士的课程时长一般为两年，颁发的学位类型包括哲学硕士（Master of Philosophy，简写为 MPhil）和研究硕士（Master of Research，简写为 MRes），其中选择研究型硕士的人可能会继续申请攻读博士学位。

英国不同级别的院校会对申请者提出不同的申请要求：英国的 G5 院校要求所有申请者提供不低于 7 分的雅思成绩，对于国内双一流大学[①]的申请者需要提供平均分不低于 85 分的本科成绩，而双非院校[②]的学生

① 世界一流大学和一流学科，简称“双一流”。2015 年 8 月 18 日，中央全面深化改革领导小组会议审议通过《统筹推进世界一流大学和一流学科建设总体方案》，对新时期高等教育重点建设项目做出新部署，将“211 工程”、“985 工程”及“优势学科创新平台”等重点建设项目统一纳入世界一流大学和一流学科建设。

② 双非院校指的就是既没入选“985 工程”，也没入选“211 工程”的中国大学。

平时成绩则被要求不低于 90 分。英国排名前 20 的院校通常要求学生提供不低于 80 分的本科成绩，同时雅思成绩应高于 6.5 分。英国排名在 21～45 位的院校要求双一流大学的学生提供不低于 70 分的本科成绩，而对双非院校的学生则要求平均成绩达到 75 分以上，并且这类学校放宽了对申请者学历的要求，可以接受有 3 年以上工作经验的大专毕业生，并要求他们大学阶段在校成绩不低于 80 分、雅思成绩不低于 6.5 分。除了硬性考试成绩外，英国高校还会要求学生提供简历、个人陈述和推荐信等补充材料，以此更深入地了解申请者的能力水平与个人特质。

3. 加拿大

申请攻读加拿大高校研究生的要求与申请攻读美国高校研究生的要求相似，主要包括：本科成绩、标准化考试成绩、推荐信、个人陈述及简历。加拿大一般要求申请者在大学期间的平均成绩不低于 80～85 分，同时要求雅思不低于 6.5 分，各单项成绩不低于 6 分或托福成绩不低于 83 分。排名越靠前的院校，对学生的语言成绩及本科成绩的要求就越高。同时，申请攻读加拿大绝大多数高校的研究生时，申请资料中虽然不强制要求 GRE 或 GMAT 成绩，但如果申请者可以提供优异的 GRE 或 GMAT 成绩则可为自己的申请材料增色不少。

4. 澳大利亚

申请攻读澳大利亚高校的研究生所需的材料相对于其他国家较为简单，一般只需要学生准备本科期间的平均成绩和雅思成绩。如果申请者要申请较为优秀的学校，本科平均成绩不能低于 80 分；申请硕士学位对于雅思成绩的要求是 6.5 分以上，个别院校及专业会要求更高。

总体来看，无论学生选择哪一个阶段留学，都需要准备平均学分绩点和语言成绩。平均学分绩点是学生在校学习表现情况最直接的证明，一定程度上体现了学生的学习能力和学习态度。近几年，语言类考试的竞争愈发激烈，申请者在明确努力方向后，应至少提前一年时间进入考试准备阶段。对于北美学校需要的综合知识类考试，例如 SSAT、SAT 和 GMAT 等，建议学生在平时注意知识的积累，锻炼自己的独立思考能力和观点总结能力，而非单纯运用应试技巧应付考试。否则，即使在留学前取得了较好的成绩，在留学的实际学习和生活中，也将面临更大挑战。

第三节　软实力提升：重视兴趣培养，突出个人特质

尽管申请者在留学国家及专业选择上呈现多样化的趋势和特点，但海外名校仍是所有申请者一致追逐的对象。随着申请国外顶尖名校人数的迅速增加，各院校对学生的录取标准也愈发严格。单纯的成绩达标已经不足以拿到名校的“入场券”，招生官更加注重考查学生的综合能力。突出的个人特质成为申请名校的重要因素，进而使得个人特质的培养被摆在了更加显著的位置。

过去，对于学生个人特质的理解，主要是兴趣特长、社会实践或公益活动等方面（见图 3-11）。这些拓展类活动可以从不同方面体现学生的团队协作能力和吃苦耐劳精神。

随着优秀的留学申请者越来越多，原本吸引招生官注意的钢琴、小提琴或棒球等特长类项目不再自带光环，招生官对于个人特质的要求转变成一些更具挑战性的特质。例如，能否在复杂的课程中挑战自我？是否有过特殊的、创新的研究经历？是否是资深教师几十年教学生涯中教授的最好的学生之一？是否专注于某一项学科或事情并保持热情？是否能持之以恒地进行公益性活动并产生一定影响？以及申请者对周围事物的好奇心等。

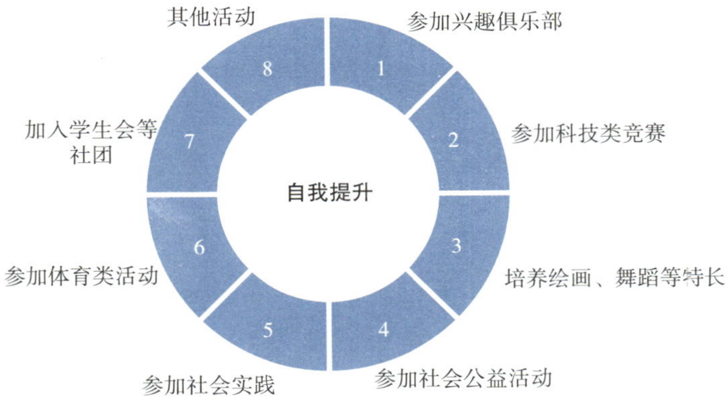

图 3-11　拓展类活动类型

面对越来越高的录取要求，除了学生本人要努力建立正确的自我认知并挖掘个人特质外，还需要家长和学校等多方共同帮助学生发掘其个人潜质。既为“特质”，必不在多，学生无须变成拥有十八般武艺的全才，重要的是成为有一两项属于自身并具有较高辨识度的特质的独立个体。目前，很多学校、中介机构和培训机构也在帮助申请留学人员提供更多挖掘个人学术才能和实践能力的机会，从而达到丰富学生个人特质的目的。

兴趣是行动的源泉，以兴趣爱好为出发点挖掘学生的个人特质，往往会收获令人惊喜的结果。面对自己感兴趣的事物，学生总会以饱满的热情和好奇心进行探索，在整个探索过程中就会显露出自身独特的闪光点。例如“毅力”——不断地面对成功与失败，在成功时信心十足，在失败时总结经验教训，积极面对逆境，在反复的状态交替下仍旧保持着初心，坚持自己的兴趣爱好，并持续在这一领域完善和提高自己；再比如“洞察力”——经过反复的观察与琢磨，总会透过“看得见”的部分发现“看不见的部分”，掌握“透过现象看本质”的本领等。

【专家视角】如何把自己培养成名校招生官眼中的优等生

访问对象：哈佛大学本科招生委员会前高级招生官香莎莉

香莎莉女士强调好奇心是教育的根源："好奇心是促使人类主动学习的种子，也是我们获得竞争力的根源。好奇和提问是教育的根本，好奇心打开了我们内心的窗户，老师可以通过提问来激发孩子的学习热情。学习是一种积极的追求，它有多种形式，机会是无限的，没有人为的发展固定方向。当我被问及中国青年学习者和未来学习者应该具备什么样的能力时，我觉得我们需要从源头——好奇心开始。"

美国的教育方式更偏向于尝试性教育，鼓励学生尝试和体验，在实际参与中发现问题，解决问题，逐步培养学习能力，这与中国传统教育方式有一定区别。香莎莉女士表示，美国某些地区的教育趋势是在课程中进行合作学习："学校之所以在早期教育中就开始培养学生的合作学习能力，是因为合作学习可以帮助学生发现新的方法和视角。学生们在这个过程中互相学习，许多观点融合成一个共同目标，而非只有一种观点可以表达。优秀的学校不仅会传授知识，也会培养学生终身学习的习惯。掌握一门学科的知识固然重要，但让学生们能够有效地探索、提问、合作学习、寻找答案并拥有追求智慧的激情同样重要。"

在担任了哈佛大学20多年的招生官且审阅过数以万计的申请资料后，香莎莉女士就"什么样的申请资料能够吸引招生官并受到青睐"这一问题表示："学生能否引起招生官注意是从很多方面来考量的，没有唯一的或者最正确的答案。但是能够吸引我的一定是一个对自己将来要学习的专业和学校非常热忱，在各方面都非常有积极性的学生。我们希望学生知道自己在做什么，需要什么，以及自己的热情在哪里，这对他今后的学习和发展都至关重要。有竞争力的大学可能期望学生具有卓越的创造力、领导力、动力和运动能力等，但个人品质和性格仍然是每一个录取决定的核心。考试成绩很好，但只专注于提升学习成绩的学生并不会受到招生官的青睐。”在这一问题上，香莎莉女士再一次强调了好奇心的重要性：“我们希望招收生物学家，但他同时也在乐队演奏，或者招收一个热爱摄影并对校报有贡献的工程师。我们希望这个学生有自己的特长，但是也有一些其他爱好。最根本的还是对这个世界有好奇心。”

香莎莉女士的观点醍醐灌顶，优秀的成绩只是跨进美国高校大门的敲门砖，至于能否成功进入高校学习，除了出色的学习能力、积极的学习态度和清晰的自我认知与规划外，更重要的是学生要具有持续提升自我与学习探索的热情。而这都是基于好奇心的培养，好奇心可以使你成为自己的英雄。

从香莎莉女士的回答中我们不难发现，如今个人特质的培养更注重思维创新、独立自主及交流沟通等方面的能力。国外大学看重的是学生的综合能力，保持好奇、勇于创新、敢于挑战自我的个人特质可以帮助申请者在众多竞争者中脱颖而出，赢得招生官的好评，成为招生官眼中的“优秀生”。

无独有偶，麻省理工学院前面试官史蒂文先生也向我们分享了其他高校在录取时看重的学生品质：“比起成绩，大家更加看重的是全方位的能力，也就是综合软实力。学校在选择学生的时候，多是在考量学生能否获得校内的成功、社会上的成功及是否能为学校做出贡献。这些集中表现在考查学生的天赋、努力、具有‘企业家精神’的领导力、社交能力、主动性和团队合作等方面，并且还希望申请者能够为学校带来‘新的东西’，比如新的想法和观点。”

通过两位来自美国顶尖高校的招生官的分享，我们可以更加明显地看出学校在录取学生时对于“软实力”的看重。然而提升自己的实力只是成功的第一步，如何让招生官清楚看到学生的实力就需要通过补充性材料（比如文书）来体现。

除标准化成绩等硬性材料外，文书是最能体现学生独立风格的一项内容。文书不仅要让招生官看到学生申请课程专业的动机，还要以特质和经历来深化自己的个人动机，将个人特质与专业选择完美地融合在一起。

作为个人陈述类材料，文书也要体现申请者对于留学的认知和想法。例如申请金融学专业，好的文书除了讲述申请者在金融领域的学习和实践经历之外，还要写清楚自己对金融行业的理解——在现有金融体系上发现了什么问题，想通过学习金融知识带来哪些影响等。

实际上，文书并不要求学生在当前阶段就能提出深刻或者完整的观点，而重在了解学生的独立思考能力，以及对继续探索所申请专业的热情等方面。

在建立了文书立意和结构的基础上，文书的语言和风格也需要用心雕琢。一些申请者现阶段对于文书准备一定还处于懵懂状态，不具备准备一份出彩文书的能力，建议大家可以多和父母及老师沟通，与同学进行头脑风暴，从而全面挖掘自身特质，对文书进行完善。

第四节　面试准备：不过分强求口语，重视回答连贯性

除准备申请材料外，还有一个环节对于申请者能否取得录取通知起着至关重要的作用——面试。

面试内容一般涉及选择学校及专业的动机、学术水平、过往经历和个人特质等。其主要目的一是考查申请材料所述与本人实际水平是否一致；二是考查英语表达水平；三是考查本人的其他情况，如个性、爱好和发展规划等是否与该校风格相符等。除此之外，面试具有即时性和随机性等特点，在考验学生临场反应能力的同时，也反映出一个人的水平和潜力。

面试的形式主要有现场面试、电话面试和在线面试，时间为 10～30 分钟不等。如果申请者在面试中获得了考官的青睐，不仅可以为自己的形象加分，也可以击败一些同期竞争对手，因此广大留学申请者应提高对于面试准备工作的关注与重视程度。

许多申请者认为面试成败的关键在于口语发音是否标准。其实不然，面试官对于申请者的口音具有一定心理预期，尽管发音标准会提升面试官对申请者的好感度，但面试官往往更看重申请者的语言表达水平，包括表达流畅程度、表述逻辑是否清晰、语气是否自信等。提升面试技巧和加强面试准备对于留学申请者来说十分重要。

【留学生视角】真实面试经历

面试一般会有 2～3 个面试官来进行，面试官可能发音不标准甚至带有异国口音，需要我们仔细听。面试官会对我们在大学期间的团队合作经历和成功学术案例等进行提问，也会根据我们准备的材料进行提问，或者随机提问所申请专业的知识。我觉得，面试过程中的难点主要是语言问题和与专业相关的问题。语言方面，与面试官的交流可能会有一定障碍，但是只要听懂他们的问题，一般就可以正常应答。专业问题方面则需要提前准备，并且是根据申请的专业有针对性地进行准备，比如申请应用经济学专业就可能会被问到与编程或建模相关的问题。我给大家的建议是可以多看留学论坛，借鉴前辈的面试经验，面试之前与朋友或顾问提前进行几次模拟面试。

——李同学（伦敦政治经济学院，2018 年入学）◂

无论是哪所学校的面试，申请者都需要准备一份令人印象深刻的自我介绍。自我介绍看似简单且颇为常见，但如何用简短精练的话语充分表达自身特质，赢得面试官的好感与肯定，是值得申请者思考的问题。申请者可以结合自己的过往经历、生活背景、兴趣爱好等展现自身特质与特长。切忌在描述自己时使用空洞的语言，应与实践经历相结合，做到虚实有度。

另一个“必考题”是选择该校该专业的原因。通过这个问题，面试官希望看到学生对该学校和专业的热情与渴望，明确学生的申请动机。申请者不要吝啬语言，应尽可能详细地讲述自己对该学校的了解，以及该学校令自己向往的原因。例如，从学校的自然环境到学术环境，从科研活动到课外活动等，让面试官清楚申请者在面对相同或相似专业时，选择该校而非其他学校的动机所在。至于专业选择方面，申请者应主要结合自己的兴趣和相关经历进行阐述。

面试官为了深入了解申请者，一般需要申请者讲述一个自己成功或失败的事例。申请者的经历大同小异，应注重通过细节描述将一个生动而真实的故事展现给面试官，突出自己在成功事例中的作用与体会，在失败事例中的收获与变化，让面试官充分感受到申请者的特质、激情与成长潜力。

国外高校更看重学生对学校或社会的贡献，所以面试官一般会提问申请者可以为学校做出何种贡献。这是一个开放性的问题，申请者可以抛开学术范畴，充分展现自己的个人魅力与能力；也可以结合个人兴趣爱好，向面试官展示自己在其他方面取得的成绩与成果，让面试官看到自己所具有的在充实校园生活和丰富校园文化等方面的能力与潜质。

申请者未来的职业规划也是面试官提问的重点。如果申请者已对未来有较为清晰的规划，完全可以结合所申请的专业，将对未来的想法和对理想生活的想象讲述给面试官，但切忌不切实际的遐想。如果现阶段尚未形成较为清晰的规划，也可以和面试官共同探讨所申请专业相关领域的发展情况，而不用担心会因此影响面试官对自己的评价，因为面对快速发展的经济形势和职业需求，面试官更侧重考查学生是否对未来具有一定的想法，申请者的回答只要符合切身情况即可，并无标准答案。

结合学生申请的专业和该专业的要求，面试过程中，面试官还可能要求学生简述对于某个学术问题的研究思路——如选择何种研究方法、采用何种研究方式来解决问题等。一般来说，此类学术问题与申请者所选专业相关，申请者可以在面试前深入了解所申请专业的相关知识及科研手段，具备扎实的文化基础和活跃的逻辑思维是应对该问题的关键。如果对于被提问到的学术问题毫无思路，申请者可以将问题与曾经相似的学术经历联系起来，通过举例等方式进行解题。这类题目不仅考查申请者的学术能力，同时也考查其应变能力。值得提醒的是，申请者切不要答非所问，否则将适得其反。

无论是何种形式的面试、哪所学校的面试，面试官都会着重考查被面试者的英文表达能力及逻辑思维能力。申请者应尽量结合亲身经历，通过细节描述充分表达自我。与此同时，在任何情况下，自信、热情和不卑不亢的态度总能给面试官留下良好印象，对于取得录取通知至关重要。

【专家视角】面试官在录取学生过程中所扮演的角色

采访对象：麻省理工学院前面试官史蒂文·亨德里克斯

为了让申请者更加了解世界顶尖大学面试官的真实想法和工作内容，我们针对相关问题和麻省理工学院的面试官史蒂文·亨德里克斯先生进行了深入的交流讨论。在沟通中，史蒂文先生向我们生动介绍了他作为面试官的工作经历、体会和建议，整理如下，希望能够对申请者的面试环节有所帮助。

很多申请者会认为面试的成败由面试官决定，但从史蒂文先生的分享中我们发现，美国高校面试官的角色，更像是一位倾听者和记录者。“作为面试官我们不会去‘选择’学生，更多的是去了解我们所面试的学生。”史蒂文先生如是说。

“我们会询问学生一些基础问题，包括分享一次失败的经历或平常生活中喜欢做些什么等，以此来对申请者有一个全面且立体的充分了解，包括他们的生活态度和学习态度等。因为我们希望学生的生活是充实的、精彩的，而非单纯的只有学习。”

通过史蒂文的话语，我们可以感受到，美国高校更希望它的学生是具有多方面能力的，包括生活能力、学术能力及人际交往能力。“学校希望看到申请者身上具备一个‘全方面的东西’，即‘软实力’。我所说的软实力包括领导力、沟通能力、良好的个人性格、主动性等，现在还有些大学新提出了‘企业家精神’，也就是‘创新’和‘行动力’等，这些都是我们想要从学生身上看到的。”史蒂文先生还提道，他从以往的面试经历中发现，部分中国学生因为课业繁重导致社交能力不足，在面试过程中显得非常拘谨，而这恰恰是面试官所不愿意看到的。

那么在面试过程中面试官是如何衡量学生表现的呢？

史蒂文先生说：“我们之所以会询问学生一些问题，主要是希望看到他们的真实反应。首先，我们要通过提问判断学生是否可以准确理解我们的问题，考查学生的语言理解能力；其次，我们会关注学生是否可以有条理的回答问题，这里考查的是学生的逻辑思考能力。我遇到过有些学生因为想极力通过面试来打动面试官，表现得过于殷切，但往往适得其反。他们以为只要突出自己的学习能力和学习热情就会搏得面试官的青睐，但事实上，我们需要的并不是‘学习机器’，而是找到小到对课堂、大到对社会都有贡献的人才。我知道，在中国有些留学中介人员会提供面试模拟服务，这是好的，但是有时候他们会给申请者做一些刻意的包装，而这些‘包装’恰恰是学校所不希望看到的。”所以，对于申请者来说，在参加高校面试时，需要保持平常心，既充分准备又灵活面对，展现出真实的自己。

除常规的面试准备外，学生也可以根据申请需求进行“套磁”。“套磁”一般指申请者提前和申请院校相关专业的教授进行邮件或电话联系，以此来展现自己的学术能力和对教授所研究课题的兴趣等，进而帮助申请者获得教授的注意，增加自己在教授面前的熟悉度，增加录取概率和申请到奖学金的机会。一般来看，“套磁”对申请研究型硕士或博士会有一定作用，但申请者“套磁”时需要提前对学术问题进行充分的研究，并且对交流话题要有深入的理解和看法，否则将事与愿违。

“套磁”虽不是留学申请的必经之路，但在一定情况下对录取结果会起到至关重要的作用。申请者在这方面也应提前做好充分的准备，这样在出现突发状况时才可以从容应对。

第五节　申请误区：有效规避申请误区，提高录取成功率

体验国外生活，开阔眼界，增加阅历及培养孩子独立自主的能力等已经成为家长让孩子出国留学的主要原因。但海外留学强大的吸引力背后也存在着各式各样的问题，面对众多的院校和冗杂的申请步骤，家长和学生难免会陷入一些申请误区。

一、在留学申请过程中，家长应多帮孩子分担

在我们走访过的一些留学家庭中，很多家长以担心影响孩子学习为由，全权办理孩子的出国事宜。在各种留学相关的展会及咨询会上，我们也总能见到家长忙碌的身影，而不见孩子本人出现。在留学申请的各

环节中，完全以父母的意愿为主导，不让子女参与决策的家庭占到了全体受访者的 32%（见图 3–12）。

图 3–12　留学申请中不考虑孩子自身意见的家庭比例

资料来源：《2019 出国留学蓝皮书》调研，针对有留学需求的人群共采集样本 4 075 份。

然而，出国留学对于孩子来说是一件大事，甚至会影响其一生。因此，对于留学申请过程，孩子本人必须参与其中，父母不应该、也无法全权替孩子做主。况且作为留学的主人公，孩子的想法与观点也未必会与父母相同。此外，出国留学办理手续复杂烦琐，家长如果不让孩子在留学前就切身体会到申请的不易，孩子又怎会懂得出国深造的机会难得?

正确之道是：父母可以请教真正在国外学习、工作或从事过留学相关行业的专业人士，有针对性地结合孩子自身和家庭的情况等因素来决定孩子是否适合出国，何时申请为佳，申请路线应如何设计，选择什么学校和专业较为适合等，并尽可能地让孩子参与整个过程。同时，让孩子参与申请的过程也是帮助孩子明确自己留学目标的过程。在之后的留学生活中，孩子需要面对许多生活和学习上的问题，尽早养成独立解决问题的习惯与能力对孩子未来的成长十分必要。

【留学生家长视角】遵从孩子意愿，让孩子自主留学

家里很早就有送孩子出国留学的想法，但我们还是鼓励孩子自己想明白，主动向我们表达自己要留学的意愿。孩子的表哥在国内读大学，但我家孩子却并不喜欢表哥这种按部就班的生活模式，他更喜欢国外的感觉。他喜欢打篮球，性格比较活泼、不张扬、有主见，因此出国留学主要就是他自己的决定。在整个留学申请过程中，我们一般不会擅自替孩子做主，作为家长所需要做的，主要就是为孩子提供一个舒适的学习环境。

——李女士（18 岁高中生的家长，孩子已拿到美国詹姆斯麦迪逊大学的录取通知书）◀

二、排名是选择学校的最高标尺

很多人都有“名校情结”。从目前学生和家长咨询的情况来看，绝大多数准留学生在选择学校时，都会参考各种机构公布的院校排名结果，有些学生和家长甚至是完全根据排名来择校的。有 19% 的受访者表示在选择学校时会以学校排名作为选校标准，更有 30% 的受访者表示高校的知名度是他们选择学校的标准之一（见图 3-13）。

实际上，尽管院校排名是院校实力和口碑的重要参考，但并不应该成为择校的最高标尺，甚至唯一标准。家长和学生应当注重评估学校与自身的契合度，选择适合自己的学校。况且，名校排名也并没有统一标准，比如英国《金融时报》发布的排名侧重点在于教学质量、研究成果、入学标准等；加拿大《麦克林》的排名则较为关注学生评估、师生比率、师资力量等；《福布斯》更加看中学校的财源和财力。就美国而言，多家

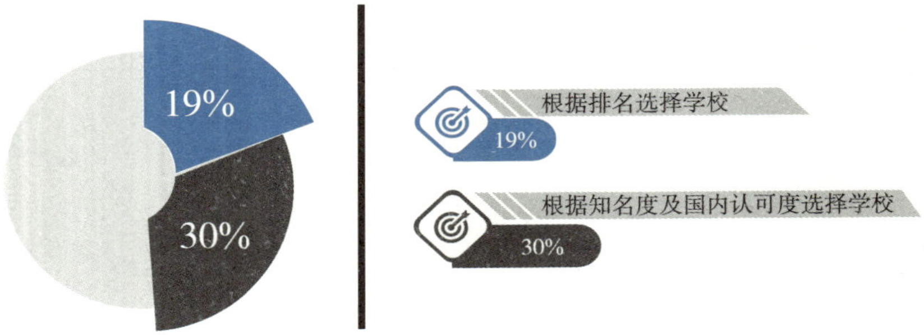

图 3-13　学校选择时看重学校排名及知名度的人数比例

资料来源：《2019 出国留学蓝皮书》调研，针对有留学需求的人群共采集样本 4 075 份。

组织机构都针对美国各类大学建立了自己的排名体系，目前至少存在 5 种完全不同的排名标准。

【留学生视角】选择“适合自己”的学校更重要

我在申请研究生学校的时候考虑过美国、英国等热门留学国家排名靠前的学校，但结合自身情况，我最终选择了更适合自己的新加坡院校。首先，新加坡的大学氛围与欧美相似，专业培养模式和授课方式与欧美国家没有太大区别；其次，由于其特殊的地理位置和国家环境，我觉得自己更容易适应新加坡的学习和生活，也可以更好发挥自己的潜能；再次，新加坡南洋理工大学的应用经济学专业属于一年半的学制，也意味着我在就读过程中会有时间和精力参加一些实习，新加坡是亚洲的金融中心之一，实习机会也比较多；最后，是出于对自己背景的考量，申请美国排名前 30 的大学风险较大，且由于申请材料的差异性，届时将很难临时改变申请国家和地区。综上所述，经过谨慎的考虑，我选择了新加坡南洋理工大学。个人认为，通过自己在研究生期间的学习，我的英文水平得到了提升，思维方式也发生了转变，收获颇丰。

——崔同学（新加坡南洋理工大学，2018 年毕业）◂

【专家视角】放宽眼界，美国前 150 名的大学都是一流高校

访问对象：麻省理工学院前面试官史蒂文 · 亨德里克斯

“经过留学市场多年的‘教育’，‘常青藤’像是一个黄金标尺，深深印在留学人员脑海中，大家对哈佛、哥大、麻省理工等耳熟能详的顶级名校怀有无比崇拜之感。在中国，有两类家长在选择学校时特别容易走进对于名校‘盲目崇拜’的误区：第一类是认为自己的孩子非常优秀，足以被最顶尖高校录取的，这类家长在帮助孩子选择学校时大多只愿意让孩子申请他们所知道的顶尖学校；另一类家长则对自己的孩子不那么自信或者孩子成绩一般，他们清楚自己的孩子无法进入顶尖高校，但由于对顶尖高校的‘崇拜’，而失去了选择其他院校的方向。

美国现有超过 2 500 所高校，在选择学校的时候不妨放宽眼界，不是只有排名前 5 的学校才是好学校。例如哈维玛德学院（Harvey Mudd College），它在中国几乎没人知道，却是一所非常优秀的高科技大学，与波莫纳学院（Pomona College）一样。这两所院校同属于克莱蒙特学校联盟[①]（Claremont University Consortium），联盟内的学校共享校园，并可以跨校选课学习。

① 克莱蒙特学校联盟由哈维玛德学院、波莫纳学院、斯克里普斯学院（Scripps College）、克莱蒙特麦肯纳学院（Claremont McKenna College）及匹泽学院（Pitzer College）五所私立本科院校共同组成。

想要进入美国排名前 5 的学校，这没有问题。但实际上，美国 2 500 多所高校中能够排在前 5%（前 150 名）的，都可以说是世界一流大学。这些学校大多都有荣誉课程，参加这些课程与在最顶尖大学学习几乎没有任何区别。院校的各种排名都只是不同机构基于不同的侧重点而做出的不同标准的数据统计罢了。因此，没有必要只是简单地把目光集中在那些排名靠前的院校，选择‘适合自己’的院校才是最重要的。”

三、名校的各个专业都很强

对于选择在大学阶段留学的学生来说，不少人只考虑选择自己理想的院校，却忽略了专业选择的重要性。名校往往综合实力较强，整体教育水平较高，但并非所有专业都是该校的强项。有一些学校虽然综合排名不高，但是某个专业的研究能力和地位却很强，如我们在第二章中提到的艾奥瓦州立大学，其综合排名仅排在全美第 119 位，但其生物工程专业位列全美第一。

在选择学校时，有 55% 的受访者表示相比专业实力更看重学校的排名（见图 3–14），但对于留学生来说，选择一个合适的专业会直接影响自己未来的发展和前途。

对于寻求继续深造的本科毕业生来说，学习的动力来自对所选专业的热情和坚持，也可能是希望通过更换专业完善自身知识结构，寻求多维复合发展。申请者应当综合分析所申请专业，不论是“热门”还是“冷门”，都要全面考虑所选专业对毕业后的发展及就业状况的影响，申请者根据自己将来的职业规划，选择适合自己且具有潜力的专业就读。

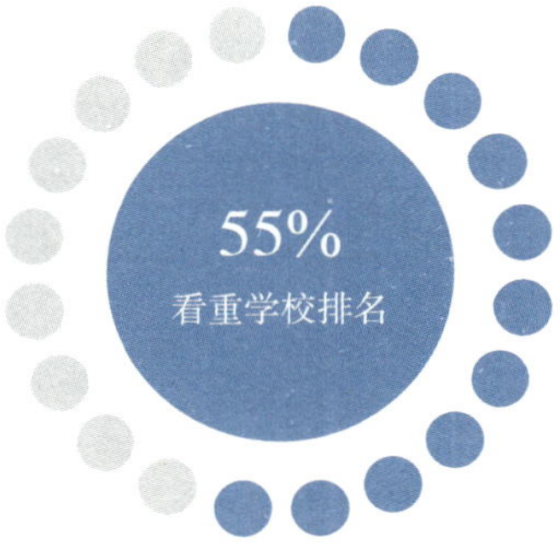

图 3-14　学校选择时看重学校排名而非专业排名人数比例

资料来源：《2019 出国留学蓝皮书》调研，针对有留学需求的人群共采集样本 4 075 份。

四、分数不达标便没有机会被录取

国外高校招生不会因为一两分之差就拒绝一名学生，他们看重的往往是学生对社会的贡献值，希望学生将自己所学知识运用到实际中，给社会做出真正的贡献。如果你的高分无法体现在对社会的回馈上，那就等同于零价值。

尽管成绩和分数是敲门砖，但申请者不要把成绩看作唯一重要的东西。相反，申请者可以多花时间来发现问题和思考问题，提升自身软实力，积极实践所学、回馈社会，这才是国外学校希望学生具备的特质。

五、考出好成绩再开始准备申请

不少学生和家长认为，只要先取得优异的成绩，再找到留学服务机构帮忙，就一定能申请到理想的学校。我们可以看到有 38% 的受访者表示自己申请留学的全部时长不足一年（见图 3-15）。

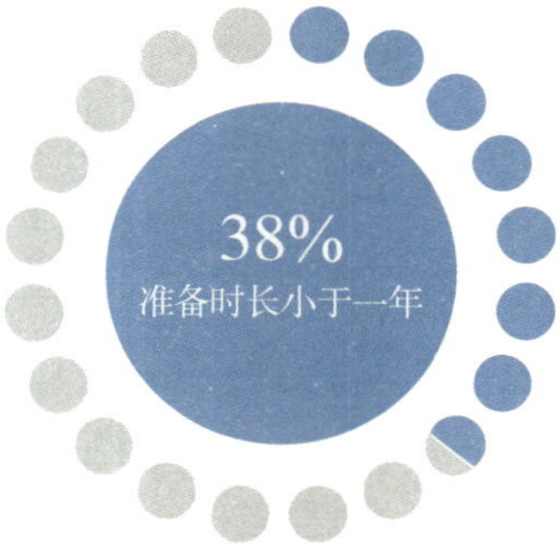

图 3–15　留学申请准备时长小于一年的人数比例

资料来源：《2019 出国留学蓝皮书》调研，针对有留学需求的人群共采集样本 4 075 份。

事实上，整个留学申请的过程至少需要一年的准备时间。一方面，因为一些国家的大学需要提前一年申请；另一方面，国外学校更看重学生的综合能力和自身软实力，除考试成绩外，还需要具有良好的实践能力，包括参与实习、科研项目、比赛及公益活动等。

以上这些都意味着需要提前规划，因此，建议想要出国留学的学生一定要尽早着手准备。根据成功经验来看，申请准备时间越充裕，通常获得理想结果的可能性也就更大。

六、写推荐信必须得找资深专家，否则没有力度

实际上，这种想法和国外学校要求学生提交推荐信的初衷相违背。推荐信的写作者应该是与申请者相互熟悉、彼此了解的人，例如老师、上级或雇主等。如果申请者确实与一些资深学者或专家有过学术或活动等方面的互动，例如一起完成过科研项目，那么请他们写推荐信无可厚非。但如果他们和申请者没有直接的接触或联系，那么推荐信中就不太会有详细的事例和情节来反映申请者的能力，这种内容空洞的推荐信反而有可能会对申请产生负面影响。因此，推荐人一定要和申请者有直接

的学习和工作关系，能在推荐信中举出具体的、细节化的事例，详细描述申请者的经验、能力和潜力，这样的推荐信才能引发录取委员会的共鸣，才是一封合适的、有说服力的推荐信。

七、个人陈述要面面俱到，展现全部实力

个人陈述是申请材料的重要组成部分，招生官可以通过个人陈述了解到学生除了标准化成绩外的独特优势。因此，很多申请者认为个人陈述只有写得充分、面面俱到，才能向招生官展现出自己的全部实力。但事实并非如此，首先，不同学校对申请者提交的个人陈述有不同的字数限制，申请者必需按照学校的要求来撰写，因此很难做到全面。更重要的是，陈述内容应该有所侧重，围绕一个大的主题，结构化、有逻辑地突出申请者与申请专业相关的实力和经验，展现申请者在专业领域的创新能力、学术能力和科研能力。这样的个人陈述才能使招生官认识并记住申请者的个人特质，使申请者脱颖而出，获得高校的青睐。

八、通过美化申请材料，掩饰自身不足

很多学生在提交申请材料时，对于自己参加过的各项实践活动夸大其词，甚至凭空捏造申请材料中的某些细节。更有甚者会修改国内学校的成绩单，伪造推荐信，编造学术奖项等。

华丽的申请材料固然可以吸引招生官的注意，如果这些材料在申请过程中没有被揭穿，会使得申请者侥幸被与自身水平不符的高校录取，但这些学生往往在日后的学习过程中因自身学习能力不足，而无法取得满意的成绩或无法顺利完成学业。根据美国留学服务网站 Zinch 中国的统计，伪造推荐信，找他人代写，编造成绩单或学术奖项等实例屡见不鲜。有了失察的前车之鉴，海外学校对申请资料的审查也会愈发严格。2017 年，秋季学期开学前，加州大学尔湾分校就以成绩造假为由取消了

500 多名华裔学生的录取资格。由此可以看出，申请者过分丰富和美化自己的申请材料，导致材料与现实情况不符，并不是在帮助自己接近心中目标，而是为自己未来的发展和求学之路埋下巨大隐患。因此，大家应该实事求是，努力提升自身实力，而不是通过“旁门左道”去满足自己“考上”名校的虚荣心。

九、早提交的申请材料容易被忽视

“最后的才是最好的”，很多学生存在着这样的思维误区。他们认为如果在申请早期提交材料就容易被招生官遗忘，如果放到最后提交则更容易被招生官所记住，从而增加自己被录取的概率。

但事实上，由于申请人数众多，其他申请者前期提交的申请材料并不能及时被审阅，往往会产生大量的积压，申请者在最后阶段提交的材料依然需要等待很长一段时间才能够被招生官看到。其次，一些高校的招生委员会在大量浏览申请文书时已经接近截止日期，由于时间不充裕，招生官对后期查看的材料更可能一带而过，导致材料无法被仔细阅读，申请者的优势反而更容易被忽视。

其实申请材料的关键并不取决于提交时间，而在于其中真正有吸引力的内容。申请者应确保内容及个人信息的准确无误并尽早提交相关申请材料，这才是申请者在这一阶段的正确之举。

十、拿到录取通知就一定能出国

每年拿到国外学校录取通知的学生有很多，但其中约有 5% 的人因为外国驻华使领馆拒签而无法出国留学。这在一定程度上提醒我们：国外学校的录取通知仅仅是学校给予学生的录取，而出国留学还必须获得官方的学生签证。进一步讲，即使学生持有有效签证，外国边境执法部门也有可能拒绝其入境。

签证官除了核实录取通知外，还需要看很多其他的材料，比如担保金是否充足，签证材料是否真实等。对于拿到录取通知的学生来说，在收到录取通知后一定要特别检查关键的个人信息，包括性别、出生日期等，其中最重要的一点，就是确认学生姓名的拼音是否正确。如果录取通知上的名字和护照上的名字有差异，这个录取通知于学生本人而言就是无效的。一旦发现录取通知中存在错误信息，大家应当立即与学校取得联系，请校方重新拟定录取通知函（Offer Letter）。

留学申请之路上充满着各式各样的误区，稍有不慎都会使留学之路产生偏差，即使收到录取通知，在没有正式入学前都不应完全放松警惕。面对留学申请道路上的障碍与误区，申请者既要做好充足的准备从容应对，也需时刻保持警惕以免行差踏错，使所有的努力都付诸东流。

留学申请不是一蹴而就的，从萌发出国的想法到下定出国的决心，从选择心仪的专业和学校到提升自己各方面的能力，申请者需要足够的耐心和恒心，加上百分之百的用心和细心，经过漫漫长路才能到达自己定下的目标，使自己不留遗憾。

第四章

如何选择留学中介机构

第一节　留学中介机构服务简析

随着留学人数逐年上升，留学市场蓬勃发展，对留学中介服务的需求成倍增长。2017 年 1 月，国务院印发的《关于第三批取消中央指定地方实施行政许可事项的决定》明确要求“取消对自费出国留学中介服务机构资格认定”。此后留学中介的数量成倍增加，市场竞争越来越激烈，留学中介的业态更加多样化。为了赢得市场，不少留学中介公司不断拓展服务类型和内容，服务范围从最初的留学前准备延伸到留学中和留学后支持，形成了留学过程的全覆盖。

从整体来看，留学中介提供的最为核心的服务集中在留学前阶段。面临留学申请过程中不熟悉的语言和招生模式，无论家长还是学生都缺乏经验。有的留学家庭规划开始较早，已经有较为成熟的考虑和目标；有的留学家庭因为各种原因，临时决定进行留学准备。但是无论何时开始规划，留学家庭在进行留学准备时，通常都需要经验丰富的专业机构提供帮助。如果缺乏合理的留学前期准备，后续留学申请结果就很可能会受到重大影响。

针对留学群体低龄化等特征，各家留学中介推出了从确定入读、准备出发、选课入学到回国就业等贯穿留学全程的一系列服务（见图 4-1）作为其核心业务的延展项目。例如，在收到录取通知书后，留学中介可以辅助申请人申请留学国家的签证，进行相应的签证培训，以确保签证的顺利通过；有的中介机构还会为申请人提供国外的接机服务和住宿安排。此外，还有一些中介在国外成立了分支机构，当留学生在海外遇到学习、生活、社交以及未来工作规划等问题时，能够为他们提供相应的海外支持服务。对于大多数不了解国外情况的家庭来说，他们可以借助留学中介机构提供的全面细致的一站式服务为留学提供便利。

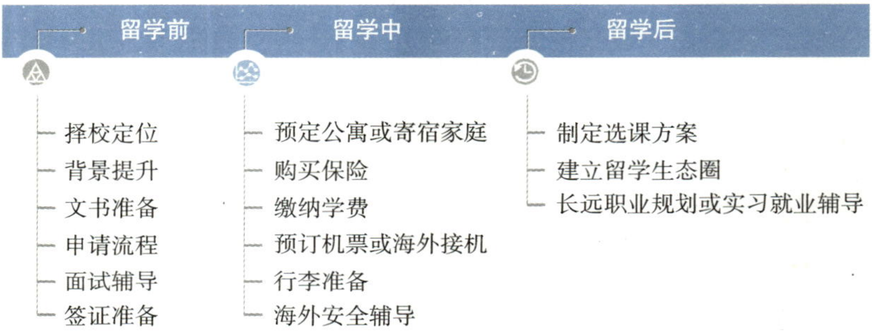

图 4–1　留学各阶段中介提供服务类型

一、留学准备阶段的核心服务

在留学全流程中，最为重要的就是留学准备阶段，良好的留学准备工作是留学得以顺利进行的基础。留学中介机构这一阶段主要围绕留学人员择校、申请和签证办理等方面开展一系列相关服务工作。其中，择校定位和文书准备是留学准备阶段的核心服务。

在留学准备初期，确定留学国家和专业方向是首要环节。面对繁多的选择，学生和家长很容易迷失在各类庞杂的信息中：打算出国攻读学士学位的学生，对于各个专业还缺乏认识，对于自身优势的认知也不够全面；打算进行更高层次学习的学生往往也会在细分方向和导师选择等方面存在疑惑。

留学中介机构通过对学生意向和背景的了解，有针对性地开展整体规划，并最终帮助学生进行学校和专业的选择。专业中介机构掌握和梳理相关信息，予以学生针对性的指导，这样有利于帮助学生高效且顺利地被心仪学校录取。在进行择校定位的过程中，一些学生现有的能力和水平尚不能够满足申请学校的要求，还有一些学生由于规划开始时间较早，需要在国内学习期间完成相关的准备工作，这就需要留学中介机构根据不同情况帮助学生进行背景提升，使其更好地满足申请的要求。

在完成择校定位后，按照不同国家和学校的要求，学生需要准备相应的文书材料。一般而言，申请过程中的文书包括简历、个人陈述和推荐信，针对不同的学习阶段和专业还可能会要求申请者提供作品集和学术成果等。文书完成后申请者要将其直接递交给申请学校，文书的质量会直接影响申请的成败，同时家长和学生需要在文书准备过程中与留学中介机构进行多次的直接交流。因此，文书准备作为一项最直接的留学中介服务内容，在申请过程中占据核心地位。多数的留学中介公司会有专业的文书撰写团队，对于不同国家学校对文书的要求也有较为深刻的认知，同时其丰富的案例经验也能更好地帮助学生选择正确的切入点。

在准备文书的同时，留学中介机构还要根据学生所申请院校的时间和材料要求，及时协助学生完成申请材料的准备。由于不同国家、不同院系、不同入学季的要求时间不一，同时学生缺乏申请经验和节奏把控能力，在申请过程中容易出现遗漏，而留学中介机构能够较好把握相关政策要求，帮助学生按时完成所需材料的递交，从而大大节省留学家庭的时间和精力。

多数留学中介机构还提供面试辅导和签证准备等留学前服务。当前许多学校的学科，例如美国很多商科专业都要求进行面试，而面试也将直接影响录取的结果。留学中介会就面试流程和潜在问题对学生进行辅导，使其能够更好地完成面试。完成院校申请后，在留学签证的申请过程中，留学中介机构同样会为留学家庭提供签证材料准备、递交及拒签后的材料补充等服务。

二、留学过程中的一站式服务

对于住宿、医疗和交通等留学过程中的必要环节，很多留学中介机构也提供一站式服务，可以有效帮助留学家庭解决生活准备方面的各种问题。

大多数留学生是第一次踏出国门，面对全新的环境和不同的文化，他们难免会遇到各种新的问题，同时由于对情况缺乏了解，很难快速有效地进行处理。初到他乡，如何选择一个交通便利且环境舒适的住所成为留学生们需要解决的首要问题。在留学低龄化趋势下，不少留学生在国外还需要指定相应的监护人。留学家庭一般缺乏相应的途径，仅仅依靠自身能力很难有效解决留学过程中面临的问题。有些留学中介机构对于学校宿舍、周边房产及寄宿家庭有着较为全面的了解，通过资源整合，它们可以为留学生提供可靠的住宿信息，同时可以根据不同学生的需求为其寻找合适的住所。一些留学中介机构还提供预订机票和海外接机等服务，全方位帮助留学家庭解决留学前的准备事宜。

学生出国后，医疗条件及人身安全等方面也成为留学家庭重要的考虑因素。留学中介机构针对这一问题，可以提供保险购买等服务，为留学生在海外能够及时得到医疗等方面的保障提供渠道，免去学生家长的后顾之忧。同时，一些留学中介机构还根据学校所在国家和地区的不同情况，为留学生提供海外安全辅导等服务，对留学生避免或解决突发情况给予具体有效的建议，从而有利于留学生在海外保障自身安全。

三、以学习、就业辅导为主的留学后服务

随着留学中介机构业务的拓展和服务的不断延伸，它们大多都可以在留学生完成学业后的深度学习、社交和就业等方面提供个性化的建议

与指导，为留学生更加长远的个人全方位发展提供服务。

留学生在进入学校尤其是大学之后，部分留学中介机构会根据学生的知识结构、兴趣爱好、学校师资、未来发展等诸多方面，帮助学生更有针对性地进行课程选择。同时留学生出国后，受限于语言和文化差异，很难较快建立起良好的生活圈，社交活动也往往局限于同学室友中。有些留学中介机构可以通过其掌握的人脉和社会资源，帮助留学生扩大交往范围，在构建留学生态圈的同时，使留学生更快地适应海外生活。

留学中介机构针对当前求职竞争压力增加等问题，会帮助留学生提前就未来的工作方向进行长期规划，使留学生根据自身情况和就业环境及时明确目标，合理选择课程，培养和提高自身的能力。实习作为留学生接触社会的第一步，能够帮助留学生将知识运用于实践，缩短未来工作时的适应时间。但是在海外的陌生环境，留学生寻找实习和工作机会无法借助相关的家人或朋友的推荐，同时可利用的渠道也往往限于学校的小圈子，因此获取实习机会的难度较大。有些优质的留学中介可以借助其掌握的社会人脉资源，为留学生获取更好的实习和工作机会，为其留学生涯结束后的职业发展打下好的基础。

第二节　正确认识留学中介机构在申请中的作用

在信息透明度不断提升的今天，绝大多数学生及其家庭都可以便捷地在网络上找到各学校的招生要求和申请步骤。从理论上来说，按照学校要求的流程来进行，一步一步地准备申请材料，自己独立完成留学申请并不难。但在实际申请过程中，仍然有很多学生及其家庭在对出国规划有一定想法之后，选择通过留学中介机构进行申请。因为对于每个学生来说，由于个体差异性较大，申请过程中可能遇到的困难也不一样。择校定位需要对海外教育体系有足够的了解和分析能力，文书准备对语言运用和提炼能力也有较高的要求，同时琐碎繁杂的流程本身也是一种考验。借助留学中介机构的经验和专业性，有利于更好地辅助学生顺利完成申请和入学。

一、留学申请的难点

如图 4–2 所示，择校定位、文书准备和推荐信准备等多个留学申请的关键环节，对信息获取、分析、提炼升华和时间管理等能力具有较高要求。

图 4–2　留学申请重难点

在留学申请中，择校定位和文书准备是最为基础的核心内容。择校定位是指为自己选择申请目标学校的排名范围、主申专业，找到自己的理想学校。择校定位的决策过程以大量的信息搜索整合为基础——需要了解各个国家和地区的教育体制如何，都有哪些学校，不同的学校的招生要求是什么及同一专业在不同学校的优劣势等信息。对应而言，学生及其家庭需要明确这些信息的搜索方向、搜索内容和搜索渠道等。

互联网虽然提供了大量透明的信息，但如何从大量的信息中找到对自己有用的内容具有一定难度，并非简单输入关键词就能获得想要的结果。即使找到了相关的信息，可能也是不成体系的碎片化信息，不能直接得到结论性的答案。申请者需要根据自己的实际情况（例如标准化考试分数、教育背景、学校录取率和家庭预算等）进行深入的分析，剔除不可直接使用的信息，找到可以借鉴的内容。

在文书准备的过程中，很多学生及其家庭认为较高的语言能力是关键因素，但现实情况并不是语言能力好的申请者就一定能写出好的文书。个人陈述是文书中最重要的一部分内容，是申请人撰写的关于自身情况的一篇漫谈体文章，有的学校要求写出动机、兴趣和经历等。托福考试100分以上的高分获得者也并不能保证可以完成出色的个人陈述。个人陈述需要申请者的写作思路清晰、逻辑连贯、结构明确、语句恰当，更重要的是有自己独立的思考，能从日常学习和生活中提炼出有自己风格且符合学校要求的立意，并用合适的方式进行呈现。

除了择校定位和文书准备，申请过程中还有推荐信、成绩单和简历等材料需要准备。如果申请者打算申请十几所学校，每个学校的申请时间和流程安排会有所区别，需要提前做好申请时间规划表，列好每个学校的时间要求、申请流程及每个时点需要准备的材料，有规划地进行准备并严格按照时间进度执行。

二、留学中介机构的主要优势

伴随着中国改革开放的进程，留学中介逐步发展为规模庞大的专门服务行业。遍布全国各地的留学中介机构为申请者提供专业化及全流程的留学咨询和代办服务，甚至开始向为留学生提供留学中的生活服务、留学后的学业和工作服务等方向拓展。

相比DIY（Do it yourself，自己动手）的申请模式，留学中介在资源和专业性上有一定优势，具体来看体现在如下4个方面。

第一，留学中介有丰富的信息资源，相比个人掌握的留学申请信息，更加全面和丰富。留学中介通过整理各留学国家及地区的教育体系、各学校申请流程和要求等信息，为学生及其家庭在择校定位过程中提供百科全书式的服务。凭借多年申请案例的积累，留学顾问可以为学生及其家庭在实际申请过程中提供案例式的专业指导，提高申请成功率。同时，留学中介通过帮助申请者分析有关学校的申请成功率，指导学子选择自己心仪且有把握的专业。

第二，一些留学中介机构有一定的学校合作资源，录取率会更高一些。留学中介行业在发展初期，一些机构与国外院校之间形成代理合作模式，成为连接学校和留学生之间的直接桥梁。这种服务多存在于以英联邦国家（英国、澳大利亚、新西兰等）留学申请为核心业务的中介机构。

第三，留学中介机构可以帮助学生及其家庭扬长避短，提高效率，节省时间。留学申请是一个繁杂的过程，在整个申请周期内需要不断跟进申请进度并提交所需材料，留学中介机构可以帮助学生及其家庭提前规划，甚至代办一些申请的具体事项，学生可以拿出更多精力来提升成绩和背景。留学中介机构还可以帮助学生准备和修改申请材料。专业做留学申请的文书中介机构工作人员可以帮学生量身定做符合申请学校要求的文案，使申请者能更好地展示自己的优势。很多中介机构还推出了背景提升服务，帮助学生找到自己的优势并补足短板。

第四，留学中介机构为学生提供了一个集合式的问题咨询平台。很多学生及其家庭是随着留学申请过程的推进不断加深对留学的理解，从而找到自我定位和长期目标。在这个不断摸索的过程中，学生及其家庭难免会有一些关于申请、定位、长远规划的问题，留学中介机构里资深的留学顾问可以集中帮助学生及其家庭答疑解惑，辅助他们更有效、更全面地做出决定。

三、辩证看待留学中介机构的作用

虽然留学中介机构可以帮助学生及其家庭解决很多在申请过程中的问题，但中介机构并非是万能的。在整个申请过程中，中介的角色更像是一个信息整合商，而非决策者，最终的决定还是要申请者自己来做。因此，学生及其家庭不能完全依赖于中介，应该及时跟进，把控申请进度，做出符合自身情况的决策。

在选定留学中介之前，申请者首先需要考虑申请留学是否真的需要中介机构帮忙。如果需要，哪些方面和能力是自己欠缺需要其辅助的，哪些是自己可以主导或完成的。明确了自己的需求，就可以考察并选定留学中介机构，确定中介服务方案。

在确定申请方案时，申请者的理想情况是根据自身情况，申请到对自己来说最好的学校，而留学中介机构的目标则是保证学生拿到录取通知书。这就导致了一些留学中介机构提供的申请方案偏于保守。鉴于此，我们建议学生及其家庭自己多去查阅学校官网，了解学校最新的专业情况，以免错过最适合自己的学校和专业。当留学中介机构向你推荐学校时，学生及其家庭一定要有自己的判断和想法，这就需要提前查询信息，做好功课。总之，选择学校需要独立思考，全面掌握信息，树立合理目标。

在具体的申请操作过程中，学生和留学中介机构之间偶尔会针对文书或申请流程产生一些摩擦和矛盾，例如文书修改反馈慢或修改不细致、材料提交错误、未能按时提交等。这些问题多是由于前期沟通不畅通或部分留学中介顾问责任心不够所致。这就要求学生及其家庭要随时了解当前的申请进度和所需材料，与留学中介顾问保持及时的沟通，掌握申请过程中的主动权与决策权。

第三节　留学中介机构介入的时间选择

留学本身是一件需要长远规划的事情，越来越多的留学家庭在孩子少儿阶段就开始为留学对孩子进行针对性的培养。但这并不等同于留学中介机构介入的时间是越早越好。之前提到，留学中介机构在整个申请过程中是一个辅助者，其提供的大多数服务（如择校定位和文书准备）都是在留学申请阶段才开始发挥作用。因此，学生及其家庭应结合自身实际情况，对中介机构介入时间进行规划和选择（见图 4–3）。

图 4–3　中介机构选择建议

一、留学中介机构介入并非越早越好

在做出出国留学决定前让中介机构介入，可能会影响自身决策判断的合理性。留学对学生的知识精进、视野开阔和自理能力提升都会起到很好的促进作用，但由于学生的个体差异极大，是否决定出国取决于个人兴趣、自我管理能力和未来发展方向等，也与留学家庭本身的经济水平密切相关，而留学中介机构对这些信息的了解程度远不如学生及其家庭。同时，多数学生及其家庭在考虑是否出国时，已经对留学本身有了一定的了解，有的是通过身边的实际案例，也有的是通过网上的资料报道，因此对于出国留学有一定的判断和预期。在未确定留学前过早让留学中介机构介入，很有可能在它们的介绍和劝说下盲目做出留学决定，而忽略了学生及其家庭的自身情况。

如果确定了出国留学计划，留学家庭可以在早期与留学中介机构进行一定接触，了解留学申请各个阶段对应的准备内容。以研究生申请为例，通常中介机构介入的时间为大三或大四早期。在大一和大二阶段，学生最应当做的事情还是学习阶段的过渡和找到自己的学习、研究方向。学生在高中阶段有文理分科，但没有具体的学科概念，到了大学阶段才开始接触具体专业。但“专业”对于多数在大一、大二阶段的学生来说还是一个模糊的概念，学生还没有建立起“专业”与自身优势及未来发展的联系。这个阶段让中介机构介入，反而会禁锢了学生自己关于后期留学专业选择的一些想法。

另外，过早联系留学中介机构也要面临顾问流动的风险。在大一、大二阶段咨询和跟进的留学顾问，不一定能从始至终为学生及其家庭提供服务。顾问的更换意味着需要重新对接和梳理之前的留学准备，反而会造成效率的降低，也带来了体验的下降。

二、结合自身规划主动选择中介机构介入时间

通常，留学真正开始提交材料是在当前学位学习阶段的最后一个学年。以申请本科为例，海外学校一般会在每年的九十月份开放网申系统，多数学校会提供两到三轮的申请周期。留学申请一定要赶早，不能错过申请的截止日期（大学基本上都有截止日期的要求），最好能在系统开放的早期就提交申请，多数情况下，获得理想院校录取的机会更大。

但如果到了最后一个学年的申请阶段才开始让中介机构介入，申请

时间会有些仓促。申请季也是留学顾问最忙的时间，这个时候再让中介机构介入很难保证顾问有足够的精力来进行辅导。通常情况下，我们建议学生及其家庭在申请前 1～2 年与中介机构进行接触，让顾问熟悉并了解学生的基本情况和留学需求，也充分预留了申请所需时间。

但对于一些需要中介全面进行背景提升的学生，建议让留学中介机构介入的时间更早，在申请前的 3～4 年。在前期的 1～2 年，中介机构会根据学生的当前情况与留学预期，制订详细的背景提升计划，包括能力特长培养、成绩准备等方面。但由于服务周期长、内容全面，对应的留学服务费用也高于提前 1～2 年的常规服务模式。

第四节　留学中介机构排名

一、2019 年出国留学中介机构总榜单与细项榜单

2019 年中介评价榜单体系沿用 2016—2018 年的研究方法。总榜单综合了“中介机构客户评价指数”“中介机构百度搜索指数”“中介机构资质评价指数”3 部分评估指标，全面反映中介机构的品牌力和服务质量。在计算过程中，“留学中介机构客户评价指数”由消费者调研数据得到，消费者对其考察过的中介机构进行区间为 1～10 分的打分。“中介机构百度搜索指数”和“中介机构资质评价指数”则通过百度数据库及留学中介机构的公开信息得到，计量单位不同于中介客户调研得分，进一步标准化为 1～10 分，统一维度以保证 3 部分的评价数据可比较、可运算。细项榜单通过“中介机构客户评价指数”生成，聚焦留学中介机构客户对其细分服务的反馈与评价。

1. 2019 年出国留学中介机构综合榜单

综合榜单对留学中介机构在全国范围内的综合竞争力进行衡量，综合了品牌影响力、客户满意度及经营水平 3 个最为重要的因素。2018 年教育部取消留学中介资质认定后，大型中介机构的表现持续稳定，中小型中介机构的竞争更趋激烈（见表 4–1）。

表 4–1　留学中介机构综合评价榜单前 30 名

排名	中介机构名称	得分	排名变化
1	新东方前途	9.24	—
2	金吉列	9.22	—
3	启德留学	9.06	—
4	澳际教育	8.85	—
5	新航道留学	8.78	↑1
6	新通教育	8.72	↑1
7	天道留学	8.68	↓2
8	威久留学	8.53	↑9
9	艾迪国际	8.49	↓1
10	嘉华世达	8.46	↓1
11	津桥留学	8.42	↓1
12	华通留学	8.39	↑7
13	东方国际	8.37	↑2
14	金矢教育	8.36	↑2
15	中教国际	8.34	↓2
16	中智留学	8.33	↓2
17	啄木鸟留学	8.30	↓5
18	中锐留学	8.28	↑3

（续表）

排名	中介机构名称	得分	排名变化
19	华恒留学	8.26	↓1
20	华一留学	8.22	新入榜
21	优越教育	8.20	↓1
22	索引教育	8.19	新入榜
23	美加百利（百天下）	8.16	↓1
24	同济留学	8.15	↓1
25	拓达留学	8.12	↑3
26	学美留学	8.10	↓2
27	顺顺留学	8.06	↓1
28	常春藤留学	8.00	—
29	伯乐留学	7.96	↓18
30	太傻留学	7.93	↓3

具体来看，新东方前途、金吉列、启德留学、澳际教育 4 家保持强势，从 2016 年起就一直占据着榜单的前 4 名。凭借规模效应突出、品牌附加值高及经验丰富等优势，这 4 家机构整体得分较 2017 年又有一定的提升，进一步巩固了自身“第一梯队”的位置。新航道留学凭借坚实的基础，依托“语言培训加留学一站式服务模式”稳扎稳打，2019 年的排名进一步提升，上升至第五名，首次跻身留学中介的“第一梯队”。

威久留学总部在 2017 年 8 月成为英国签证中心指定的移动留学签证服务北京分中心后，综合竞争力得到明显提升，建立了良好的口碑，在 2019 年的榜单中跃升 9 位，成为上升速度最快的留学中介机构。华通留学凭借其海外办公室为留学生提供更为细致全面的服务，今年上升 7 位。华一留学和索引教育随着经验逐步积累，知名度和服务水平得到了留学市场的认可，本次成为新上榜的留学中介机构。

综合榜单的提出，旨在为学生及其家庭对于留学中介机构的选择提供参考。针对留学家庭的留学目的地与学科上的差异，申请者在进行选择的过程中还需要进一步对各机构的优劣势进行比较。此外，由于地方或区域性的留学中介机构样本量较少，因此未能在综合榜单中上榜，但是它们在区域范围内积累了丰富的经验，同时对当地学生的背景和情况了解更加深入，留学家庭也可将其纳入考察范围。此外，考虑到样本代表性及抽样误差等因素，我们对进入总榜单的留学中介机构细项评价次数设置最低要求（75 人次）。而有部分精品留学中介机构不以数量取胜，而是提供精品化的留学服务，每年可服务的客户数量有限，在抽样时未达到最低样本量要求，因此无法在本榜单中体现。例如，亨瑞集团在为广大留学申请人员提供留学申请相关业务的同时，还提供留学移民和资产管理等相关业务；常春藤教育作为美国本土最早专注于亚太地区的海外教育培训机构之一，在提供精品留学服务的同时，还为“小留学生”们提供“小留学生启航”课程，帮助他们更快融入新的学习环境。除了上述的两家机构外，还有不少精品留学中介机构也在为广大学生提供特色化的定制服务。

2. 出国留学中介机构分区域榜单

出国留学中介机构分区域榜单是在对调查样本所在地区进行分组，针对客户的评价指数进行分析后得出的中介机构排行。各个中介机构在不同区域覆盖范围、服务内容、服务质量和服务团队均可能有所差别，分区域榜单旨在为不同区域的留学家庭提供更为精准的参考性评估。针对上榜中介机构的文字评述，多源于中介机构官网介绍及中介客户调研问卷整理。

从地域上来看，北京留学中介市场的竞争最为激烈，不同品牌中介机构都将这一区域作为重点争夺市场；长三角和珠三角地区也涌现出一批服务口碑较好的地方性留学品牌。而根据不同的城市级别，二线城市中介机构很多源于临近的一线城市，中介机构的品牌也表现出明显的区域属性。因此，二线城市的学生及家长在选择留学中介机构时，要多方比较，利用电话及网络向临近的一线城市中介机构总部核实相关情况，避免在服务过程中产生信息不对称导致的价格和服务纠纷。

综合来看，一线城市仍是各留学中介机构竞争的焦点，集合了优秀顾问和大量申请案例的资源优势，而二、三线城市的属地化中介机构对于本地学生及其在申请中遇到的常见问题更为了解，能够提供更加及时有效的服务，学生可以根据自身情况有针对性地进行选择。

（1）北部地区

北京是留学市场的主要竞争地区，很多全国性中介机构的总部和注册地都在北京，市场竞争激烈且服务质量较高。以北京为中心的北部地区的中介机构评价榜单如表 4–2 所示。

表 4–2　北部地区中介机构评价榜单（调研取样：北京、济南）

名次	留学中介机构	得分
1	新东方前途	8.43
2	启德留学	8.43
3	金吉列	8.41
4	澳际教育	8.40
5	金矢教育	8.38
6	新航道留学	8.38
7	艾迪国际	8.37
8	优越教育	8.37
9	嘉华世达	8.35
10	太傻留学	8.32

新东方前途出国咨询有限公司是新东方集团旗下从事出国留学服务的专职机构，创办于 1996 年，当前业务范围已经涵盖考试指导、留学规划、学校申请及签证服务等“一站式”留学服务，获得了美国国际招生协会的认证，有着良好的口碑。此外，新东方前途出国咨询有限公司已和包括北美、欧洲、亚洲及澳大利亚等世界主要留学目的地的数千家高等院校建立了良好的合作关系。

启德留学总部设在广州，是一家全国性留学中介机构，是兼顾留学规划与出国培训的国际教育机构，也是中国较早聚焦于国际教育一站式服务的企业，针对国家、申请阶段、学科专业及留学服务阶段的不同提供服务，从不同维度帮助学生及其家庭掌握第一手留学资讯。启德留学当前的服务范围已从南方地区扩展到北方地区，凭借精准的择校定位和良好的服务质量得到了学生和家长的好评。

金吉列留学以顾问式的服务模式不断提升顾客的留学服务体验，提供规范化、现代化的服务标准和服务流程，是留学服务行业的国家标准和规范体系的制定机构之一，申请环节透明，得到了留学客户的较高认可。

澳际教育早期专注于澳大利亚留学申请，通过近几年的积累与快速发展，其业务范围也逐渐向其他国家扩展，在美国、加拿大及英国留学市场上也赢得了良好口碑。在服务方面，澳际教育注重与科技相结合，通过打造留学“互联网 +”新生态圈，实现传统服务模式与线上留学服务模式共赢共生，利用互联网“免费、快捷、开放”的特性，为留学客户提供全面而深入的个性化留学体验。

北京金矢教育成立于 1998 年，是一家从事以英、美、澳、加及我国香港地区留学服务为主打项目的中介机构。当前其业务领域已从单纯的英、美、澳、新等英语国家扩展到韩、日、法、德、荷及北欧等国家和地区。其为客户提供免费线上留学咨询，还以“人生和职业规划师”为自我定位，让学生畅享全方位一站式留学服务。

新航道留学是新航道国际教育集团旗下的留学服务机构，该机构针对学生个人特质，深度挖掘学生自身特长，结合学生个人爱好及就业趋势，为学生量身打造专属留学规划解决方案，提供全程多对一高质量贴心服务。同时依托母公司的语言教育培训优势，新航道留学保证了语言培训和留学的无缝衔接。

艾迪国际凭借十几年来与海外院校紧密的合作关系，在中国境内创立了海外院校驻华办公的留学服务模式。院校驻华代表均由海外院校直接委派，代表院校常驻中国全面开展推广和招生工作。同时，艾迪国际和全球赴加留学重要机构——加拿大教育中心（CEC）强强联手、独家合作，为广大学生和家长提供优质的留学指导与便捷服务。

上海优越国际是英国优越教育国际有限公司（伦敦）的中国区总部，受到中国教育部、英国工商局、英国外交部、伦敦使馆、英国移民局及英国本科官方招生中心的多重认证，还拥有英国移民局招聘许可。上海优越国际主攻英国留学服务，在该领域有着独特的优势，其一站式的服务在北京已经获得留学申请人员和留学生的广泛认可。

北京嘉华世达为学生及其家庭提供独有的“一站式”留学服务，包括自费留学中介、国外学历学位认证咨询、就业落户咨询、教育信息咨询、展览展示（CIEET 等）、翻译及语言培训等。同时提供中外院校嫁接合作项目、来华留学及教师培训等服务。

太傻留学是国内最早开始提供留学咨询服务的中介机构之一，依托“太傻论坛”，太傻留学得到许多留学生的第一手资料，为其精准服务奠定了基础。

从整体来看，北部榜单中较去年出现了多个总部在南部和东部的留学中介机构，反映出当前市场竞争更加白热化，特点清晰、深耕细分领域的留学中介机构得到越来越多留学家庭的认可。而激烈的竞争也保证了这些机构具有较好的品牌保障性，拥有丰富的案例、经验及海外资源的中介机构能够更好地满足为留学生家庭的需求。

（2）南部地区

南部留学市场发展最快的地区是广州和深圳，当地的教育资源较为集中，多数留学中介机构都在这两个城市设立了分部。榜单中在北方市场有着较高评价的新东方前途、金吉利和澳际教育很好地借助了自身的平台优势，在南方市场也占据了一席之地（见表 4–3）。

表 4–3　南部地区中介机构评价榜单（调研取样：广州、深圳）

名次	留学中介机构	得分
1	新东方前途	8.02
2	新通教育	7.99
3	启德留学	7.96
4	澳际教育	7.94
5	金吉列	7.91
6	艾迪国际	7.87
7	东方国际	7.84
8	津桥留学	7.83
9	啄木鸟留学	7.81
10	常春藤留学	7.75

启德留学在作为大本营的广州有着多年的中介经验，在当地拥有较强的号召力，同时聚集了最为优良的资源，在近几年的南部榜单中表现突出。

新通教育近年来不断扩大服务的区域，2018 年顺利通过了美国国际招生委员会的再次认证审核，提供从幼儿园到研究生的多年龄段留学服务，在南部也得到了学生及其家庭的认可。

东方国际隶属于国家留学基金管理委员会，总部位于北京，除提供自费留学服务外，还受委托管理部分公费出国留学奖学金项目，在文书准备和申请流程掌控上有一定的优势。

津桥留学目前拥有美国、加拿大、英国、澳大利亚和日本5个海外分支机构和北京、天津、石家庄、合肥、武汉、郑州、济南、新疆、成都、青岛10家国内直营分公司。津桥留学依托海外分支机构构建了一个涵盖见习培训、学生海外游学团等众多领域的海外培训体系。

啄木鸟留学以北京为总部，当前在珠三角地区也获得了市场的认可。啄木鸟留学一直关注美国名校的留学申请，提供从标准化考试培训到留学申请一站式、个性化的解决方案。啄木鸟留学在行业内实行“海外升学顾问”模式，深度挖掘学员兴趣与潜力，通过活动策划提供背景提升培训，为学生量身定制留学方案。

南部地区的留学市场也开始出现融合化的趋势，各地的留学中介机构都开始在这一地区发力，上榜名单较上年度变化较大。同时，其他区域的机构也开始得到该地区留学生的认可，它们针对不同类型学生的定制服务获得了市场欢迎。

（3）东部地区

凭借全国范围内的品牌优势，留学中介机构金吉列、东方国际、新东方前途、启德留学、澳际教育和新航道留学在东部地区取得了较好的市场表现（见表4–4），反映出这些机构在资源汇集调动方面的优势。

表4–4　东部地区中介机构评价榜单（调研取样：上海、杭州）

名次	留学中介机构	得分
1	新通教育	8.61
2	金吉列	8.58
3	东方国际	8.56
4	新东方前途	8.53

（续表）

名次	留学中介机构	得分
5	启德留学	8.50
6	澳际教育	8.47
7	中教国际	8.46
8	中智留学	8.45
9	新航道留学	8.44
10	华通留学	8.43

作为扎根杭州本地的中介机构，新通教育在东部地区赢得了广大留学家庭的肯定。该机构建立了涵盖游学、语言培训、国际课程、留学规划和 K12（学前至高中教育）学科辅导等领域的一站式服务。2018 年美国高等教育排名机构 US News Global Education（美国新闻全球教育）选择新通教育作为其中国官方授权合作机构，为其更好掌握院校专业的相关信息提供了更为有效的途径。

中教国际总部也设在北京，是中国教育国际交流协会的直属机构，是首批获得教育部留学中介资质的单位，并首次创立了“留学评测中心”和“留学项目研发中心”。该机构开展从项目咨询、学业规划、各种文件审核到签证指导等方面的留学中介服务，拥有良好的信誉和口碑。

上海本地的中智留学，是中国国际技术智力合作公司旗下的留学中介机构，该机构与澳大利亚、英国、加拿大、美国、法国、新西兰等多国院校及教育机构建立了长期稳定的合作关系，提供从语言评测、性格倾向评测、职业倾向评测、个性化提升培训、留学指导咨询、财务指导咨询的全程呵护服务。中智留学是美国国务院教育文化总局特别认证的“美国教育咨询中心”，也是澳大利亚领事馆授权“电子签证”的留学中介机构之一。

华通留学的服务团队主要由教育规划师、资深文案和院校外联三部分组成，分别从留学规划和投资教育的角度帮助学生实现自我增值：教育规划师从学生的教育需求和职业期待的角度提出适合的留学方案，资深文案负责申请文书的准备及签证材料的审核，院校外联跟进录取及海外接机住宿等事宜，以“三效合一，互为依托”的模式，在不同阶段为学生提供客观、贴心的服务。将留学需求、院校申请及海外生活的各个环节串联起来，为申请者提供强有力的业务支持，全方位保障留学的顺利进行。

东部地区留学生市场广阔，多数全国性的留学中介机构都选择在这一地区建立分支机构，同时本地的中介机构在深入了解当地学生需求特点的基础上，也得到了广大留学家庭的认可。与 2018 年的榜单相比，东部地区对于有国资和国家相关机构背景的留学中介的认可度有所提升，这与它们较高的服务质量、宽泛的服务范围及丰富的特色服务等有着密切的关系。

（4）西部地区

与其他地区类似，西部留学中介市场的主要竞争者也集中在全国性的大机构之间（见表 4–5）。新东方前途、启德留学、啄木鸟留学等都是全国范围内规模较大的中介机构，在全国各地有着较多的分支机构。在西部地区的留学市场上，品牌自身的价值和口碑起到了重要作用。由于本地的中介机构数量较少，全国性留学中介机构的渗透率处在较高水平。

表 4–5　西部地区中介机构评价榜单（调研取样：成都、西安）

名次	留学中介机构	得分
1	新东方前途	8.11
2	金吉列	8.10
3	启德留学	8.09

（续表）

名次	留学中介机构	得分
4	啄木鸟留学	8.04
5	津桥留学	7.93
6	新航道留学	7.92
7	天道留学	7.90
8	四川省留学服务中心	7.88
9	东方国际	7.83
10	中教国际	7.79

在全国范围内开展留学中介服务，如何在保证服务质量的同时，针对当地特点制定不同的策略，是各大中介机构亟待解决的问题。留学中介机构需要在新市场中对于当地整体教育质量、学生兴趣偏向、留学申请过程中的需求和痛点进行细致研究，有针对性地开展服务，这样才有机会赢得市场。

天道留学总部设在北京，并在全国 14 个城市有分公司。该机构将职业规划、研究能力和情绪管理等软能力融入留学咨询及申请服务，并将海外求职作为服务内容之一，将留学服务的范围进一步延展。

在今年的榜单中，许多当地的留学中介机构退出了榜单，这与全国性中介公司的规模资源较多、宣传力度较大有关。四川省留学服务中心作为四川本地的留学中介机构，与成都石室中学、成都七中、绵阳中学、绵阳南山中学等省内 20 余所国家示范性高中开展选送留学生方面的合作，与澳大利亚教育国际开发署（IDP）合作建立了成都办公室，使四川省赴澳留学人员拥有了直接通往澳大利亚名校的捷径。四川省留学服务中心提供的留学服务涵盖美国、英国、澳大利亚、加拿大、新西兰、新加坡、荷兰、法国、日本和韩国等多国的公私立大学、学院及中学，在当地拥有良好的口碑。

从整体来看，西部地区的留学市场当前呈现增长趋势，当地的区域性留学中介机构的优势正随着大量全国性留学中介机构的涌入逐步缩减。更精准的定制服务、更多可调用的资源以及更大的品牌效益成为留学中介机构赢得西部地区留学市场的关键。

（5）中部地区

与西部地区类似，中部地区上榜的 10 家留学中介机构大都是全国性机构（见表 4-6）。

表 4-6　中部地区中介机构评价榜单（调研取样：武汉、长沙）

名次	留学中介机构	得分
1	金吉列	7.96
2	新航道留学	7.93
3	启德留学	7.92
4	新东方前途	7.90
5	新通教育	7.87
6	澳际教育	7.85
7	威久留学	7.81
8	顺顺留学	7.85
9	艾迪国际	7.73
10	天道留学	7.62

威久留学是一家在新三板挂牌的留学中介机构，总部设在北京，其已经在全国范围内成立了 15 家分公司，同时在洛杉矶、伦敦、多伦多、温哥华、悉尼和奥克兰等地设立了多家境外办事机构。

顺顺留学是互联网留学申请的典型代表，在全国拥有 16 家分公司。这家留学中介机构依托互联网便捷的服务模式，打破了地域限制，得到了市场一定程度的认可。顺顺留学通过透明的服务和高师生比给学生提供了良好的中介服务体验。

当前，中部地区的留学市场是各大全国性留学中介机构争夺的一个区域，而利用互联网在线服务来扩大覆盖范围，解决个别城市顾问人数、服务质量等方面的问题，成了竞争中的又一新途径。同时，这也为留学中介机构资源较少的地区的留学家庭提供了更多可能性，有利于他们享受到更为专业的中介服务。

3. 出国留学中介机构分留学申请国家和地区榜单

留学中介机构分留学申请国家及地区榜单，同样基于留学中介机构客户评价指数产生。由于不同国家和地区对于申请流程及所需材料等方面的要求不同，留学中介机构根据不同国家的申请要求提供的服务也有所差异，同时，不同留学中介机构在不同国家所掌握的资源也有所不同。一些留学中介机构专注于深耕某一个国家，另一些留学中介机构则覆盖多个国家，在多个国家都积累了一定经验。这些国家和中介机构间的差异会对申请者的满意度产生影响。当前，在国家或地区层面，由于选择去美国留学的学生人数最多，提供服务的中介机构也最多，加之申请流程烦琐，留学中介机构因此面临更大的挑战和更激烈的竞争。

在美国留学中介机构榜单中，上榜的 10 家机构大多为综合型中介机构，美国是其重要的业务方向（见表 4–7）。其中，新东方前途在美国留学各申请阶段都有较为丰富的经验，服务团队也拥有较为雄厚的实力，整体表现优异。2018 年新东方前途举办了“名校之路”美国名校之旅，深度探访美国数十所院校及教育机构，传递名校的“精神财富”，重新审视留学为学生带来的改变，进一步扩大了市场知名度和影响力。

表 4-7　美国留学中介机构评价榜单

名次	留学中介机构	得分
1	新东方前途	9.15
2	金吉列	8.91
3	启德留学	8.86
4	嘉华世达	8.73
5	新航道留学	8.70
6	天道留学	8.60
7	澳际教育	8.58
8	中智留学	8.58
9	学美留学	8.51
10	美中国际教育	8.70

金吉列作为一家全国性留学中介机构，服务北美国家的留学申请是其重要的业务方向。该机构在背景提升、学业和职业目标规划及签证办理上都有丰富的经验，对美国的服务体系也做了全面升级，脱离了传统留学中介的概念，朝着教育机构、教育公司的方向拓展和延伸，从而实现了可持续发展。

启德教育当前在 25 个城市建立了分支机构。2018 年启德国际教育规划院成立，向美国留学人群提供基于规划的整合性留学服务产品，并作为启德落实“从咨询到规划”战略的前瞻型项目，为学生提供更为全面的服务。

嘉华世达专注美国留学多年，是国内首家获得美国国务院认可的留学中介机构，掌握了美国多所院校的资源，在留学咨询、文书写作及签证辅导等方面积累了大量经验，得到了学生的广泛认可。

新航道留学 14 年来一直聚焦于英语国家的留学服务，美国是其最为重要的业务组成部分。这家留学中介机构针对不同院校的要求，提供定制化的背景提升规划服务，申请成功率较高，在业内树立了良好口碑。

加拿大凭借其优越的教育和生活环境、较低的留学费用及开放的移民政策，越来越受到留学家庭的青睐，近年来加拿大的留学人群也呈现出低龄化趋势。加拿大的大学在学制、申请流程和申请要求方面与美国相类似，因此很多留学中介机构将其美国业务延展到了加拿大，建立了北美留学中介市场（见表 4–8）。高中及以下年级（K12）的留学申请在不同省份有所差异，各留学中介机构提供服务的省份也有所不同。这可能对后续大学申请有一定影响，因此留学家庭在对留学中介机构进行选择时，要进一步了解具体细节，深入考察后再做出选择。

表 4–8　加拿大留学中介机构评价榜单

名次	留学中介机构	得分
1	启德留学	9.17
2	金吉列	9.17
3	天道留学	8.84
4	新东方前途	8.80
5	澳际教育	8.73
6	艾迪国际	8.69
7	新航道留学	8.54
8	优越教育	8.46
9	华通留学	8.42
10	中智留学	8.37

在加拿大留学中介机构榜单中，启德留学、金吉列、天道留学、新东方前途和澳际教育均有不错的表现，这些机构在美加市场有着良好的基础，因此业务拓展难度相对较小。同时，这些留学机构通过丰富的资源，针对不同阶段的学生提供从留学到移民的全流程服务，为学生解决就读过程中遇到的一些问题，免除了家长的后顾之忧。

英国的教育体制与北美有着较大差异，在教育时长、申请要求和评分方式上都有自身的独特之处。英国在教育时长上较北美基本要短一年，同时英国学校的大部分专业的申请门槛与美国相比要低，费用上也较低，这一些优势吸引了大量留学生。在申请流程上，英国综合性大学中不同专业学科的“学院”拥有较大的自主权，学生在进行申请时可以直接向学院或是通过集中平台一次性向多个学院递交申请，这些都要求学生在申请过程中对自己的申请方向有一个更加明晰的认识。

从表4–9的榜单上看，大型留学中介机构新东方前途、金吉列、启德留学、津桥留学和东方国际在英国的留学市场上都有着良好的表现。新东方前途与英国众多大学、教育集团及高中直接合作，掌握了大量的第一手资料，并在伦敦建立了办公室，为以英国为志向的留学生提供全面的服务。

表4–9　英国留学中介机构评价榜单

名次	留学中介机构	得分
1	新东方前途	9.09
2	金吉列	8.92
3	启德留学	8.90
4	津桥留学	8.74
5	东方国际	8.64
6	华通留学	8.51
7	新通教育	8.50
8	金东方留学	8.42
9	澳际教育	8.40
10	威久留学	8.39

作为英联邦国家的澳大利亚，教育体制和申请模式与英国相类似。但是其在大学阶段的院校选择较少，主要是新南威尔士大学、悉尼大

学、昆士兰大学、阿德雷德大学、墨尔本大学、莫纳什大学、西澳大学以及澳大利亚国立大学八校。留学中介机构在这一地区主要通过与院校的合作为留学家庭提供留学服务，上榜的留学中介机构都有这方面的优势资源（见表 4–10）。

表 4–10 澳大利亚留学中介机构评价榜单

名次	留学中介机构	得分
1	澳际教育	9.21
2	新东方前途	9.09
3	金吉列	8.83
4	启德留学	8.83
5	新航道留学	8.79
6	新通教育	8.40
7	天道留学	8.37
8	威久留学	8.37
9	嘉华世达	8.37
10	津桥留学	8.19

作为以澳大利亚为主要留学服务方向的中介机构，澳际教育在境外设立了为留学生提供监护人和安排接机、注册、银行开户、住宿、报到及转专业等留学后续服务的分支机构，并在悉尼专门建立了办公室来聚合优势资源。

新东方前途通过收集历年服务过的不同阶段人群申请澳大利亚留学的数据，借助大数据技术解读留学趋势，并针对不同阶段的留学生可能面临的留学困境给予适合的解决方案，帮助学生更好地规划留学申请。

金吉列在 2017 年成立了澳大利亚海外服务基地，不断地提升澳大利亚留学的服务水平，进一步拓展了澳大利亚的留学资源。

如表 4–11 所示，在小众国家或地区榜单上榜的留学中介机构多为全国性的机构。小众国家如新西兰、德国、法国及亚洲一些国家和地区，申请人数较少，大型留学中介机构拥有针对较小市场进行开发的较为雄厚的实力，学生也较为信赖这些机构。金吉列注重加强在小众国家的服务水平，建立了很好的优势，在德国、法国、日本、新加坡、韩国及中国香港的留学中介机构评价榜单中都排名第一。

表 4–11 新西兰、德国、法国、日本、新加坡、韩国及中国香港留学中介机构评价榜单

新西兰		德国		法国	
留学中介机构	得分	留学中介机构	得分	留学中介机构	得分
加成留学	6.33	金吉列	6.95	金吉列	6.71
启德留学	5.94	启德留学	6.42	启德留学	6.48
新东方前途	5.82	新东方前途	6.14	澳际教育	6.01
华恒留学	5.80	华通留学	6.03	新东方前途	5.92
金吉列	5.30	新通教育	5.98	东方国际	5.45

日本		新加坡		韩国		中国香港	
留学中介机构	得分	留学中介机构	得分	留学中介机构	得分	留学中介机构	得分
金吉列	6.78	金吉列	7.30	金吉列	7.24	金吉列	6.91
华樱出国	6.49	启德留学	6.89	启德留学	6.77	启德留学	6.46
华通留学	6.41	新东方前途	6.55	新东方前途	6.73	新东方前途	5.79
新东方前途	6.40	澳际教育	5.98	威久留学	5.99	威久留学	5.74
上教留学	6.37	威久留学	5.84	卡索教育	5.97	澳际教育	5.69

但是随着一些国家或地区留学人数的上升，也出现了一些提供聚焦

于某一国家的服务的留学中介机构，它们的专业性更强，在市场上的表现甚至超越了传统的全国性留学中介机构。加成留学本身就是一家在新西兰注册的全牌照移民顾问机构，与新西兰本地所有口碑良好的公立、私立大学、预科、高中、初中以及小学都有着非常紧密的沟通与合作，因此在新西兰留学服务上有着得天独厚的优势。华樱留学是一家总部位于成都的中介公司，在西南地区较早开始办理日本留学项目，有着丰富的经验，同时与日本的语言学校有着良好的合作关系，签证通过率高，赢得了广大学生的认可。

4. 出国留学中介机构分学科榜单

由于不同留学国家和地区的教育体制不同，对于留学申请的要求会有所不同，绝大多数留学中介机构以留学群体申请的国家和地区为业务线区隔。在实际申请过程中，不同专业对申请材料、申请者技能和素质的要求也不尽相同，留学生和留学家庭需要结合国家和专业榜单，综合考察留学中介机构的专业性。

从整体来看，留学申请的主流学科与国内类似，以商科、理科和工科为主。相对来看，商科专业和理科专业的普适性更强，包含金融学、经济学、会计学、数学、计算机科学、生物科学等主流学科；工科专业的技术性更强，包含土木工程、机械工程、化学工程等应用类专业，留学申请也多集中在研究生及博士阶段，对学生的研究背景要求较高，学生通常会主动地和学院老师、实验室老师进行前期沟通，而留学中介机构在整个申请过程中更多地起到一个流程管理的辅助作用。社会学科、文科及艺术类学科的总体申请量较小，但近两年逐渐呈现上升趋势——英国的教育学、法国的服装艺术、加拿大的室内设计、意大利的传统艺术和应用类艺术专业，都越来越受到留学生的青睐。

对于主流学科，多数留学中介机构都积累了较为丰富的案例和经验，尤其在商科申请方面，不少大型留学中介机构还设立了相对独立的事业部来支持商科申请业务，得到了客户的普遍认可。综合各类主流学科来看，在综合榜单中排名领先的新东方前途、金吉列、启德留学、澳际教育都有不错的表现（见表 4–12）。

表 4–12　分学科申请中介机构评价榜单前 5 名

社会学科		商科		工科	
留学中介机构	得分	留学中介机构	得分	留学中介机构	得分
新东方前途	7.10	金吉列	6.85	新东方前途	6.92
启德留学	6.87	启德留学	6.83	金吉列	6.76
金吉列	6.70	新东方前途	6.60	启德留学	6.67
澳际教育	6.32	澳际教育	6.35	澳际教育	6.20
新航道留学	6.19	新通教育	6.15	东方国际	6.14

理科		文科		艺术类学科	
留学中介机构	得分	留学中介机构	得分	留学中介机构	得分
启德留学	7.39	金吉列	7.12	启德留学	7.41
新东方前途	7.38	新东方前途	7.00	金吉列	7.02
金吉列	7.26	启德留学	6.91	新东方前途	6.63
澳际教育	6.66	澳际教育	6.54	澳际教育	6.03
新通教育	6.47	威久留学	6.17	威久留学	5.99

而对于非主流学科，由于每年的申请量较小，留学中介机构的案例库积累普遍还有待提高——与商科相比案例和经验较少，对留学顾问的自身背景和专业能力提出了更高要求，例如辅导学生准备体现对学科理解和应用能力的作品集，结合专业要求有针对性地为学生提供背景提升服务，辅导学生准备涉及专有词汇和解读的文书等。为了增强自身实力，

全面提升服务，新东方前途并购斯芬克国际艺术教育，在原有业务的基础上，通过一系列的资本动作和内部整合深耕新的细分领域，使得自身在多个学科领域的表现都处于领先位置。在当前阶段，大型留学中介机构由于规模效应累积的案例相对较多，顾问背景和专注领域相对分散，可以更好地满足学生及其家庭的申请需求。

5. 出国留学中介机构分留学阶段榜单

在留学热潮中，申请高中及以下学习阶段的留学群体日益扩大。相比大学及以上阶段，高中及以下阶段的学校数量较多，市场成熟度较低，当前尚未形成一家留学中介机构独大的格局，因此大型机构与小型精品工作室之间在继续争夺这一市场。由于申请高中及以下学习阶段留学的学生在学校教育评估之外，还存在监护人配备、留学地安全情况、国际生相关政策及后续教育等问题，同时因为留学生年龄较小，出国后在生活和学业上能获取的帮助和服务也是留学家庭关注的重点，所有这些都对留学中介机构的综合能力水平提出了更高要求。高中及以下阶段的留学中介评价榜单如表 4–13 所示。

表 4–13 高中及以下阶段留学中介机构评价榜单

名次	留学中介机构	得分
1	启德留学	9.22
2	新东方前途	9.12
3	新航道留学	9.03
4	天道留学	9.02
5	澳际教育	8.80
6	金吉列	8.70
7	新通教育	8.69

（续表）

名次	留学中介机构	得分
8	华恒留学	8.61
9	嘉华世达	8.49
10	华通留学	8.45

选择出国就读本科的学生仍是留学生群体的重要组成部分。相比高中及以下阶段的学生，攻读本科的留学生的生活自理能力更强，对于生活服务上的需求有所降低，但是在院校和专业的选择上，对留学中介机构的要求进一步提高。尤其在当前全球经济发展放缓的情况下，能否帮助学生做出合理的学习和未来职业规划，也成为衡量留学中介机构的重要因素。本科阶段的留学中介评价榜单如表 4–14 所示。

表 4–14　本科阶段留学中介机构评价榜单

名次	留学中介机构	得分
1	金吉列	9.13
2	新航道留学	9.07
3	艾迪国际	8.99
4	中教国际	8.66
5	新东方前途	8.59
6	澳际教育	8.54
7	天道留学	8.52
8	启德留学	8.41
9	中智留学	8.40
10	津桥留学	8.32

在各个留学阶段中，研究生及以上阶段的申请人数最多，留学中介机构的服务也最为成熟。这个阶段的部分申请者已经具备一定的材料准备和流程跟进能力，因此有不少申请者采用 DIY 或半 DIY 的方式申请。在选择留学中介机构时，学生及其家庭对中介机构是否在标准化流程之外积累了足够的国家或专业经验，能否针对不同的客户情况开展个性化的服务等方面有所关注。从整体来看，是否能够提供反映学生自身优势并能打动招生官的文书，以及根据学生能力合理地确定择校范围等是留学家庭选择留学中介机构时的重要考虑因素。

在研究生及以上阶段的申请中，占据中介评价榜单前 10 的机构多为全国连锁大机构（见表 4–15）。这些机构资源丰富，在申请过程中提供的服务更加全面，同时在留学国家的选择、院校专业的掌握度、招生政策变化的及时跟进及案例库的规模等方面都有较大优势，能够给予学生更多精准且及时的帮助。

表 4–15　研究生及以上阶段留学中介机构评价榜单

名次	留学中介机构	得分
1	新东方前途	9.07
2	启德留学	9.04
3	金吉列	9.03
4	东方国际	8.74
5	澳际教育	8.68
6	津桥留学	8.55
7	威久留学	8.52
8	学美留学	8.50
9	艾迪国际	8.49
10	新通教育	8.49

二、2019 年评价体系及指标调整说明

2019 年留学中介机构综合评价榜单沿用 2016—2018 年的研究方法，由“留学中介机构资质评价指数”“留学中介机构客户评价指数”“留学中介机构百度搜索指数”3 个评估指标构成，力求全面反映留学中介机构的品牌力和服务质量。

其中，“留学中介机构资质评价指数”体现了机构的持续经营能力，综合考虑了留学中介机构的注册资本、经营年限、分支机构数量、境外经营情况、是否加入留学中介白名单等因素。该指数的相关信息均通过工商注册信息平台和各公司官网等公开渠道得到，计算得分后标准化为 1～10 分。

2017 年年初，国务院印发《关于第三批取消中央指定地方实施行政许可事项的决定》，取消对自费出国留学中介服务机构的资格认定，同时明确指出，取消审批后，相关部门要加强对自费出国留学中介服务机构的规范、指导和服务，发挥行业组织的行业自律和行业规范的作用。为鼓励优秀中介机构给广大学生和家长提供指导，全国留学行会建立了留学服务行业“白名单制度”。根据《留学服务白名单管理办法》，入围机构都签署了诚信自律公约，承诺采用国家标准进行留学和语言培训服务，并在留学分会共同开设了消费者绿色快速调解通道。

“留学中介机构客户评价指数”是学生及其家庭对中介机构各项指标的全面评价。此项指标通过留学中介机构的用户调研数据得到，由学生及其家庭对他们考察过的中介机构进行 1～10 分的整体评价并对服务细项进行分别评价，在计算出细项指标权重后加权得到整体评价指数。

“留学中介机构百度搜索指数”体现了留学人群对中介机构的搜索行为，反映了中介机构的市场活跃度。在计算过程中，通过百度大数据产品“百度司南”建立各中介机构相关搜索词包，词包的建立维度包含官

方信息（官网、电话、地址）、评价、细项服务（国家和地区、专业、阶段、顾问、文书）、中介间比较等维度。在“百度司南”生成各中介机构对应词包的搜索量后，进一步降维并标准化为 1～10 分，统一维度以保证 3 个部分的评价数据的可比较性和可运算性。

3 个评估指标由留学人群对各信息渠道的依赖程度及留学专家的反馈综合得出。其中，“留学中介机构资质评价指数”的权重为 40%，是留学人群最为看重的评价维度；“留学中介机构客户评价指数”和“留学中介机构百度搜索指数”的权重均为 30%，反映了留学人群对中介机构口碑和网络搜索量的信任程度（见图 4–4）。

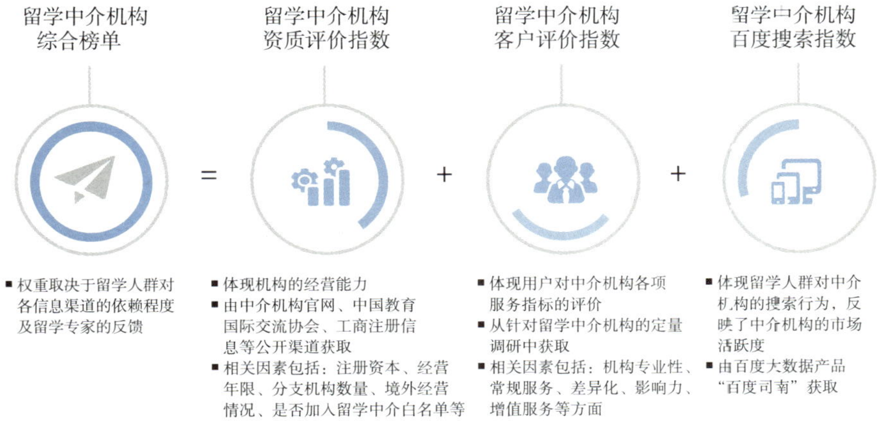

图 4–4　留学中介机构综合评价榜单结构图

三、细项榜单体系概览

细项榜单通过“留学中介机构客户评价指数”生成。我们在用户调研过程中秉持客观、中立、科学的立场，在样本选择、研究方法设计和数据解读上力争全面和创新。

1. 代表性强的样本甄选

本次调研涵盖的 10 个城市，分布在中国的东、西、南、北、中 5 个区域，我们在每个区域选取两个代表性城市进行调研，并保证每个区域的样本量在 600 份以上。本次调研在城市覆盖上兼顾城市代表性和区域代表性。而在控制系统抽样误差上，实际产出 4 075 份样本用于数据分析，确保数据的系统误差控制在 ±1.54%，并保证区域样本量在 600 份以上，将系统抽样误差控制在 ±4.08%，通过高精准度的研究为留学家庭提供更为可靠的数据信息（见表 4–16）。

表 4–16　样本量与抽样误差对应表

	样本量（n=）	抽样误差（±）		样本量（n=）	抽样误差（±）
	100	10.00%		800	3.54%
	200	7.10%		……	……
二线城市最小样本量	300	5.77%		2 000	2.19%
	400	5.00%		3 000	1.79%
	500	4.47%		3 000	1.79%
一线城市最小样本量或区域最小样本量	600	4.08%	总体样本量	4 000	1.55%
	700	3.78%		5 000	1.41%

2. 客观的分析方法

在分析中介机构评价细项时，我们没有预设一、二级指标体系，而是通过受访者对中介机构整体和细项的打分进行因子分析——把零散的细项指标进行归类，从细项指标变量内部相关的依赖关系出发，最终将这些具有复杂关系的细项指标归结为少数综合一级指标。这样得到的综合指标可读性较强，最大限度地克服了人为分类中错误或主观解释各个细项指标内部关系的弊端。

在 14 个细项指标被归为 5 个大的综合指标后，我们用五大指标与客户对于中介机构的整体性评价得分做驱动因素，采用回归分析法，得到 5 个综合指标对于中介机构整体评价的重要性，以此构建出中介机构评价的指标体系，挖掘中介服务的核心价值。

客户在评价中介机构的时候，通常有两种方法：一种是客户直接给中介一个整体评分，“针对您对 ×× 中介（考察的中介）的了解、接触及考察情况，您对 ×× 中介的整体评价如何”；另一种是通过细项评价得分，结合回归分析法得出每个细项在中介评价中的重要性，再通过对细项重要性和细项打分进行加权计算，得出贴近受访者真实想法的中介机构客户评分。

本书采用第二种方法，相比第一种方法，此方法综合考虑了每个细项的重要性和得分，消除了受访者直接给出整体评价分值的误差，也避免了受访者可能直接给出一个毫无道理的分数的情况，也是一种更为严谨的数据处理方法。

3. 全面系统的指标体系

2019 年的指标体系在 2018 年度的基础上做了相应的调整，充分考察了现有的中介服务内容，建立了包含 14 个细项指标的内容，涵盖了目前市场上主流中介机构能够给留学家庭提供的所有服务内容，以及留学家庭对留学中介机构考察的所有触点，同时也考虑了留学生对建立留学圈等延伸服务的需求。我们力图最为真实地覆盖和还原留学家庭评价中介服务过程中的每一个方面。

在建立指标体系的过程中，我们采用因子分析法，将细项指标进行归总得到综合指标，并确保归总的过程充分考虑了细项指标的内部关系。

随后，我们再对综合指标与整体评价进行驱动因素分析，以此得到综合指标对于整体评价的贡献，建立起整体评价体系。

4. 指标体系解读

“留学中介机构客户评价指数”主要反映了留学家庭对于中介机构所提供的出国留学服务的整体满意度。该指数覆盖评价中介服务的各个环节，全面地展示学生对于中介服务各环节的满意度，也是留学中介机构品牌影响力的重要衡量因素。

14 个细项指标包括品牌规模、品牌口碑、顾问老师、申请流程、一站式服务等，基本涵盖了家长和学生评价中介机构的所有内容。通过因子分析，我们将这 14 个细项的信息进行重新组合，找出影响这些细项的共同因子，以此简化数据，将其归总成五大综合指标，分别是专业性、服务性、差异化服务、影响力及增值服务。相比 2018 年，2019 年留学中介用户对“一站式服务”和“长远职业规划及后续增值服务”的需求有了明显提升，使得这两项内容的所占比重增大，因此我们独立建立了新的评价指标——“差异化服务”，用于衡量中介服务的独特性（见图 4–5）。

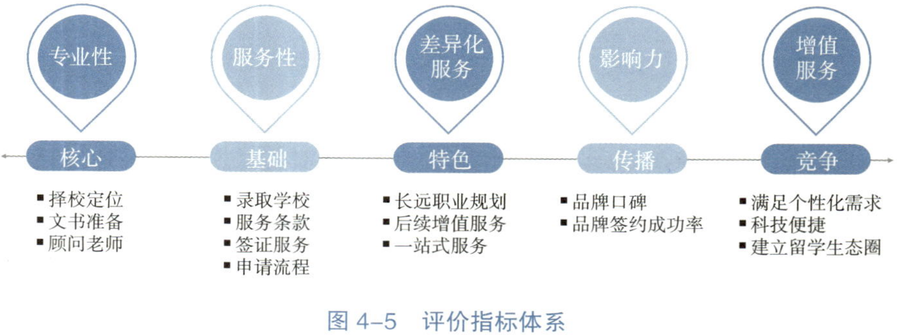

图 4–5　评价指标体系

专业性　留学中介机构的核心服务——择校定位、文书准备部分的专业度，以及顾问老师是否能对申请流程及时跟进并结合自己和中介机构的丰富经验，为学生及其家庭提供满意的择校和文书服务。

服务性 学生及其家庭对留学中介机构提供的基础性服务——申请服务和申请结果的满意度，包含申请流程的及时性和透明性、服务条款的客观性和公平性等。另外，签证服务也逐渐发展成为中介提供的一项必要服务，学生及其家庭期待中介机构能够提供涵盖申请所有操作的、全流程的申请服务。

差异化服务 2019 年新增评价指标，衡量留学中介机构提供的特色服务，包含长远职业规划及后续增值服务和一站式服务能力。作为留学中介机构传统服务的延伸，这两项服务内容越来越成为学生及其家庭，尤其是低龄留学群体选择留学中介机构的核心要素。

影响力 留学中介机构的品牌影响力，即中介机构的口碑和签约成功率。

增值服务 在留学中介传统的申请服务的基础上，通过科技互动，方便学生的申请过程并为学生建立留学规划和相关生态圈。

五大综合指标在留学中介用户进行中介机构评价时所发挥的作用并不相同——通过对 14 个细项指标归类得出的 5 个综合指标与客户对于中介机构的整体性评价得分做回归分析，得出的专业性和服务性是影响中介机构评价指数的最重要的方面，其次是增值服务、差异化服务和影响力（见图 4–6）。

具体到留学中介机构的选择过程，学生及其家庭最看重的还是中介机构提供的必要性基础服务和核心服务。专业性和服务性两大综合指标贯穿了中介服务的整个流程，包含择校定位和文书准备的具体服务，有服务过程、服务条款的透明性，也有留学顾问服务的专业性和责任心体现出的中介机构“软实力”。

从现阶段来看，留学家庭对留学中介机构在媒体舆论中是不是足够正面、规模是否够大、口碑是否较好等方面的表现持保留态度，更倾向于从服务本身考量。

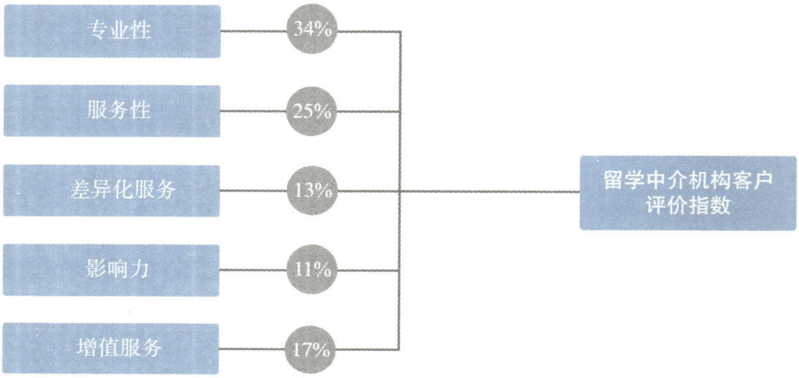

图 4-6　五大评价指标占比示例图

随着留学的白热化，留学中介机构提供的服务越来越趋于透明化，传统留学中介机构依靠信息不对称获取客户并提供服务的模式越来越难以得到用户的认可。学生及其家庭在考察和选择留学中介机构时，越来越倾向于聚焦留学中介机构的核心价值——能够体现其品牌价值和专业性的服务，这也是学生对于最终录取学校是否满意的重要影响因素。

近年来，留学中介机构的服务不断升级，推出了不少个性化服务和差异化服务，例如通过科技手段方便学生及其家庭随时查看申请进度，帮助留学生建立留学生态圈，为留学生建立长远职业规划，以及涵盖留学中后期的一站式服务等。这些服务也逐渐受到留学客户的认可，帮助留学中介机构与学生及其家庭建立了更加长远和密切的联系，成为留学中介机构在激烈的竞争环境下突出自身优势的重要手段。

第五章

行前准备

对于学生而言，留学不仅意味着学习环境的变换，伴随而来的还有巨大的文化冲击以及生活环境变化所带来的不适应感。做好行前准备：一方面可以保证留学生活的顺利进行；另一方面可以帮助首次离开家人、踏上海外求学之路的留学生预见未来可能面临的困难，让他们做好充分的心理准备，从而平稳地度过异国他乡的生活。

第一节　留学行程规划

一、入境时间

由于每个国家、每所学校的开学时间各不相同，什么时候前往留学目的地才最合适呢？

以美国大学为例，美国大学的秋季入学时间通常集中在8月底至9月中旬，在正式开学前，学校会组织新入学的学生参加各式各样的活动，如新生介绍会等，希望通过一系列的活动帮助学生尽快熟悉校园生活。所以正常情况下，我们建议留学生在开学前一周左右抵达学校所在地——准备好生活必需品，熟悉教学楼地点，同时调整好时差，为正式开学做好准备。

各国对于留学生入境的时间都有明确的限制，留学生不能为了提前适应留学生活而过早入境。下面我们将简要介绍美国、加拿大、澳大利亚和英国的入境时间政策。

美国　美国国土安全部明确规定，学生只能比 I-20 表[1]上注明的开学日期提前 30 天或更少天数入境美国。需要提前更长时间入境美国（比开学日期提前 30 天以上）的学生必须获得美国的短期访问签证。学生如果需要提前 30 天以上入境，则需要在入境时告知海关自己的预备学生身份，同时在开学前把自己的访问身份更新为学生身份，否则可能无法正常学习。

加拿大　加拿大没有明确给出最早入境的时间限制，但通常情况下不建议学生提前 30 天以上入境，因为会存在被拒绝入境的风险。

澳大利亚　同加拿大类似，澳大利亚也未给出明确的学生入境日期，澳大利亚当局只规定学生可以在开学前 4 个月递交签证申请。通常情况下，学生在签证生效后即可入境。由于澳大利亚要求所有来澳就读的学生提交体检表并且购买 OSHC（Overseas Student Health Cover，海外学生医疗保险），若学生在 OSHC 保险生效前入境，海关工作人员在审查学生材料时就会产生疑问，这会增加学生在海关被拒绝入境的风险。

英国　持有英国 T4 签证（留学签证）的学生，需要根据签证官给出的签证日期选择入境时间，最早入境时间不得早于签证有效期的最早日期。通常情况下，签证官给出的最早日期一般是学生正式开课前的一天至半个月。英国 T4 签证的有效期通常只有 1 个月左右，留学生需要根据签证有效期提前预订出国机票，在入境后尽快去当地警局更换自己的 BRP（Biometric residence permits，储存生物信息的居留卡）卡片以保证自己的合法身份。

扫描右侧二维码获取各国留学签证准备信息 ▶

① I-20 表是每个在美国读书的学生都会拿到的一张表格。由美国移民局签发，是申请 F-1 学生签证时的必备文件。

二、资金准备

除了行程和住宿的规划，海外留学离不开的还有资金的准备。留学前的资金准备一般包括办理境外使用的信用卡、购买外汇、开办海外账户等。

初到异国的学生需要置办简单的生活用品和购买家具，但刚出国的留学生由于存在着没有稳定收入、信用度不足等问题不能直接办理当地的信用卡，而携带大量现金在身上不仅不够便捷，还容易出现安全问题。在这种情况下，携带在国内办理的信用卡是一个较为理想的选择。一方面，国内信用卡可以满足留学生在国外开启海外账户前的消费需求；另一方面，留学生用信用卡在国外消费可以让家人在国内使用人民币还款，省去了办理汇票、购汇等手续费。

购汇业务是留学生以人民币资金向银行购买外币资金的业务，是在留学中使用最频繁的金融业务之一。因为外汇的价格波动较大频繁，所以我们建议留学生家庭提早关注留学国家的汇率，挑选价格合理的时机，通过各大银行的柜台、个人网银、手机银行等渠道进行主流币种的购买业务。目前境内个人每年购买外汇的额度为 5 万美元或等值外币，但是留学生如果提供学校录取通知书、学费证明材料等有效证明，则可以在此基础上额外购买外汇。

在国内购买外汇之后，如何在海外使用这笔钱呢？首先，留学生需要拥有海外银行的账户。父母可以向学生的海外银行账户存储留学生的学费、生活费。由于国外部分银行办理业务的手续比较烦琐，且留学生面临着对当地银行不熟悉等问题，所以如果留学生在到达留学目的地之后才开始寻找银行，排队开户可能会耽误大量时间。因此，留学生可以通过国内银行提前办理海外银行的开户手续。

目前，中信银行可以提供远程代开境外账户的服务［包括澳大利亚联邦银行、加拿大皇家银行、美国华美银行、中信银行（国际）]，留学生只需在国内提交开户所需材料并完成手续，就可以直接前往境外银行激活并使用境外账户了，为留学生家庭提供了很多便利。

第二节　住宿及出行准备

衣、食、住、行直接影响留学生活，对于初到陌生国度的留学生来说，住宿和交通的问题往往成为很大的困扰。

一、住宿

选择好住宿是留学阶段的一个重要准备方面，良好、安全的住宿环境会给留学生带来安心、轻松的生活状态，对其日后的生活、学习都有着很大影响。海外留学主要有 3 种住宿方式的选择：学生宿舍、独栋别墅和公寓（见表 5–1）。

表 5–1　不同住宿方式特征对比

特征	宿舍	独栋别墅	公寓
价格	价格较高	价格低	价格较高
房屋面积	房间较小	房间较大	房间大小适中
使用人数	可以选择独住或与室友同住	单独使用房间	单独使用房间
安全系数	安全系数高	安全系数跟居住地挂钩	安全系数较高
是否可以煮饭	部分宿舍可以简单做饭	可以做饭	可以做饭
物品维修	物品损坏有专人维修	物品损坏需要自行维修	物品损坏有物业维修

学生宿舍在位置及安全性方面有较大优势。大多数学生宿舍集中在校区内或校园周边，对于刚出国不熟悉周边环境的留学生来说，这无疑是最

佳选择。同时，学生宿舍配有专门的管理人员，具备完善的管理方法，所以相对来说安全性也较高。但学生宿舍也存在一定的弊端。首先，由于宿舍的管理条例较多，因此学生的自由性较低，例如学生要想自己做饭就会遇到各类问题，甚至会引发烟雾警报，造成不必要的麻烦。其次，学生宿舍的费用较其他住宿方式相对较高。以纽约大学为例，本科学生一学期的住宿费用为 4 130～11 065 美元，平均下来一个月的花费为 1 032～2 770 美元。[①] 公立大学密歇根州立大学，每学期的住宿费用根据每间房间的人数及宿舍条件的不同而不同，3 人间的价格为 2 129 美元每人每学期，单人间为 6 635 美元每人每学期不等，平均下来每个月为 500～1 660 美元。[②] 同时，这部分费用还不包含寒暑假期间，如果学生寒暑假期间上课或是想把东西存放在宿舍，都必须额外交纳费用。部分学校会要求住校学生购买学校的饮食计划，即使学生不在食堂吃饭也必须购买，这也从另一方面增加了住在宿舍的开销。纽约大学宿舍价格如表 5-2 所示。

表 5-2 纽约大学宿舍价格示例

宿舍楼	房间类型	学期费用（美元）	学年费用（美元）
Alumni Hall	套间内的独立房间	11 065	22 130
Rubin Hall（无空调设施或冬天提供暖气）	套间内的独立房间	7 320	14 640
	两人共享套间中的一个房间或开间	5 752	11 504
	3 人共享一个开间	5 111	10 222
	低价房：3 人共享一个开间	4 130	8 260

① 资料来源：纽约大学官网 https：//www.nyu.edu/students/student-information-and-resources/housing-and-dining/on-campus-living/residence-halls.html。

② 资料来源：密歇根州立大学官网 http：//ctlr.msu.edu/COStudentAccounts/TuitionCalculatorFall.aspx。

独栋别墅是西方国家比较普遍的住宅类型，也是多数留学生选择的住宿方式。这类住宅相对来说费用较低，且有独立的花园和车库，空间较大。学生也可以安心在房子里做饭或者叫上两三个朋友来家里聚会。但租住独栋别墅需要与房东打交道，有可能会遇到房东不退押金或是恶意扣费等情况，需要学生时刻警惕。另外，生活费用如水费、电费、煤气费等都需要学生自己交纳，过程较为烦琐。如果遇到屋内物品出现损坏或是硬件老化的问题，也都需要自己找人维修，这相对来说比较麻烦。

公寓由统一的物业公司管理，楼内无论是硬件设施还是其他的软件服务都比较完善。相对独栋别墅来说，公寓的费用会相对较高，但是多数情况下还是低于学生宿舍的。以纽约市内的公寓为例，单独租住开间的价格为每月 2 600 美元。若与他人合租在多卧室的房型中，且保证每人独享房间的情况下，每月的费用在 1 300 美元左右，与 1 300 美元每月的 3 人共享房间相比，显然要更为划算些。密歇根州立大学附近的两室公寓价格在 700 美元上下，平均下来每人每月费用为 350~400 美元，依旧比每月 700~900 美元的学生宿舍更为经济。[①]

初到海外的学生应当结合各类住宿方式的特点、自身经济状况以及个人需求等情况，选择合适的住宿方式。想要租住在校外独栋别墅或者公寓的学生，可以通过在海外的学长、学姐转租，公寓官网或是租房中介获取信息。除此之外，一些国内企业也提供海外租房服务，例如异乡好居、有路网等，可以帮助不了解海外住宿的留学生提前了解市场概况，更快选择到心仪的住宿。但无论选择怎样的住宿方式，切记要在签署合约时充分了解服务条款。合同作为保障留学生租房权益的唯一凭证，是留学生维护自身合法权益的重要文件，一旦日后出现各类纠纷可按照租房合同来解决。

---

① 资料来源：美国租房网站 Zillow（根据学校地理位置选取周边租房价格）。

除了上述3种独立居住的居住方式，对于年纪较小且无法独自生活的学生，住在寄宿家庭则是一种更适合的选择。寄宿家庭负责提供住所的同时负责学生的一日三餐，让“小留学生”可以获得家庭般的照顾。可靠的寄宿家庭是留学生海外生活的基本保障。目前，寄宿家庭的信息获取一般由中介机构或就读学校提供。选择寄宿家庭时，留学家庭应该尽可能多地要求中介机构提供寄宿家庭的信息及照片，如果条件允许还可以通过视频验证寄宿家庭的条件是否与中介机构的描述相符 。

二、出行与驾照

除了住房外，出行问题也是留学生重点关注的一个方面。日常上课选择何种出行方式前往学校、休息日如何前往超市商场等都是留学生在留学过程中所关注的问题。与国内发达的公共交通系统不同，在海外生活，除非居住在像纽约市区或者伦敦市区这样的繁华地段，其他地方可以说离开汽车寸步难行，因此很多学生会考取驾照，以开车作为主要出行方式。有些时候，驾照也可以充当身份证明，代替护照在当地日常生活中的作用，所以很多不开车的学生也会选择考取驾照。

不同国家对考取驾照的要求不同，了解考取驾照的基本流程，可以帮助留学生更高效地获得驾照，减少时间浪费。下文我们将简单介绍在美国、加拿大、英国和澳大利亚考取驾照的具体要求和流程。

美国　美国是联邦制国家，各州对于驾照的政策略有不同，收费也不尽相同，但大体都在几十美元左右。留学生正式入学后，学校会把学生的档案上传至政府的信息网，此时学生就可以前往当地的机动车驾驶管理处进行笔试了。考试内容相对简单，部分管理处还会提供中文版本的试卷。通过笔试后，申请者可以获得L牌（learner permit，实习驾照）。持有实习驾照的人并不可以独自上路，必须找一位年满21周岁且拥有正式驾照的司机在车上指导才能合法开车。

获取实习驾照后，学生就可以预约正式路考。申请者需要在约定好的考试时间到达相应考点，考试车辆需要申请者自行准备。考试时，考官会坐在副驾驶的位置对考生发布指令，考生需要依照考官的指令行驶。路考结束后，考官会立刻给出是否通过的结果；若通过，学生可在2周左右的时间内收到正式驾照，否则需要重新预约路考。美国不同的州在考试内容上会存在一定的差异，但总体的步骤都是先通过笔试获得实习驾照，再预约路考获得正式驾照。

以纽约州为例，学生申请初学者驾照需要提供：护照以及出入境记录（I-94 Form）；就读学校颁发的I-20表格；社会安全卡或能够证明学生没有社会安全卡的证明信；学生ID（学号）以及在校成绩单；银行卡、租房合同、电话账单等财务证明。将以上材料准备齐全后，申请者就可以前往附近的机动车驾驶管理处填写驾照申请表格，之后排队等待考试即可。纽约州的笔试共20道选择题，学生只需回答正确14道即可通过。

在预约路考之前，申请者还需要学习一门驾驶课程，可在机动车驾驶管理处选择“前置驾照课程”，或者在纽约州教育厅选择“驾驶者教育课程”。

完成课程后，申请者会收到完成课程的证明“MV-278”，俗称“电影纸”。有了这张证明后，申请者就可以预约路考了。纽约州的路考一般包括左转、右转、掉头、侧方位停车以及靠边停车等步骤，考生按照考官指令完成后即可获得正式驾照。

加拿大 加拿大与美国类似，不同省份对于驾照的考取要求也有所不同，收取的费用也不同，每个阶段的考试费用在几十加元左右。需要注意的是，加拿大的部分省份认可中国驾照，在留学期间，留学生可以通过公证自己的中国驾照，使用中国驾照作为合法驾照。不列颠维多利亚市的《机动车法案》的第21条规定：全日制留学生，留学期间可以在不列颠维多利亚市当地自始至终使用自己国家的驾照开车。未在中国或其他国家获得驾照的留学生，则需要按照要求进行考试。在加拿大考取正式驾照需要花费一定的时间。以不列颠哥伦比亚省为例，申请者需要经历笔试 L 牌，7 级驾照（novice stage）和 5 级驾照 3 个阶段。而在安大略省，申请者需要经历 G1（学习驾驶执照）、G2（无教练配套单独驾车执照）和 G（完全驾驶权执照）3 个阶段，每两个阶段需要间隔一定时间，驾驶者获得 G1 牌后经过一年的时间才可以申请 G2 牌。由于获得正式驾照的周期较长，所以想要申请加拿大驾照的学生应该早做规划，以免在需要用到驾照时措手不及。

英国 英国驾照考试的费用为 34 英镑，补考费用为 14 英镑。同时，英国规定持有中国驾照的留学生在入境后可以继续使用中国驾照 12 个月。12 个月后，如果仍需要使用驾照，则驾驶人必须更换英国驾照。英国规定申请驾照的申请者的最小年龄为 16 周岁，正式驾车的最小年龄为 17 周岁。在获得正式的英国驾照前，留学生需要提前申请临时驾照。申请临时驾照可以前往住所附近的邮局填写 D1 驾照申请表，并邮寄或在线申请。针对临时驾照的申请者，如果为非英国护照持有人，英国交通管理局（Driver and Vehicle Licensing Agency）会来信要求申请者寄回 BRP 卡原件或护照原件、照片及申请表格，以验证申请者是否符合申请要求。完成审核后，申请者约一周时间内可以收到临时驾照。需要注意的是，BRP 卡或护照并不会同驾照一起寄回，申请者需要再等待 3 周左右的时间。

获取临时驾照后，申请者就可以进入第二步的理论考试阶段。英国的理论考试分为基本理论和模拟路考两个部分，考试时间为 45 分钟。考试结束时，考生就可以立即知道考试结果。需要注意的是，理论考试的有效期为两年，如果申请者在两年内没有成功通过路考，则需要重新参加理论考试。

通过理论考试后，学生就可以尽快报名参加路考，在路考前学生需要根据自己开车的熟练度学习相关课程。由于英国是右舵国家，与中国的驾车习惯相反，所以无论申请者是否拥有中国驾照，都应参加一段时间的课程以适应英国的驾驶习惯。在英国进行路考时，申请者按照规定可以犯 15 个小错，但犯大的错误就会被立刻判为不合格。顺利通过路考后，一般 10 个工作日内申请者就可以正式收到英国驾照。

澳大利亚　澳大利亚与英国一样，使用右舵车，并且由于获取各个阶段的临时驾照有一定的时间间隔要求，所以申请者获取完整的正式驾照需要花费至少两年的时间（见图 5–1）。与加拿大一样，拥有合法学生身份的留学生只需要提供中国驾照的原件以及澳大利亚政府承认的翻译机构出具的英文翻译件，即可在上学期间正常使用中国驾照。对于没有中国驾照的申请者来说，需要经历 L 牌、Provisional P1（临时驾照 1）、Provisional P2（临时驾照 2）等阶段后才可以获得完整的正式驾照（full license）。

图 5–1　澳大利亚驾照类别及获取流程

申请者首先需要前往住宅附近的住宅租赁管理局（Residential Tenancies Authority）或登录网站预约交规考试。顺利通过交规考试后，申请者可以获得 L 牌实习驾照，同时获得用于记录驾驶学习时间及过程的日志本（Log book）。

在完成至少 120 个小时的驾驶学习后，L 牌实习驾照的持有者就可以申请参加 P1 驾照的考试。获得 P1 驾照后，驾驶者就可以独自上路了，但 P1 驾照对驾驶员进行了一定的限制，如无论道路限速多少，持 P1 驾照的驾驶者驾车的最高时速不可超过 90 公里（千米）每小时。同时，在开车时，驾驶员需要在车的前后侧都贴上红色 P 标志，以警示周围的车辆。P1 驾照最长具有 18 个月的有效期，在持有 P1 驾照满 12 个月后申请者可以申请 P2 驾照。

P2 驾照相对于 P1 驾照的要求有所放宽，限速上限提升到 100 公里每小时，警示车标由红色改为绿色。P2 驾照的有效期为 30 个月，持有人在取得 P2 驾照 24 个月后可以申请下一阶段的考试，即驾驶员资格测试（Driver Qualification Test）。通过该考试后，P2 驾照持有人就可以获得正式驾照了。

目前，我国并不承认其他国家的驾照。《中国交通安全法》规定："持境外机动车驾驶证、国际驾照，包括港澳台驾驶证，都不可以直接在中国内地驾驶机动车，必须先通过考核转成中国驾照，否则便视同为无证驾驶，依法应罚款 2 000 元，并可处 15 日以下的行政拘留。"因此，持有海外国家驾照的学生依旧需要取得中国驾照才可以在国内合法驾驶。为了方便拥有海外驾照的人群，我国规定凡持有海外国家正式驾照的申请者均可以携带相关文件更换中国驾照，申请者只需要通过理论考试即可。

更换中国驾照申请者需提供

- 身份证正、反面复印件；
- 国外正式驾照正、反面复印件；
- 一寸白底照片 4 张；
- 体检报告；
- 国外驾照的翻译件，翻译的时候要翻译驾照的正面、反面。◄

第三节　心理准备：当下留学生心理状态扫描

海外的学习生活让留学生长时间远离父母与亲人，特别是对于第一次离开家的留学生来说，海外生活充满了未知的挑战和困难。不仅留学生自己会担心，家长对于孩子去往未知的国家、陌生的环境也会产生各类担心。那么，留学生前往海外生活应该具备怎样的能力？如何调整自己的心态？家长又该如何帮助孩子培养能力和调整心态以使其更好地适应海外生活呢？我们通过访谈心理专家以及海外留学生，试图从他们身边的真实案例中来探讨这一问题。

【专家视角】我国青少年心理问题的主要原因：受挫力不足，缺乏目标管理

访问对象：国家二级心理咨询师，“翼心理”创始人春子老师

春子老师是国家二级心理咨询师，中国人民大学心理协会督导老师，“翼心理”心理咨询创始人，研究生毕业于上海师范大学应用心理学专业，撰写过《散养的孩子也成功》等书籍，拥有丰富的青少年心理辅导及家庭关系辅导方面的经验。在春子老师看来，目前中国学生面临的最主要的问题有两个：一是“受挫力不足”，二是“缺乏目标管理”。

“受挫力的评判标准包含很多方面，如孩子够不够独立？所谓独立不是具备表面上的基本生活技能，而是更深层的独立行为，具体表现为孩子能否独立思考，遇到事情能否独立做出判断和选择。很多孩子的受挫力弱，实际上就是在思维上不够独立，一旦遇到困难首先会产生畏惧的情绪，而不懂得如何主动判断或者做出选择。”

由于我国之前的独生子女政策，当下大部分学生都是家中独子，从小就集“万千宠爱于一身”，家长在生活上事无巨细地给予孩子帮助，要求孩子只将精力集中在学习上即可。但这种教育往往会导致孩子在心理上无法正确地面对生活和学习中遇到的困难。

春子老师认为这样的家庭教育会出现一些问题：“由于家长长期包揽孩子生活中的琐事，造成孩子每当面临挫折或者困难时，首先想到的不是如何直面挑战和解决问题，而是求助于他人。这样的孩子在出国后碰到的最大问题就是独立性不足，受挫情绪严重。因为人在面对与以往生活不同的环境时，都需要一个适应的过程，一个缺乏独立性的孩子往往会停滞在他们原来的行为状态中，无法积极做出改变。”

同时春子老师认为，除因青春期产生较大心理波动外，当所处的外界环境发生较大变化时，孩子也很容易产生较大的情绪和心理波动。“例如，出国就是一个比较典型的环境改变的情况。很多孩子出国后由于缺乏独立性、实践性和判断能力，就有可能做出一些不成熟的行为。这一问题的产生并没有特定的年龄段。很多家长在孩子年幼时总是直接帮助孩子解决问题，而不教导孩子如何通过自己的努力克服困难。当家长的帮助成为一种习惯，并一直延续到孩子上学、青春期及其他成长阶段时，孩子便逐渐丧失了独立面对困难的能力。”

除了在受挫力方面所体现出的问题，大部分学生还存在着“缺乏目标”的问题，这导致很多学生在学习或是生活中比较盲目，缺乏动力。

“在一个崇高目标的驱动下，持续努力地学习和工作，即使难一些、慢一些，也一定会获得成功。”春子老师在回忆她遇到的各类案例时发现，虽然中国学生出国的目的千差万别，但不可否认，一些学生出国是为了逃避现状或是规避高考。对于这部分学生，他们并非因为理想或是某些追求而去留学，而是出于畏难情绪而决定出国。一方面，学生盲目地选择了出国留学和所学的专业，这就为留学过程埋下了巨大隐患。“我见过很多学生的专业是家长帮忙选择的，等读完几年后他们才发现专业根本不符合自己的兴趣，因而懊恼不已。”另一方面，由于缺乏目标，一些学生便开始荒唐度日。特别是那些本以为在国外可以更加轻松的学生，出国后他们才发现国外的学习压力远比他们想象中的要大，在这种不适应下，他们就很容易迷失自己。而有目标约束的学生则会将压力转变为动力，从而更加努力地学习，激励自己更好地发展。

留学生独自前往陌生的国家，不同的环境与文化、沟通障碍、学业压力、社交环境、经济问题、文化冲击等因素都影响着留学生的心理健康。在留学初期，一些学生不愿走出心理舒适区去主动适应变化，而是选择将自己困在一个狭隘的圈子，因此很难融入当地的生活与文化。加上国外的课业繁重，一部分承压能力较差的学生就容易产生焦虑、心情低落等问题。如果没有合适的方式排解，长此以往这些问题很容易发展成心理疾病。

在硕士阶段出国的留学生的思想和心理已较为成熟，相比之下，“小留学生”因为初到国外时年龄小，又正值青春期，往往更加敏感和脆弱，更容易出现心理问题。那么，留学生该如何正确看待并解决这些问题呢？

春子老师强调了“独立思考”能力在海外生活中的重要性。“独立思考的能力非常重要，比如出国后学生会面对与国内完全不同的学习方式，很多课程都需要自己选择，这时就要求学生独立思考，自己收集信息和参考资料并做出选择。到了国外，一切都需要自己独立完成，学生在意识到自由的同时，更需要学会对自己负责。而国内的一些孩子就缺乏相关的思考能力和经验，因为从前都是由家长帮他们决策，家长的参与使得孩子在面对问题时只想着依赖他人。”

家长在日常生活中应该如何引导并逐渐培养孩子这一能力呢？春子老师建议：越早越好。“很多孩子从小就习惯于依赖家人而不去独立思考，到了中小学阶段更是因为学习压力而缺乏独立思考的意识，所以家长应该尽早有意识地培养孩子的独立能力。当然这种独立并不是简单的行为或者生活技巧，而是家长言传身教给孩子的一种独立的意识或者态度。”

除了在心理上对学生加以辅导，家长还可以通过帮助孩子预热海外生活来提前让他们适应出国留学。春子老师给留学生家长的建议是：“在孩子出国前家长可以先做一次预热旅行，比如说准备明年送孩子去英国留学，那么家长今年就可以带着孩子去英国旅游一次，让孩子提前熟悉当地的环境。还可以带孩子去参观校园，如果孩子因此对一些学校产生憧憬，那么就可以进一步去了解学校的哪些专业对孩子来说最具有吸引力。对于孩子来说，如果喜欢一个地方，他会更愿意留在那里学习，也更容易适应未来在那里的生活。有些家庭还会选择让孩子参加游学，但游学机构的老师难以照顾到每一个孩子的心理需求，所以我还是建议家长亲自带孩子前往，这样也可以降低孩子出国前的焦虑感。”

家长在孩子的心理健康辅导中绝不是旁观者的角色，而是一名传授者。对于家长来说，在日常生活中除了关注孩子的学习外，还应多留意子女的生活状态和心理变化，并给予适当的建议和引导，帮助孩子化解生活和学习中遇到的情绪问题，成为孩子的“家庭心理医生”。

【留学生视角】用积极的心态面对留学，培养自己的独立性

访问对象：加州大学心理系学士，哥伦比亚大学特殊教育专业在读研究生 Joy

Joy 16 岁便独自出国留学，本科就读于加州大学心理系，研究生阶段就读于哥伦比亚大学特殊教育专业，曾在美国多所学校参与教学，并参加了美国关于自闭症儿童的项目计划。这些经历使得 Joy 不仅可以站在留学生的视

角对发生在自己身边的事例产生切身体会，还可以作为一名专业的心理工作者分析中国留学生群体所存在的心理问题。

Joy发现："中外文化的差异性会给初出国门的学生带来不小的冲击，内敛的中华文化与开放的海外文化之间的碰撞使得一些问题在留学生身上更加明显。"

她在留学过程中发现，有些留学生会因为生活习惯、饮食等方面的不适应而产生种种负面情绪。"留学生在生活中难免会遇到问题，但有时候他们不知道该如何解决。尤其是住在寄宿家庭的学生，在遇到困难时，由于他们不知如何与寄宿家庭沟通，因此很多时候只能把问题埋在心底、默默忍受。另外，很多留学生与自己家庭的沟通也并不顺畅，这多半是因为在国内时家长与孩子之间的沟通就存在问题，而孩子离开了家长身边，沟通就更加少了。还有些留学生怕家人担忧或唠叨，选择报喜不报忧，独自承担压力，但又不知道如何排解，致使心态失调。"

除了生活中的问题无法排解，留学生离家万里，免不了产生思乡之情或孤独感。一些留学生因不知如何抵抗和处理这些感觉，从而心理上也会受到影响，要么产生退意，要么染指一些不好的事物或习惯，如毒品，从而断送了自己的大好前程。

留学生的心理问题需要得到各方重视。对于留学生本人来说，应调整好心态直面差异，积极乐观地解决生活和学习上遇到的问题。在以学业为重的前提下，留学生应多结交朋友，拓宽自己的圈子和眼界，在放松心情的同时丰富自己的生活。除此之外，留学生在意识到自己的心理压力时，可以积极寻求专业机构和医生的帮助，运用科学的手段疏解压力，从而预防严重心理问题的产生。

Joy还认为，如果留学生自己具备了一定的心理素质，便可以在遇到问题时更好地开导自己，减缓压力带来的精神负担。“我记得在我上初一的时候我们全家去香港玩，当时父母就交给我一些钱让我负责订公寓、订机票等。在真正实施之前，我的父母还让我自己去做调研，了解和制定行程安排、花销计划等。在这一过程中，我也会遇到父母给的经费不够等问题，这又涉及怎样自己去“筹资”，比如向爷爷奶奶寻求赞助等。当然在整个行程中，我难免会有考虑不周的地方，但父母的观点是可以花钱买经验和教训，认为在经历这些之后我才懂得怎样独立地完成一些事。比如我学会了如何收集和整合网络上的各种信息，怎样组合机票节省时间和经费等，这也为我之后的留学生活打下了很好的基础。”

父母利用“安排旅行行程”这一简单的方式，使孩子积累了经验，得到了独立性的锻炼。在整个过程中，孩子学会了收集和整合零散信息、合理分配花销，并且开始了独立探索和思考，这无疑也会慢慢延伸到孩子未来学习和生活中的其他事情上，令其更快成长。

Joy 基于她多年的留学经验，也给即将出国留学的学生提供了一些建议：“想让自己的留学生活过得更加精彩、丰富、有所收获，就要以一个开放的心态，积极地接纳新的环境、新的朋友、新的学习方式和生活方式。留学前除了学习一些必备的生活技能外，留学生还需要检视自己的规划能力、沟通技巧、情绪管理能力和时间管理能力等是否足以支撑自己自主学习、独立生活。此外，在留学生活中多与父母沟通，在遇到问题时多与家长商量，不要压抑自己。留学前做好功课，包括了解留学目的地的人文风俗、学校和专业背景等，同时做好心理建设，这样才能降低焦虑，从而更快地融入留学生活。”

作为独自在外的学子，在面临压力时出现负面情绪是非常正常的现象，只要找到恰当、积极的排解渠道，给予自己正面的心理暗示，以积极阳光的心态面对各种困难，就能保持身心健康，继而开心顺利地度过留学时光。

第四节　安全准备：海外安全问题及应对方式

去国外留学，安全无疑是最重要的，留学生的安全问题也时刻牵动着家人的心。近年来，恐怖主义、国际冲突和难民危机使得很多原本安定的欧洲国家也出现了一些恐怖袭击事件，如巴黎恐怖袭击和伦敦恐怖袭击。而由于出国留学人数的不断增长，留学生在外遭遇恐怖事件，或者在外失踪、遇害的数量也在增加，国内各界对于留学生安全问题的关注度越来越高。2018 年 2 月的伦敦大学国王学院中国博士生失联后确认死亡事件受到了各界的广泛关注，随着这一事件的发酵，关于留学生如何保障自身安全的讨论也愈发激烈。

对于留学生来说，安全问题主要分为两个方面：人身安全和经济安全。

首先，最重要的是人身安全问题。对比国内安定的社会环境，近几年国外尤其是欧美国家的治安环境都出现了一些问题，而国内稳定的治安环境以及家庭、社会对学生群体细致的保护，使得很多留学生的警惕心理和自我保护意识相对薄弱，在异国他乡时缺乏安全和防范意识。在出国留学前，家长有必要和孩子一起参与国外安全教育讲座，以了解国外的社会环境，学习基础的自救方式，从而加强个人的防范意识。在国外留学期间，留学生自己也要保持警惕、防范危险，平安顺利地学成归国。

其次，是经济安全问题。留学生由于不熟悉留学国家的法律法规，有时可能会因为文化习惯的差异而造成误会，导致严重后果。例如被房东克扣房租、与当地人产生法律纠纷等问题。鉴于此，留学生在出国前可以事先对前往国家和地区的经济、文化、法律法规等进行初步了解，这样一方面有利于留学生尽快融入当地生活，减轻出国前的焦虑情绪，另一方面也可以帮助留学生在留学期间保护自己的财产安全。

在到达留学目的地之后，我们建议留学生先记录好当地警察局的地址以及报警电话、当地中国使领馆的电话等。留学生应通过官方渠道了解当地的治安情况，尽量避免靠近有治安隐患的地区和街道。同时，留学生一定要告诉家长自己住所的详细地址、身边朋友的联络方式等，方便家人与自己及时联络。在国外遇到危及人身安全及财产安全的紧急状况时，留学生也可以选择到中国驻当地使领馆寻求帮助。

【专家视角】留学海外如何保证自身安全

访问对象：美国留学安全问题专家黄雷博士

留学生在海外的安全问题一直是众多家长所关注的。留学生在海外生活，难免会遇到大大小小的问题与纠纷，那么在遇到困难时留学生应该如何正确处理呢？

对于留学生的海外安全问题，黄雷博士提出，留学要分为“留”和“学”两部分来看待：“‘学’的概念大家比较熟悉，就是海外的学习，但‘留’的问题往往比‘学’还要复杂，它包含在海外的生活、文化、事业和情感等方方面面的融入。”黄雷博士提及，对于中国的留学生，特别是近几年逐渐增加的低龄留学生来说，“留”的问题应受到更多关注。

对于独自在海外的低龄留学生，家人最担忧的便是其安全问题。黄雷博士就他们应该如何更好地保证自身在海外的安全方面提出了3点建议。

首先，在择校方面，黄雷博士建议低龄留学生及其家长利用身边的资源充分了解美国学校的真实情况。“要了解美国学校的真实情况对于学生和家长来说或许有些难度。从切实的方法来讲，首先，要有可靠的顾问和咨询团队。此外，在美国，基本每个学校都设有留学生顾问、留学办公室、国际学生办公室等为留学生提供信息咨询的机构。如果家长和学生在择校的过程中对学校有任何疑问，可以直接联系这些机构或部门，他们通常都会对问题做出真实的回复和解答。在咨询过程中，家长还可以直接了解到学校情况，因此这是一个很有必要且十分有效的方式。”

其次，黄雷博士建议低龄留学生尽量选择寄宿制学校。“就美国的初中来讲，一般是到八年级之后才能寄宿。我建议国内的孩子到海外上学时，如果没有家长的陪伴应尽量选择寄宿制的学校。因为寄宿制的学校是封闭的环境，它更有能力为留学生在海外提供一个相对安全的环境。”

除此之外，黄雷博士还强调，留学生可以充分利用国家对海外留学生的关注，在遇到应急情况或者自身权益受到危害时积极寻求国家机构的帮助。“国内外有很多优质的平台和机构来保证大家在海外的安全，这些机构不单单负责留学生出国的问题，还会负责留学生在国外留学时的问题，比如说法律援助、心理援助以及应急状况援助等。例如，中国驻美使馆联合中信银行打造的旅美生活服务平台，就包括了应急呼叫中心、心理咨询中心、法律援助中心、课程辅导和考试中心等机构和功能。在遇到生活、学业、心理或者法律方面等任何问题时，留学生都可以向旅美生活服务平台寻求帮助，直到问题解决。”

黄雷博士还提及，很多美国的寄宿制学校在假期是不允许学生住在学校里的，这时一些留学生会选择外出旅行，但是对于一些低龄留学生来说，结伴外出旅行具有一定的安全隐患。这时，旅美生活服务平台则可以作为留学生度过假期的一种选择。“旅美生活服务平台接纳了很多来自不同学校的留学生，为他们提供了一个很安全的安置场所，同时还会安排一些选修课、读书会等活动，以丰富学生的假期生活。”

黄雷博士也与我们分享了几个在美留学生寻求帮助的例子，从而帮助我们更好地理解海外安全问题。“在留学生活中，由于文化差异、留学生对美国法律不熟悉等原因，有时候会造成一些误会，最终导致严重后果。比如我们之前处理的一个案件：中国的两个留学生在教室里因为矛盾发生冲突，其中男生对女生有身体接触。根据美国法律的规定，在公共场合发生的任何有身体接触的暴力倾向行为都会被视为极具威胁和需要远离校园的。所以，男生被勒令退学并遣返回国，而且在回国前必须做满 100 个小时的社区服务。同时女生因为为男生申辩而被判定为做伪证，也被要求退学。事发之后家长首先联系旅美生活服务平台寻求法律帮助。平台与当地学校和政府进行联络和沟通，最终帮助这两个学生转到加州其他学校继续学习，使其不至于被勒令退学而耽误学业。"

"对于一些比较严重的突发状况，旅美生活服务平台也能给予迅速帮助。比如 2018 年有一个案例，是一位湖南的留学生在参加海外夏令营时不幸溺水身亡。这个事件突发后，当地的警局首先和旅美生活服务平台及使馆取得联系。我们在接到通知后做的第一件事情就是通知学生家长，第二件事情就是与使馆合作，协助学生的家长办理赴美签证，让他们能够在第一时间来到美国了解相关情况并处理孩子的后事。在家长到达美国后，我们从机场开始接待，并安排了专车和司机，全程陪护他们完成在美国所有需要处理的事务，包括与医院、殡仪馆、保险公司等进行沟通，还安排了专业的律师为他们提供咨询服务，比如说理赔及一些后续的事务。"

除了上述的一些应急情况，心理健康在留学生群体，特别是低龄留学生群体中也是一项重要问题。对此，黄雷博士表示，旅美生活服务平台的落地中心也曾为很多需要心理疏导的留学生提供专业的服务和治疗，并最终解决了他们的问题。"有些留学生会遇到心理方面的问题，比如学习压力、思念家人，甚至情感方面的纠纷。在这种情况下，心理援助中心会让专业的心理咨询师对学生进行心理疏导和评估，再根据具体情况，与当地的医院联系进行相应治疗。我们也会联系学生的家长，必要时，邀请他们也到服务中心与孩子一起渡过难关。很多孩子经过救助后，问题得到解决，又回到学校继续正常的学习。”

我们可以看到，旅美生活服务平台可以为留学生提供各方的协助，也可以最大限度地帮助留学生渡过难关。除了旅美生活服务平台外，留学生在遇到重大问题时也可以向使领馆求助，但总体而言，使领馆在外国没有执法权、司法权，无法直接处理司法案件，也无法处理经济、家庭等方面的纠纷。有时，旅美生活服务平台的求助热线可以更好地帮助学生解决问题。若留学生求助的问题较为严重且已经上升到领事保护状态，旅美生活服务平台也会主动将案件递交给使领馆。

行前准备一直以来都是学生及家长所关心的问题，收到录取通知，并不意味着学生就能顺顺利利地出国留学并完成学业。物质上的准备和心理素质及安全意识的培养都是留学所必不可少的。办理必要的签证，进行行程规划，对于留学目的国家的衣食住行进行充分了解，对于心理及安全问题做到有备无患，只有这样，留学生才能平稳步入理想的留学生活。

旅美生活服务平台二维码 ▶

第六章

留学生学习、生活与就业

第一节　学习篇：做好充分准备，合理规划时间，有效提升成绩

一、学习状态扫描：走出舒适圈，不忘留学初心

本书在前述章节中提及，近 10 年来我国留学生数量持续增长，在全球留学生中所占的比例也在逐年上升，尤其在一些热门专业中，已经逐渐形成一个庞大的中国留学生群体。在这种情况下，中国学生在海外的学习状态是否具有一定的共性，具体又呈现怎样的特点呢?

中国留学生群体确实呈现出一些优势特征，同时也存在一些不足（见图 6-1）。从 2018 年针对海外留学生及留学经验人群的调研数据来看，在“学习能力”“应试能力”“学习习惯”“数理化基础”等方面，中国留学生表现出足够的自信，并普遍认可自身在这些方面的优势。而自我评价的劣势主要体现在语言方面：数据显示，有近 50% 的受访者认为自己在“语言交流”方面存在明显劣势，多达 40% 的受访者认为自己在“文字表达”方面存在不足。除语言方面外，有过留学经验的中国留学生还认为自身在“发散性思维”及“批判性思维”方面与其他国家的学生存在一定差距。

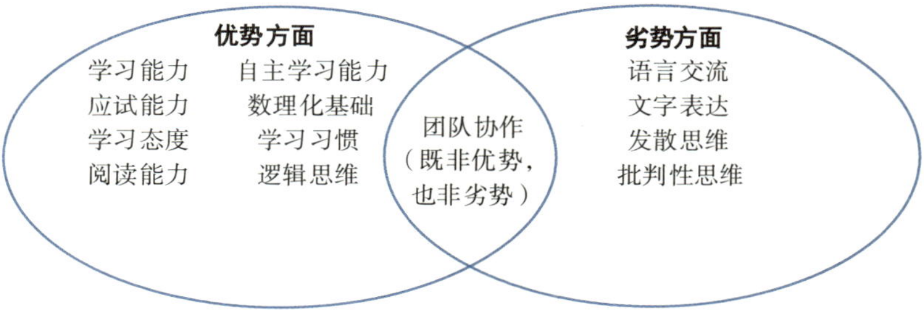

图 6-1　中国留学生在学习优劣势方面的自我评价

资料来源：《2019 出国留学蓝皮书》调研，其中针对正在海外就读及已经毕业的留学生人群共采集 1 137 份样本。

在学习压力方面，根据“各阶段留学生学习压力评分”所示（见图 6-2）：留学生的学习压力总体上会随就读学位的提高而有所上升，并且留学欧洲地区的学生的学习压力普遍高于其他地区。

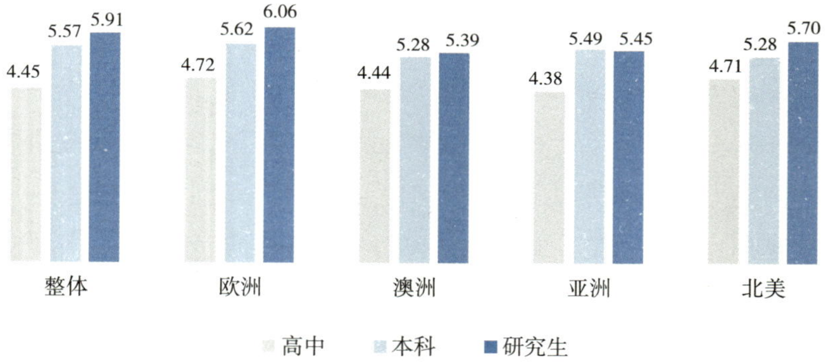

图 6-2　各阶段学生学习压力评分（分数越高表示压力越大）

资料来源：《2019 出国留学蓝皮书》调研，其中针对正在海外就读及已经毕业的留学生人群共采集 1 137 份样本。

关于留学生的学习压力来源（见图 6-3），口语表达所带来的压力最大，其次是听力理解，包括所沟通对象的口音等问题。以欧洲为例，除英国外，多数其他欧洲国家或地区的官方语言并非都是英语，不同语系给留学生带来了更大的沟通障碍。即使在英语国家，不同地区的口音也具有一定差异，这会给留学生造成理解和沟通上的困难。

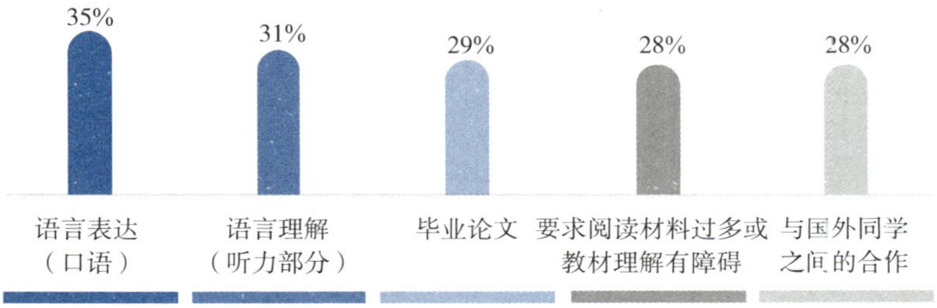

图 6-3　留学生学习压力来源前 5 名

资料来源：《2019 出国留学蓝皮书》调研，其中针对正在海外就读及已经毕业的留学生人群共采集 1 137 份样本。

语言能力之所以是中国留学生的主要劣势之一，究其原因：其一是汉语与其他语言体系存在较大差异性，其二是中国学生从小学习的英语多为应试英语，只注重词汇和语法，这与海外生活环境中的英语大不相同。这些差异使得中国留学生在学习外语时面临较大挑战，因而需要花费更多的时间和精力才能达到预期效果。

同时，语言能力的欠缺还会带来一系列其他问题，例如沟通力和理解力较弱等，这些也都会对留学生的学习和生活造成影响。在新加坡就读的崔同学表示："留学中遇到的语言问题较多，当地人的口音比较重，加上自己的英语水平一般，和当地同学交流容易产生问题，甚至误会。多数课程的老师稍带口音还是能够听懂的，但如果数学老师带口音就很难听懂了。"可见，克服语言这一难关，是中国留学生最需要关注的问题。

在遇到语言障碍时，很多中国留学生会选择回到自己的“舒适圈”，在华人留学群体中用自己熟悉的语言和方式进行社交。虽然这种沟通能使他们在较短的时间内找到朋友、融入圈子，但对于英语能力的提升作用有限。一些中国留学生即使在国外读了4年本科，英语口语水平也并不一定会得到提升。因为他们不愿意与当地人交流，不愿意强迫自己走出“舒适圈”，这使得他们很难融入和其他国家学生的交流中。

留学生通过种种努力进入国际化的学习平台，却没有充分融入国际社会，既没有体验到不同国家思想文化上的碰撞，也没能形成国际化视野，这对于留学生本身来说是一种巨大的损失和浪费。对于“舒适圈”中的留学生来说，留学仅仅成了一种获取高等教育的方式。而实际上，在留学过程中充分体验文化冲击，为今后的事业发展搭建国际化平台，树立国际化视野，不断提升跨文化理解力，才是留学的真正意义所在。

诚然，语言沟通的问题是多数留学生无法避免的，但只有有效应对语言交流所带来的问题才能使我们更快地适应留学生活。尽管有近40%的学生认为语言表达问题是学习压力的重要来源，但仍有39%的学生及家长表示出国学习是因为“留学可以锻炼并提升语言能力和跨国沟通能力”，并将“提升语言能力”作为留学的主要目的之一。因此，我们建议留学生不忘留学的初心，鼓励自己走出“舒适圈”，不断提升自我，实现留学目标。

二、成绩评价体系：多样化的考评规则

由于国内外教育体系和理念的差异，国外学校普遍重视素质教育，课堂氛围更为开放自由，这也使得一些学生萌生了“国外教学环境轻松，老师看重课堂互动，所以课后作业不会很繁重”的想法。事实上，这种想法是错误的。国外学校的教育模式虽不以应试为主要目的，但十分看重对学生学术能力的培养，课后作业不但不比国内少，而且难度较大，

要求严苛。

1. 高中阶段

相对来说，高中阶段留学的留学生学习压力较小，这主要得益于中国学生在国内接受了扎实的基础教育，在数理化等科目上具有一定的优势。尽管如此，留学生还是会在语言、历史、文学等课程上遇到挑战。由于对作业类型较为生疏、对课程理解深入度不够等问题，留学生有可能需要一段时期才能逐步适应课业。

一方面，国外高中的作业形式灵活、内容颇多，且对于学术诚信要求严格。尤其是国外文科类的作业，老师通常只给定课题（写报告、做演讲等），其余均依靠学生自主发挥。老师会鼓励学生进行团队合作，有时布置的作业较难独立完成，需要小组成员分工协作，共同研究。来自世界各国的留学生们具有迥异的语言、文化背景及思维模式，合作完成作业是一件既有乐趣，又极具难度的事情。在这种情况下，即使是当地学生也需要投入大量时间才可以完成作业，对于留学生而言这更具挑战性。同时，如果老师判定作业有雷同的情况，那么雷同双方都会被怀疑学术造假，一旦被定为抄袭，轻则挂科，重则被勒令退学。学生一旦有了“学术不诚信”的记录，日后的深造甚至就业都会受到影响。

另一方面，国外高中的作业强度较高，阅读量大。以美国高中为例，家庭作业以英语、西班牙语、历史及数学等科目为主。英语老师除布置生词记忆等作业外，还会布置阅读教材和小说等，并要求学生归纳和总结读书摘要，撰写书评。有些英语老师还会要求学生写诗、编童话等，以此作为课后作业。

通常，美国高中会要求学生辅修第二外语，其中西班牙语是较为常见的选择之一。在讲课的过程中，西班牙语老师希望引导学生深入了解西班牙语国家的文化习俗，引起学生对该国家文化的好奇和喜爱，从而引发其对语言的兴趣。因此，西班牙语的课程作业通常是关于拉美西班牙语国家的经济、地理、历史和习俗等探索类问题，由此激发学生探索语言、文化的兴趣，从而更快地提高语言水平。

在美国，历史是一门非常重要的学科——无论学生将来报考哪所大学、选择哪个专业，高中的历史课程都非常重要。选择历史课程的学生每天都会有大量作业，形式多样，包括阅读、评论、小组项目等，因而花上几个小时来完成历史作业是一件很平常的事情。

对于大多数中国留学生来说，数学或者理工类的学科相对容易。美国的数学作业并不多，老师会着重讲解数学概念及公式原理，便于学生掌握不同的思维方式。所以美国的数学作业一般是论文，或是让学生自己编写数学题。

整体而言，国外高中的作业形式及内容与国内有着显著差别，这无疑会给刚走出国门的留学生带来一些挑战。这就要求留学生不仅要在课后作业上多花时间、下功夫，还要注重课前预习和课上充分理解课程内容，这样做既有助于留学生对知识的消化和吸收，又能够提高作业的完成质量。

2. 本科及研究生阶段

对于进入本科或研究生阶段的留学生来说，将平均学分绩点保持在较高水平非常重要。在国外，大家对于大学的成绩非常看重，不论学生以后想继续深造还是就业，未来申请的院校和用人单位都会考查学生前一阶段学习经历的平均学分绩点。受此影响，在此阶段学生的学习压力会明显增加。

（1）课程评分规则

在不同国家，大学的学习制度会有所差异。下面我们将简单介绍热门留学国家美国、英国以及新加坡的考评规则（这三个国家的考评规则

平均学分绩点

平均学分绩点（Grade Point Average）是以学分与绩点作为衡量学生学习的量与质的计算单位，将学生修过的每门课程（包括重修的课程）的课程绩点乘以该门课程的学分，累加后再除以总学分得出。平均学分绩点可以作为学生学习能力与质量的综合评价指标之一。◀

可以代表绝大多数留学国家的评分规则），以供读者参考。

美国　美国大学采用学分制，一般情况下，学生只要修满足够的学分即可毕业。一些关于大学排名的榜单中有一项指标为学生 4 年内的毕业率，这使得大家误认为美国本科教育的年限一般为 4 年。但实际上，据《美国新闻与世界报道》的资料显示，美国大学本科生能够在 4 年内完成学业的比例很低，平均不到 60%，6 年制毕业相当普遍。因此，美国大学的具体就读时长并非既定的，而需要根据个人的能力和学习情况进行考量。

从评分标准来看，不同于国内本科教育的期末考试成绩占比较大，在国外，由于各个国家教育风格上的差异，评分标准和侧重点也不尽相同（见图 6–4）。

美国大学衡量学生成绩采用的是“绩点制度”。与英国及亚洲留学国家相比，美国高校的评分方式更加个性化和多样化，这也是由美国个性、自由的教育风格而决定的。学生每门课的成绩都由考勤、作业、课堂测试、课题研究，以及期中、期末考试等部分共同组成，而具体选择哪些考量指标、每项指标的比重大小都由授课教授决定。教授拥有对课程的解释权，不需要过多拘泥于学院的管理。如果教授认为每月月考有必要的话，就可以组织月考并纳入总成绩的考核中；如果教授认为一次期末考试就足够了，学院也会尊重并同意他的建议。开学时，学生会收到教

COURSE REQUIREMENTS or METHODS OF ASSESSMENT（课程要求或作业方式）
There are four basic term requirements（有 4 项基础要求）:

- Class Participation — 10% .
  （课堂参与度—— 10%）
- First Group Assignment (Report & Presentation）— 20% .
  [第一次小组作业（报告及口头演讲）——20%]
- Individual Assignment — 20% .
  （独立作业—— 20%）
- Second Group Assignment — 50%— Team Business Plan (in two parts：Report & Presentation）.
  [第二次小组作业—— 50%——小组商业计划书（包含两个部分：报告及口头演讲）]
  — Grading is ½ written，½ oral presentation.
  （—— 按照报告及口头演讲各占 50% 评分）

图 6–4　美国某大学专业课程大纲评分细则部分示例

授关于课程的教学大纲。在教学大纲中，教授会详细说明教学目标、课程安排、评分标准以及考试方式。在日常的教学中，教授也会根据实际情况进行调整。学期末或者毕业时，学校会以每门课程所占的学分为权重计算学生的最终绩点（通常学分高的课程也意味着难度更大）。

英国　英国作为一个拥有悠久教育历史和传统的国家，教育体系经过了几百年的验证，可以说是相当完善和复杂。一方面，英国的教育风格灵活而有活力，常常引导学生进行自我思考和探索，鼓励其新的想法；另一方面，英国教育又有其相对保守的地方。英国是 3 年制教学，相对来说学制较短，一年两个学期，每学期 12 个周，课程偏重于实际应用而非理论。

英国的评分体系与国内相似，相对重视学生的考试成绩——期中和期末考试成绩会占据最终成绩的大部分比重。除了期中、期末考试外，一些学校也会有平时的小测试，并在最终成绩中占到 10%~30% 的权重。

对于一些学术性和研究性较强的理工类科目，英国一些学校会采用期末论文的形式而非考试来进行考核（见图 6–5）。有些科目的教授在期末会布置 3 000~4 000 字的论文作业，并以论文成绩来评定课程分数；有些科目的教授也会采用 1~2 篇 2 000 字以下的小论文和 3 000 字左右的大论文结合加权评分的形式。在写论文前，学生有时还需要做开题报告和陈述汇报，这两项成绩也会被作为最终课程分数评定的重要组成部分。

Assessment（评估）
Coursework Assignment 1（作业 1）
This assignment comprises 10% of the TOTAL MARK for this module.
（本次作业占本门课程最终成绩的 10%）
The WORD LIMIT is 500 words.
（字数限制为 500 字）
Coursework Assignment 2（作业 2）
This assignment comprises 20% of the TOTAL MARK for this module.
（本次作业占本门课程最终成绩的 20%）
The WORD LIMIT is 750 words.
（字数限制为 750 字）
Coursework Assignment 3（作业 3）
This assignment comprises 70% of the TOTAL MARK for this module.
（本次作业占本门课程最终成绩的 70%）
The WORD LIMIT is 2 , 750 words.
（字数限制为 2 750 字）

图 6–5　英国某大学某理工类专业评分细则示例

新加坡　作为亚洲范围内的热门留学国家，新加坡的现代教育历史可以追溯到 19 世纪。19 世纪初期，英国积极扩张在印度的殖民地以及在中国的贸易，新加坡因其优越的地理位置而被英国占为港口，受英属印度殖民当局管辖。到了 19 世纪末，新加坡正式成为英国直辖的殖民地之一。这一近现代历史渊源，使得新加坡的教育体系在很大程度上受到英国教育的影响，但新加坡在继承英国教育体系的同时也逐渐加入了自身特有的教育理念和教育模式。新加坡的国民受教育水平非常高，同时也拥有全球顶尖的高校，如新加坡国立大学和南洋理工大学等，这得益于新加坡不仅注重普及国民教育，同时也十分重视精英教育。受英国教育体系的影响，新加坡的课程评分方式与英国相似，考试成绩占较大比重，有时会包含平时独立作业或者小组作业的分数，一些学科的教授也会选择以论文的形式来考核学生对课程的理解与掌握程度。

由此可见，各个国家的课程评分细则不同，所以留学生应该充分了解各评分细则的具体要求，从而更有针对性地学习和应对。

关于大家熟知的考试，新加坡的考试除了我们日常熟悉的期中、期末考试外，教授也可能采用月考或者当堂小测验的形式。通常情况下，每次考试的内容只涉及该阶段学习的内容。以期末考试为例，如果在学期中间已经进行过一次考试，那么期末考试的考查内容则会更侧重于期中考试后所学的知识。

考试的类型并不单一，除了我们熟知的试题考核外，也会有报告撰写、汇报呈述等类型。通常，这些任务在开学的时候就会被布置下去，给学生充分的准备时间。报告所研究的课题根据教授的要求而定：有些由学生自行决定，与本课程相关即可；有些则由教授直接安排。报告的完成形式也由教授规定，可能是独立作业，也可能是小组作业。在小组作业的情况下，小组成员可能由学生自由组队，也可能由教授随机分配。

课堂参与度和出勤率在考核中也会占到一定分值。出勤率即要求学生不要无理由旷课。教授们有时会抽查点名，如需请假，学生应提前发送邮件告知教授。课堂参与度也是评分标准中的重要一项，其主要目的是鼓励学生在课堂上积极参与讨论，发表个人看法。独到、有深度的观点或想法会被教授欣赏并获得加分，因此，我们建议留学生在课堂上积极思考，勇于发言或提问。

汇报呈述： 课堂展示或汇报呈述是国外大学极为常见的作业及考试形式。它实质上是一种演讲，有独立演讲和小组演讲两种形式，学生通过自主选题、制作 PPT（演示文稿）等方式，最后在指定时间上台展示。这对于含蓄内敛的中国留学生而言颇具挑战，英语口语能力、自信程度、逻辑思维、语言精准度等都在考查范围内。至于小组演讲，需要组内成员的合理分工，共同配合才能完成，这对于来自世界各国不同文化背景的留学生而言，难度会更大。不同国家、不同学校、不同专业以及不同老师，对演讲的要求都会大不相同，这也需要学生多提问，以确保自己的演讲符合要求，取得理想的效果和成绩。◀

报告： 报告是国外大学最重要的书面作业。留学生虽然在出国之前经历了雅思、托福等标准化语言考试，但是写作能力仍与国外本土学生有很大差距。每一所大学都会为国际学生以及写作有困难的学生提供一对一的辅导，留学生可以在这样的写作课程中提升写作思路和写作技巧。此外，国外大学对于“学术诚信”的要求极高，对于抄袭“零容忍”，一旦被认定为抄袭，后果极其严重。◀

除上述的常规考核方式外，有时还会有其他个性化考核。例如：有些教授会给学生布置讲课的任务，让学生依次负责一些章节的讲解；有些教授会要求学生参与课程相关的社会活动或讲座等；甚至还有教授要求学生分小组利用意大利面搭建建筑模型，以此考核学生的协作能力、设计创新能力与动手能力。尤其在美国高校内，教授具有很大的决定权利，只要教授认为是有利于学生理解和应用课程知识的形式，都可以被纳入考评体系。

各国高校对学生的作业要求都十分严格。这就要求每一位留学生本着诚实、谦虚、严谨的态度来完成每一门科目的作业，争取获得优异的成绩，为后续的深造、就业或其他方面的申请铺路。

与本科阶段的学习相比，研究生阶段虽然在考试及作业形式方面与本科阶段大致相同，但学习内容的专业性和针对性会更强，对于学生课外的阅读拓展和实践的要求也更多。相对地，学生学习的强度和压力也会更大。

国外教授习惯给学生足够的空间和机会进行自我探索，因此在作业环节上，每节课课后布置十几篇阅读材料并不罕见。

研究生阶段的当堂测验比重有所降低，作业及考评内容主要以小论文、习题集和课堂展示为主，因此需要学生花费大量的课余时间来完成。研究生在学术上也会面临更大的挑战，课后作业的难度相对于本科阶段有明显上升，有些老师会在课余时间设置专门的辅导课来为学生讲解课后习题。同时，研究生阶段学校更重视团队精神的培养，学生以小组形式完成论文或课后作业的比例上升，这不仅培养了学生的团队合作及沟通能力，也为学生日后步入社会工作打下了良好基础。

（2）毕业论文

在本科或研究生阶段的留学生都面临着一个艰巨但又必须完成的任务——写毕业论文。论文的质量如何，对学生最终能否获得学位有很大影响，也是对学生在本科及研究生阶段所学所思的总结与升华。

不同留学国家和学校对于论文写作的要求也有所差异。英国大部分学校的老师还会在课程系统中上传指导手册或者课程大纲作为这一课程学习的指导材料。如果这门课程以论文为考核方式，课程指导手册或课程大纲上还会有对于论文内容和格式的详细要求。

论文作业通常有论文和报告两种形式：论文的内容和形式更接近于评论，篇幅较短，通常是针对以往的论文和研究结果进行分析；而报告是针对一个相对完整的研究项目做报告，要求更高，从实验设计、数据采集处理、结果分析讨论，到结论得出，都需要详细阐述。

一篇完整论文报告的正文内容包括引言、文献综述、研究领域、研究方法论、分析讨论和结论。教授在评分时，会主要考查以下几个方面：学生对这一学科是否有较为全面和深刻的理解，使用的实验方法或者数据处理方式是否得当，或者是否有所创新，所得出的结论是否合理等。一些高校对于论文报告的字数要求也比较严格，通常字数要在规定字数的 5% 上下，字数不足或超出都会相应扣分。

在国外，论文写作需要特别注意引用的问题。引言和文献综述部分要求除了论文作者自己的论点外，所有的论据内容都需要有参考文献来证明其可靠性，从而使论文更具专业性和说服力。当然，引用部分也应在自己的理解基础上撰写，如果与原文相似性过高则会被认为抄袭。

对于论文，通常情况下只要留学生做到仔细认真、格式规范、内容严谨、条理清楚、避免抄袭、不触碰国外学校的大忌，最终都是可以顺利通过的。

三、提升学习效率：重视预习、复习，做好时间规划

初到海外，面对骤然加大的课程难度，更加严苛的课程作业和与国内截然不同的评分方式，很多留学生都需要一个“过渡期”来适应这种快节奏的学习生活。与此同时，留学生在海外独自生活也需要加强自我管理能力，有效地利用和规划时间。我们通过采访国外在读留学生和已经毕业的学生，得到了一些在国外高校学习的方法和建议。

1. 如何做好课前预习

学生能否在课堂中提高效率、积极参与讨论，课前预习这一步起到了非常关键的作用。以英国大学的学习为例：课程类型一般分为专业课程（lecture）和讨论课程（seminar）。专业课程重在老师的讲解，其形式与国内大致相同，但是更加注重学生的参与度，鼓励大家随时提出问题，

并在课堂上进行讨论；讨论课程以小组和班级讨论为主，老师会提前发送需要阅读的文献列表，在课堂上学生就会针对文献中的案例进行讨论，在讨论中老师只起引导作用。

就专业课程来说，课前一般需要学生利用2~3个小时预习课堂讲义。在这个过程中，学生要标注专业词汇，了解课程的主要内容和重点，划出读不懂或有疑惑的部分。这种方式既能扫清词汇障碍，又能够使学生在课上更有针对性地听老师讲解自己不懂的内容，还可以使学生更快地融入课堂、参与讨论。

就讨论课程来说，需要学生阅读的文献列表一般会由老师提前上传到课程系统中，文献列表上分为必读和选读。必读的章节和文献需要学生精读，除理解文章大意外，理解作者的研究方法也非常重要。这一部分内容不仅可能会在课堂上集中讨论，而且对日后学生的学习和科研会有很大帮助。选读的章节虽然不是强制性的，但是对学生理解课程内容有着良好的辅助作用，我们建议大家花时间阅读重点部分，从摘要和引言入手，之后根据每段的标题挑选重要部分进行阅读，再阅读最后的总结，依此顺序理解文章的大致脉络。

2. 如何有效提高课堂效率

有了课前预习打好的基础，留学生会较为系统地了解课程内容，在预习过程中标注的重点和难点即为自己在课堂上要集中关注的内容。

做好课前预习后，留学生会更加清楚自己的听课重点，在上课过程中会更有信心。在国外，尤其是欧美、澳大利亚等留学国家，课堂氛围相对轻松，留学生如果有问题可以随时提问，或提出新的观点。国外的老师也很鼓励学生积极参与课堂互动，并且愿意听取每个学生的想法和见解。

在课堂上，留学生还应锻炼自己高效记笔记的能力，不仅仅是简单记录老师的话或 PPT 上的内容，还要记录和整理自我思考的内容。简而言之，好的笔记应该有针对性，要记录自己不懂的问题以及思考的方式，其作用在于加深自己对于问题的理解。当然，对于有些学生来说，一边听老师用英文授课一边快速思考总结并用英文做笔记具有较大的难度。针对这个问题，我们建议留学生使用录音工具，便于课后复习。

3. 如何进行课后强化和拓展

在课程结束后，为了强化理解，留学生还应该根据课程难度和自己的理解程度进行复习强化：通过整理课堂笔记，加强对重点、难点内容的记忆；对于记忆模糊的部分，也可以通来课堂录音来回顾。有效的课后复习有利于深化留学生对课堂内容的理解，巩固知识点。

除了课程 PPT 和老师提供的文献列表外，留学生还可以充分利用学校的图书馆、数据库等资源进行自主学习。国外的高校常常会购买丰富的数据库资源，包括各学科的权威统计数据、全球前沿和具有影响力的学术期刊文献等。我们建议留学生在国外充分利用这些资源，帮助自己加深对相应学科的理解，更加扎实地掌握专业知识，培养自己的学术能力。

在国外读大学期间，我每天一般需要用 3 ~ 4 个小时的时间上课，上课之前需要自己预习，课后作业大概需要 2 ~ 3 个小时完成。当小组作业或者作业难度较大时，我需要与同学进行讨论。除了完成作业外，我课后往往还需要复习，如果遇到课内没有讲到的知识点就需要自己利用学校的资料库进行网上查阅。和国内相比，国外的线上图书馆往往建设得比较完善，所以同学们更倾向于利用电子书而非借阅实体书。

——谢同学（美国波士顿大学在读）◀

4. 如何从容应对考试

在国外，不同学科的评分方式不同。有些学科的老师通过期末大论文来评判学生对课程的理解和解决实际问题的能力，有些学科的老师则是通过期中考试和期末考试加权的形式考查学生对专业知识的掌握程度。

每逢期末，很多没有规划好时间的学生往往熬夜复习，这种学习方式既不能高效、扎实地理解专业知识，又让人感到身心疲惫。针对这一问题，我们建议留学生提前规划好自己的复习和论文写作计划，不要将任务堆积到很短的时间内草草完成。

关于期末论文，我们建议留学生至少提前一个半月开始拟定题目范围，这个阶段留学生的主要任务是阅读大量的文献，思考论文内容的可行性，搭建论文框架与扩充想法。留学生通常需要在论文提交前一个月确定题目，利用学校资源收集数据并进行整理和分析，在数据分析的过程中开始论文写作。如果在这一阶段遇到问题，留学生应该及时查阅文献或者与导师沟通，避免把问题堆积到提交日期前，迫使论文草草完成。通常情况下，论文第一稿应该至少提前一周完成，为自己留出充足的时间进行修改、校对和完善。

关于期末考试，我们建议留学生根据学科数量和学科难度来规划和安排复习时间。国外大学一般会在每学期开始就将整个学期的课程、休息日以及考试时间公布在学校系统中，因此我们建议留学生在学期开始时就根据时间表合理安排自己的时间。期末复习通常也应该在考试前一个月开始，这个时候，各门课程的教学逐渐接近尾声，留学生可以先从复习课程笔记和 PPT 入手，遇到问题及时询问老师或与同学讨论。大多数美国和英国的学校会在考试前空出一周给学生复习和答疑。为了复习得更加充分，我们建议留学生在此之前先完成第一阶段的系统性复习，再利用考前这一周的时间，参考往年考试题目查漏补缺，针对重点、难点进行复习和巩固，以取得优异成绩。

第二节　生活篇：独立生活挑战多，衣食住行早知道

留学生在海外留学过程中确保优良的学习成绩固然重要，但除学习外，留学生独自在海外的生活也面临着来自住宿、就医、旅行、兼职等各方面的压力。由于国内外差异较大，留学生只有提前了解海外生活，才能在面对困难时从容解决。

一、生活状态扫描：不同阶段的压力来源各不相同

随着就读阶段的提升，留学生所感受到的生活压力也在不断增加（见图 6-6）。同时，由于生理、心理的成熟度不同，留学生在各个阶段所受到的压力来源也各不相同。

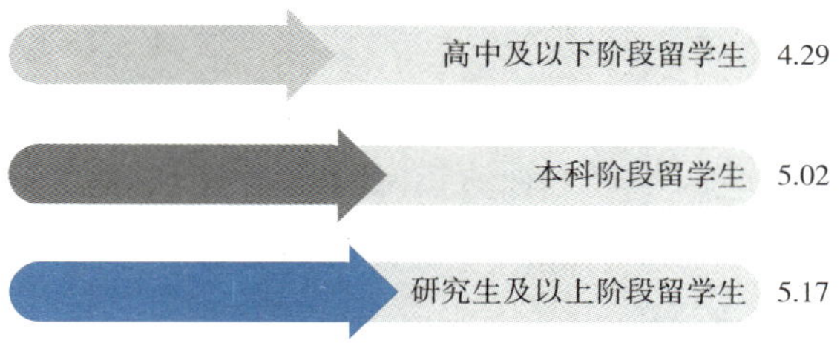

图 6-6　留学生各阶段生活压力评分

资料来源：《2019 出国留学蓝皮书》调研，针对海外留学经验人群共收集样本 1 137 份，其中就读高中及以下阶段的样本 113 份，就读本科阶段的样本 540 份，就读研究生及以上阶段的样本 621 份。

在高中阶段，留学生的生活困扰主要集中在“不适应寄宿家庭生活习惯”和“日常开销高”两个方面，各有 37% 的留学生表示遇到过相关

问题。此外，31% 的学生表示“生病就医情况与国内不同”，无法得到及时的帮助，进而影响到他们的留学生活（见图 6–7）。

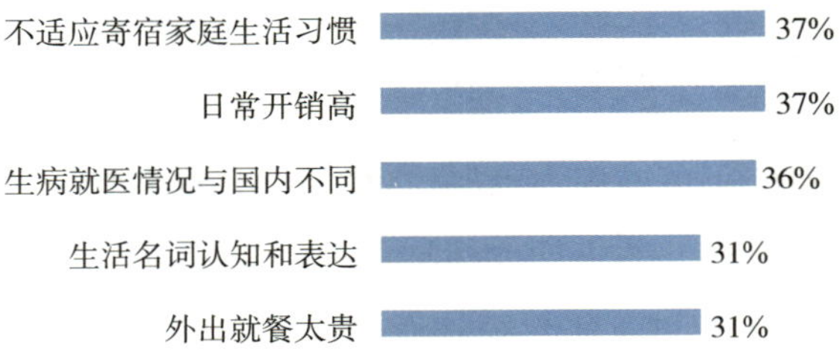

图 6–7　高中阶段留学生生活压力来源及其对应比例

资料来源：《2019 出国留学蓝皮书》调研，针对在高中阶段出国留学的学生共采集样本 113 份。

在本科阶段，留学生表示生活中所面临的最主要问题是“居住地地理位置不方便”，占到 38%；觉得“日常开销高”和因为“不熟悉当地法律”而给生活带来困扰的留学生占到 36%（见图 6–8）。

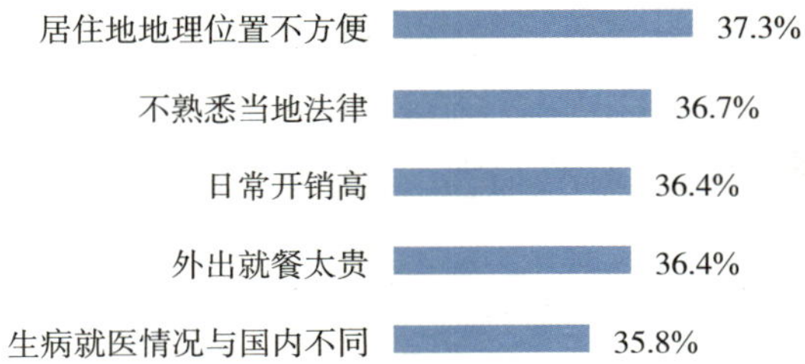

图 6–8　本科阶段留学生生活压力来源及其对应比例

资料来源：《2019 出国留学蓝皮书》调研，针对在本科阶段出国留学的学生共采集样本 540 份。

与高中和本科阶段的学生不同，“朋友圈太小”是研究生及以上阶段的留学生更为关注的问题，有 40% 的留学生表示他们会因此感到担忧（见图 6–9）。此外，无法理解当地口音带来的语言障碍问题也是困扰他们生活的重要影响因素之一。

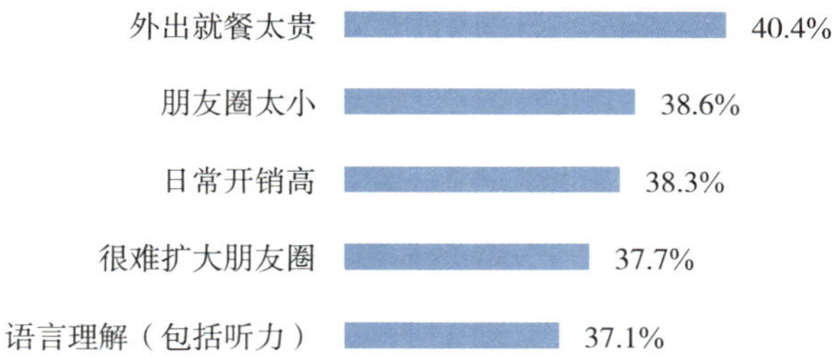

图 6-9　研究生阶段留学生生活压力来源及其对应比例

资料来源：《2019 出国留学蓝皮书》调研，针对在研究生阶段出国留学的学生共采集样本 621 份。

由此可见，对于年龄较小的留学生来说，生活压力集中在初到异国他乡的不适应和无法获得及时的帮助上。而对于年龄较大的留学生来说，生活压力更多源于交友及朋友圈的局限性。一方面，他们渴望与当地人建立更多联系；但另一方面，语言障碍又使他们与当地人的沟通面临阻碍和挑战。

二、住宿方面：多方权衡，量力而为

1. 留学生住宿选择概览

在受访的留学生人群中，住校是目前最主流的选择，占到全体受访者的 42%；其次是自己独自在校外租房或与朋友在校外合租，选择这两者的分别占到了 36% 和 32%；再次是选择住在寄宿家庭或亲友家的各占 11%，如图 6-10 所示。

分阶段来看，随着年龄的增长，学生生活的独立性增强，选择校外租房的人群占比会上升（见图 6-11）。从低龄留学生群体的选择来看，在高中阶段，选择住校和住在寄宿家庭的留学生超过 70%，住在亲友家里以及有家长陪读的留学生超过 20%；在本科阶段，学生的选择以校外租房与住校为主，选择独自租房和与朋友合租的留学生占到了受访者的54%，选择住校的留学生占到了 41%；在研究生阶段，超过 70% 的学生选择自己在校外租房或者与朋友一起在校外租房，住校成为更多研究生刚抵达留学国家时的过渡选择。

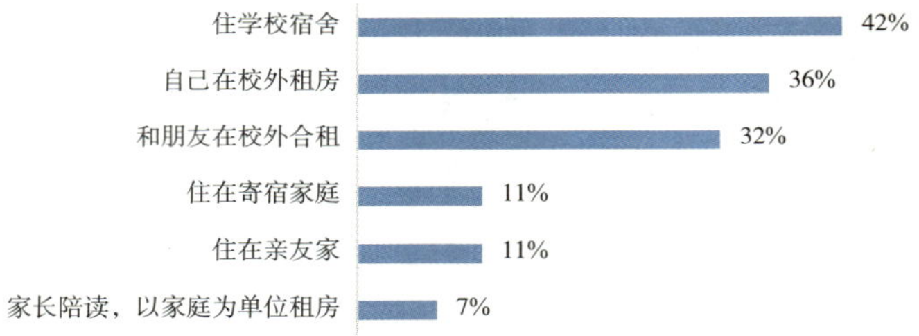

图 6–10　海外留学住宿方式选择

资料来源：《2019 出国留学蓝皮书》调研，针对正在海外就读及已经毕业的留学生人群共采集 1 137 份样本。

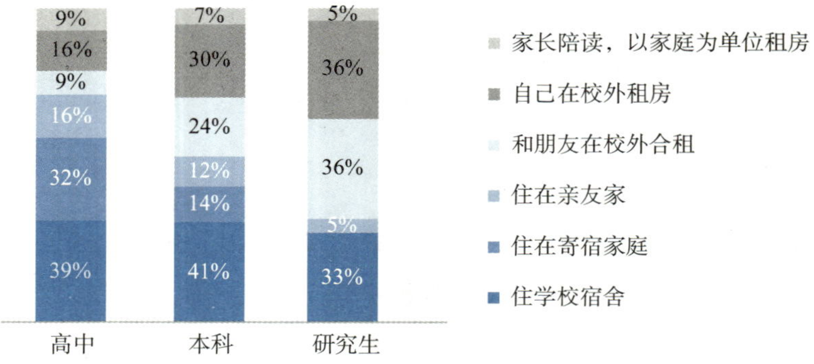

图 6–11　各阶段选择不同住宿方式的比例

资料来源：《2019 出国留学蓝皮书》调研，针对正在海外就读及已经毕业的留学生人群共采集 1 137 份样本，其中采集了高中及以下阶段 113 份样本、本科阶段 540 份样本、研究生及以上阶段 621 份样本。

留学低龄化是如今留学一个较为明显的趋势，一些家长选择让孩子在高中、初中甚至更小的年龄出国留学，以便提升语言水平，更早地融入国外生活，进而为其日后申请名校提供便利。而在低龄留学群体中，住宿所带来的一系列生活问题成为影响留学生身心健康的重要方面。

在解决低龄留学生住宿问题上，主要有寄宿学校、寄宿家庭和家长陪读等方式。对于普通家庭，寄宿学校或者寄宿家庭是更为普遍的选择；对于一些经济条件比较好的家庭，父母会选择一方在国外买房或租房，长期陪读。

2. 独自生活：寄宿学校和寄宿家庭

寄宿学校一般会提供两种选择，一是工作日寄宿、周末回家。二是全学期寄宿。学校为寄宿生提供宿舍和一日三餐，管理学生的自习及休息时间，并全天候配有辅导老师监督。对于年龄较小的学生，有些学校还会分配人员作为“寄宿家长”。

一些私立学校不设学生宿舍，如果父母不陪读的话，学生就必须选择寄宿家庭，寄宿家庭会为学生提供卧室、一日三餐，还会接送学生上学和放学，但是一般不会过多干涉学生的学习辅导以及一般行为的矫正。寄宿家庭良莠不齐，有些比较有责任心和爱心的家庭会对学生关照较多，而一些只是出于经济考虑而接收寄宿生的家庭，对学生的关心就会比较少。由于寄宿家庭对于孩子的阶段性成长非常重要，因此家长在选择时应当慎之又慎。

目前，寄宿家庭的信息主要来自中介机构和就读学校，虽然这些寄宿家庭拥有相关的资质，但各国对寄宿家庭的审查条件依旧不够严格，因此，家长在选择寄宿家庭时应该保持警惕，除了要求寄宿家庭提供基本信息外，家庭合照、住房的视频展示也必不可少。

【专家视角】如何应对文化差异造成的不适应

访问对象：麻省理工学院前面试官史蒂文·亨德里克斯

面对中国低龄化留学的趋势，如何解决好孩子的海外生活问题（包括住宿问题）已成为萦绕在众多家长心中的难题。家长与学生应提前规划准备，选择安全、放心的住宿方式，特别是对于低龄留学人群来说，寄宿家庭的环境决定了他们整个学习及生活的环境。什么样的寄宿家庭是让人放心的呢？面对近年来时常发生的校园枪击案，学生要怎样避免陷入危险之中呢？家长又该如何为孩子选择更加安全的校园及寄宿环境呢？史蒂文先生给了我们答案：

"美国确实有暴力、枪支犯罪等各种问题，但是美国绝大多数的暴力犯罪行为是种族摩擦、黑帮火并导致的，而非学生之间的摩擦。所以，美国学生在校内遇到暴力事件并遇害的概率非常低。当然，也确实存在'较为安全地区'和'犯罪率相对较高地区'。针对这一问题，建议家长首先选择较好的学区。那么如何判断学区的好坏呢？由于美国的公立学校都是依从就近入读的规则，所以好的学区意味着其周围居民的受教育水平也较高。同时，好学区通常房价也很高，而高房价也可以侧面体现附近居民的经济收入水平。这种地区的居民构成相对简单，往往是高收入、高学历、拥有稳定工作的人群。从历年来美国校园暴力事件的发生地来看，出现这些问题的学校大多在一些人员复杂、经济水平较为落后的地区，所以选择好的学区可以在一定程度上确保孩子的安全。"

在寄宿家庭的选择上，史蒂文先生的建议是："家长在选择寄宿家庭时，更应关注家庭氛围、周边环境等条件，而不是单纯通过人种或者一些外在条件来判断。"

对于无法进行陪读的家庭来说，寄宿学校也是一个好的选择。“一般寄宿制学校都位于距离市区较远的郊区，人员稀少，所以相对闹市更为安全。”

【留学生家长视角】如何看待孩子在留学生活中所面临的问题

除了安全问题，低龄留学生的父母同样担心学生的自理能力、适应能力和情绪等问题。初、高中阶段出国学生的年龄往往只有12~16岁，他们正值青春期，在这一阶段心理和生理方面都会发生明显的变化。他们远离家乡，无法获得父母等亲人的关注和关爱，很容易产生孤独、抑郁、焦虑和社交恐惧等心理问题。我们访问了几位低龄留学生家长，他们都表达了同样的担忧，也给出了自己的观点。

林同学目前在新加坡就读高中，他的妈妈对于为什么选择在新加坡读书有这样的解释：“本来打算陪读的，但由于新加坡距离相对较近，我们也可以利用节假日过去探望，并且再过几年孩子长大了可以独立，也不需要陪读了。而且这边有与学校合作的寄宿家庭，所以安全是可以得到保障的。一般寄宿家庭多的可以接受七八个学生，少的可以接受三四个学生，有管理生活的‘寄宿家长’负责规范学生的作息、监督上学、接送回家、生病照料等。在安全问题上，我们认为新加坡治安也比较好，而且距离中国近，平日里对孩子探望也比较方便。必要时，我们在新加坡的朋友也可以帮助照顾孩子。由于新加坡华人较多，饮食与中餐有很多相似的地方，所以也不用担心孩子无法适应当地饮食习惯。在语言方面，新加坡在全英教学的同时也可以在生活中讲中文，这样落差会小一点，给了孩子一个缓冲适应的过程。”

除了选择文化差异较小的留学国家外，也有家长选择尽量推迟孩子的出国时间来应对各方面的潜在问题。目前正在国内读初中的冠同学的家长表示："孩子自己还处于懵懂状态，虽然主观上想去国外读书，但自理能力差。作为家长，我们也担心他不能适应国外生活，所以不希望孩子过早出国。对于留学，现在还处在规划和筹备阶段。如果孩子日后真的去美国读书，我们也不会陪读，但会定期探望。作为家长，最担心的还是孩子的自理能力，比如时间管理能力较差、生活经验不足等。在安全方面，我们反而不会过多地担心，在孩子出国前，我们一定会将房子选好，给孩子提供相对较好的环境。"

针对低龄留学生所出现的住宿问题，留学生家庭应当加强关注。在孩子出国前家长应做好准备：一方面充分了解孩子和整个家庭可能要面对的冲突与困难，并且客观衡量孩子的性格是否适合在低龄阶段独自出国留学；另一方面提前进行选房、选寄宿家庭，选寄宿学校等相关事宜。如果遇到性格封闭、比较内向的低龄孩子，家长应谨慎选择留学，或者提早对孩子进行心理辅导等。在孩子留学期间，家长应该与孩子密切联系，随时沟通以掌握孩子的心理变化。

3. 家长陪读

除了寄宿学校或者寄宿家庭外，家长陪读也成为当下一些留学家庭的选择。出于培养创新型思维方式、锻炼自主能力以及开阔视野等目的，家长会考虑尽早送孩子出国接受教育。但由于孩子年纪过小，如果让其独自一人在陌生的国家学习、生活，孩子面对陌生的环境和文化背景内心难免会感到恐惧和无助。若不及时加以正确的心理辅导，孩子必定会觉得孤立无援，对留学生活产生负面情绪。这样的留学生活不仅没有达到预期效果，反而会给孩子造成难以挽回的心理伤害。

由于远在他国的父母无法随时关注到孩子的情况，所以一些家长最终选择了陪读。家长希望通过陪伴，降低年幼子女受到伤害的可能性，同时也可以在生活、学习等方面给予孩子更多的帮助和支持。

不同的留学目的地有不同的陪读政策，如何正确且合法地办理陪读是众多家长必须要了解的内容。下文会重点介绍美国、加拿大、澳大利亚、英国和新加坡的陪读签证政策（见表 6–1）。

表 6–1　各国留学陪读签证适用人群

地区	签证名称	适用人群	是否可以工作
美国	F-2	配偶及 21 岁以下未婚子女	否
加拿大	陪读签证	配偶及直系亲属（不包括父母）	是（需要额外获得工作许可）
	访问签证	学生父母	否
英国	陪读签证	低龄留学生的父母	否
澳大利亚	590 签证（监护人签证）	学生父母或拥有监护权的监护人	否
新加坡	陪读签证	留学生的母亲、外婆或奶奶	是（获得签证的第二年）

资料来源：据各国政府相关部门的资料整理。

美国　美国的陪读签证并没有包含留学生的父母，所以如果家长想要陪读，是无法通过陪读签证实现的。目前的美国学生陪读签证（F-2）适用人群只包括学生的配偶及学生未满 21 周岁且未婚的子女。大多数在美国陪读的家长凭借的是各种短期签证，如 B-2（旅游签证）、F-1（学生签证）、H1B（工作签证）、J-1（访问学者签证）等，或者移民手段。由于 F-1、H1B 和 J-1 的限制条件较多，所以当下更多家长还是选择通过 B-2 在美国进行陪读。但这一做法也有一定的局限性：美国旅游单次签证最长入境时间为半年，无法做到全年陪读；同时，使用旅游签证频繁进出美国境内非常容易引起移民局的怀疑，存在法律风险。因此，要前往美国陪读的家长对此还需谨慎考虑。

加拿大 加拿大的陪读签证政策与美国相似，没有为留学生父母提供专门的陪读签证。有陪读计划的家长可以办理访问签证，并在填写访问目的时，将访问目的从“访问亲友”变为“陪读”。这类签证的时效视个人的资产和其他情况而定，一般为2~10年多次往返签证，家长在此期间可以自由多次往返加拿大。至于每次入境可以停留的时长，取决于该次入境时海关的批复。一般情况下，说明访问目的是“陪读”，海关会允许申请人单次入境停留至多6个月。

英国 与美国、加拿大不同，英国除了为持Tire 4学生签证的配偶及未成年子女提供陪读签证外，还为持Tire 4儿童学生签证的家长提供家长陪读签证。

家长陪读签证适用于来自欧洲经济区及瑞士以外国家的学生家长，并且有如下规定：若子女持低龄学生签证在英国私立学校读书，且年龄在12周岁以下，那么家长可以申请低龄留学生父母陪读签证来英国陪读。同时申请人必须满足以下全部条件：①申请人必须证明其拥有足够的经济能力，支持其在英国期间的所有花费；②申请人必须证明其在英国境外有第二个生活住所；③申请人必须证明其将会在此签证到期前离开英国；④申请人必须有足够的经济能力支付离开英国回到原居住国的所有花费。

英国12周岁以下低龄留学生父母陪读签证的有效期一般为6个月或12个月。在签证有效期结束前，申请人可以申请延长签证期限。每次签证延长期限为12个月，直到申请人子女的年龄达到12周岁为止。根据英国内政部规定，持有低龄留学生父母陪读签证的人员如需延长签证，可以在英国境内递交申请，并且建议申请人在原签证期限结束前4个星期向英国内政部递交延长申请。因此，持此签证的父母应在签证结束前预留出充足的时间来准备延长签证申请，以免错过申请期限。另外，英国内政部规定：一旦申请人的子女在未来 12 个月内会迎来 12 周岁生日，或申请人的子女在未来 12 个月内会完成其英国的学业，申请人将会获得较短期的陪读签证，并且此陪读签证到期后将不可延长。另外，低龄留学生父母陪读签证不可以在英国转换成其他任何类型的签证，申请人必须在签证到期前离开英国。如申请人的子女在年满 12 周岁后仍希望继续在英国的学业，申请人必须在离开英国前安顿好子女在英国的生活及监护等问题。[①]

英国以 12 岁作为陪读签证的分水岭，若子女年满 12 岁后父母仍想前往英国陪读，父母可以通过申请探亲签证来实现。探亲签证单次时长为 6 个月，家长可以按照英国学校的开学时间，来计划申请在英国进行陪读的探亲签证时间。

澳大利亚　与签证政策较为严苛的美国相比，澳大利亚则出台了较为宽松的陪读政策。若孩子未满 18 周岁，父母或监护人可通过申请 590 签证（学生监护人签证）实现在澳大利亚陪读，有效期到孩子年满 18 周岁为止。陪读人必须是学生的家长，或是拥有学生监护权的亲属。但 590 签证也具有一定的限制性，如该签证与美国、加拿大一样不允许监护人在澳大利亚工作，同时每位学生只可以有一位监护人申请陪读签证。

新加坡　新加坡是唯一一个专门发放家长陪读签证并允许陪读家长在当地打工的国家。但新加坡只允许低龄学生的妈妈、奶奶或外婆（其中一人）办理陪读签证，直至学生年满 16 周岁。并且新加坡规定陪读家长在签证申请成功的第一年，即孩子入学的第一年不允许打工，从第二年开始，陪读家长才可以在新加坡合法打工。

① 资料来源：英国政府网站 https://www.gov.uk/parent-of-a-child-at-school-visa。

通过对留学热门国家陪读签证政策的研究我们不难发现，所有类型的陪读签证都要求陪读者提供一定数量的资产证明，以保证陪读者在签证期结束后会按规定回到原来的国家。同时，除了新加坡和加拿大允许在一定条件下合法工作外，其他国家都禁止陪读者在当地工作，这对花费不菲的海外生活来说无疑是一个挑战。所以，针对陪读这件事情，家长们需要冷静分析，保持理性并且进行多方权衡。如果孩子欠缺独立自主能力，家长首先应该考虑是否推迟出国计划。如果坚持选择送孩子出国读书，陪读可以在心理上和生活上给孩子提供更好的支持和帮助；如果孩子必须单独在海外就读，家长也应该经常与孩子进行交流，避免孩子因孤独和失落而影响身心健康。

关于英国留学生活及学习的分享（二维码）▶

三、就医方面：医疗政策不同，务必提前预约

在海外留学，除了安全问题外，父母最担心的就是孩子的身体健康问题。留学生在异国他乡读书，面对陌生的生活习惯和气候环境，难免会出现头疼脑热等不适症状。国外的医疗体系和国内存在很大不同，对于看病就医的问题，在新的生活环境中也需要摸索。由于各个国家的医疗体系不同，留学生就医方式也各有不同。下面，我们将以美国、英国、澳大利亚、新加坡和日本为例，较为详细地介绍这些国家的就医政策。

1. 美国

在美国，学校要求每个学生购买医疗保险。通常，医疗保险会包含在学生的学费中。如果学生已经自行购买了医疗保险，学校也会相应地

减少学费中这部分金额。对于在美国的留学生，在购买保险之前一定要了解清楚保险内容和最大保额等信息，不同保险公司规定的就医可报销比例不同。我们建议同学们涉及医疗问题尽量在学校医院处理，相比于私立医院，学校医院的花费较低。另外，每个城市都会设社区医疗中心（Community Health Care）或者免费诊所（Free Clinic）等机构，这些机构大都是政府半资助或全资助的，可为无保险或者低收入家庭提供平价的医疗服务。

美国医院实行严格的预约制度，患者在前往医院前必须事先通过网络或者电话预约，贸然前往医院，很可能无法见到医生。在网上或电话预约之后，患者需提前 10~15 分钟到达医院等待。在前台完成登记手续之后，一般先由护士带领做基础检查，再与预约的医生见面进行诊疗。多数医院在夜间和周末都会关闭，针对病情较为严重、需要在短时间内就诊却无法预约的情况，留学生可以选择紧急护理。相对于一般就诊，紧急护理无须预约，但费用相对较高。急诊适用于病情威胁到生命或者需要紧急抢救的情况，如心脏病突发或中风等。美国的医疗保险公司对于急诊的理赔有很高的要求，如果保险公司不认可投保人遇到的情况有必要使用急诊服务，很可能拒绝理赔，而需要学生自己全额支付医疗费用。

2. 英国

在英国，对于申请超过 6 个月签证（包括学生签证和工作签证）的申请人，要求必须交纳“移民健康附加费”，（Immigration Health Surcharge），学生的标准是每年 150 英镑。在提交这笔费用后，留学生就可以享受英国的公共医疗体系（National Health Services，简称 NHS）。

英国就医也必须提前预约，但需特别说明的是，病人首先要预约 GP（General Practitioner，社区医生），再根据需求以及社区医生的建议转院，或者到专科医院继续治疗。英国的 GP 覆盖范围非常广，留学生到达英国的住所后建议立刻依照邮政编码注册该地规定的 GP。学生如果在留学期间搬家，入住到新地址后也需要重新注册。根据 GP 门诊工作时间，医生、患者数量的不同，以及当地的实际情况，预约 GP 的时间也不相同。有些患者当天就能够见到预约的医生，有些患者则可能要等几天至一周。如果病情比较严重，建议同学们选择紧急门诊，这种门诊不需要预约，当时就可以见到医生并进行诊断。在医院的紧急门诊看病，医生通常会当时就把药品免费提供给患者，但如果是在 GP，病人则需要根据医生的处方自己去药房拿药。

因为预约 GP 的效率比较低，同学们也可以选择到英国的私立医院就诊。虽然私立医院同样需要提前预约，但患者等待的时间大大缩短，同时私立医院也有像国内一样的专科医生对症治疗。英国的私立医院大多非常专业，相应的价格也十分昂贵。一般情况下，学生可以放心英国私立医院的医疗水平，若存在任何疑问，也可以向当地的 GP 咨询。

英国医院的急诊是专为威胁到生命的病症和事故准备的，除此之外，患者无须去急诊就医。

3. 澳大利亚

在办理前往澳大利亚留学的签证前需要提交海外学生健康保险费用，即澳大利亚针对海外留学生的医疗保险。OSHC 所涵盖的项目主要包括医院保险、医疗服务保险、救护车保险以及药品保险等，它涵盖了留学生在澳大利亚可能涉及的绝大多数医疗服务。澳大利亚的医疗费用非常昂贵，但学生购买了 OSHC 后在诊所或小型医院就医将完全免费。澳大利亚的医院也分为全科诊所、医疗中心、公立和私立医院等。与英国相似，学生出现普通的感冒头痛等身体不适建议到 GP 预约问诊，如果问题比较严重则可以考虑去医疗中心、公立或私立医院就诊。尽管在购买

OSHC 后，公立医院的大部分服务都是免费的，但学生很有可能会遇到预约时间过长等状况。如果病情比较紧急，同学们可以到私立医院进行治疗，但保险无法全额报销，学生需要额外交纳一部分费用。一般情况下，保险公司会与部分私立医院签署协议，若学生前往协议医院，可报销的项目会相应增加，需额外支付的费用也会相应减少。

4. 新加坡

学生在新加坡留学期间，生病需要就诊时也应先去常住地址对应的社区医院进行预约和治疗。学生如果出现普通的头痛感冒等身体不适则一般在社区医院就能解决。如果病情较为严重，社区医院的医生会开具推荐信以帮助患者转入大医院或者专科医院。与国内不同，在新加坡直接去大医院就诊，不仅需要提前很久预约，医疗费用相比有推荐信的患者也会高出不少。新加坡并不强制学生购买医疗保险，学生有购买需求的可以自行向就读学校咨询，让学校推荐适合学生的保险计划。若学生未购买医疗保险，在新加坡就医的所有费用必须自行承担，成本相对较高。

5. 日本

在日本，医疗费用非常高，不过留学生会被要求交纳国民健康保险，费用因所在地区的不用而略有差异。保险会承担大约 70% 的治疗费用。与其他留学国家不同，在日本就医不需要提前预约，同学们可以自行前往私人诊所或综合性医院就诊。在日本，私人诊所的分布非常广，而且无论在收费、服务还是专业能力方面都与公立医院不相上下，所以如果留学生感觉身体不适可以直接去附近的私立诊所进行诊疗。若学生病情较为严重或超出了私人诊所的能力范围，诊所会为病患开出介绍信，供患者去综合医院就诊。这样学生可以有效地节省就诊时间，也可以节约一定的社会资源。

四、旅行方面：提前准备材料，熟悉出境法规，做好行程规划

随着对周围环境的逐渐熟悉，很多留学生会选择周末结伴去周边的景点游玩。留学生所在的国家，一般经济都较为发达，旅游资源也十分丰富，有很多可供游玩观赏的去处。除了国内熟悉的寒暑两假外，海外学校一般在期中考试前后还会有一周的春假。春假期间，留学生可能会选择去周边的国家旅行，领略异国的风光与文化。

无论留学生在哪个国家就读，要去往怎样的目的地，在计划旅行时都需要注意一些特定事项。

确定旅游目的地，提前准备材料 首先需要确定旅游国家是否对中国的护照免签，同时是否对留学国签证有额外的政策。比如，持有美国有效签证的人员可以凭美国签证免签进入墨西哥。若需要另外办理签证，学生应该提前将准备好的申请材料递交至该国在留学国家的使领馆，以免耽误行程。

查询留学国家对于出境的规定 以美国为例，持F-1签证的学生若要离开美国境内，需要获得本校国际学生办公室工作人员的签字许可，每次签字的有效期为一年。同时，如果学生出境日期不是常规假期，再次入境时海关人员有权怀疑学生的入境目的。为避免造成不必要的麻烦，学生需要严格遵守留学国家的规定，切勿因为旅游而影响正常学业。

做好旅游行程的规划，确保旅行安全 首先，为避为免父母担心，留学生在出门前一定要告知父母旅行的目的地。其次，需要提前了解目的地的社会环境，尽量避免在夜间出门，也要尽量避免前往政治环境不稳定的地区，外出的时候尽量多人同行。我们建议留学生关注外交部“领事直通车”微信公众号。

留学生旅行是较为普遍的。在领略不同国家的风景、文化的过程中，留学生不仅能够增长见识，丰富课余生活，在应对旅行中的突发状况的过程中也能够培养学生随机应变的能力。同时，在陌生国家可能有语言等方面的障碍，这也有利于锻炼学生的交流与沟通能力。旅行是一种良好的解压方式，可以调节学生紧张的留学生活，促进身心健康发展。

> 每周除了打工和学习一般可以空出一天时间休闲。平时主要是周末出去玩，可以钓鱼（持钓鱼证即可）。每学期期中会有一次大约 10 天的假期，同学们就会利用这个假期进行远途旅行。
>
> **——林同学（澳大利亚国立大学研究生在读）**

五、兼职或实习方面：遵从地方政策，合法兼职或实习

对大多数家庭而言，出国留学是一笔不小的花销。为了缓解家庭的经济压力或为自己赚一些旅行或游玩经费，不少留学生会考虑在留学期间兼职或实习。除了经济上的考虑，兼职或实习还可以增长个人见识和提升语言能力，有助于自己更快融入异国生活，同时体验其他国家的文化。随着留学阶段的提升，参加实习工作的留学生比例也随之上升（见图 6-12）。在本科和研究生阶段，有接近 90% 的同学对于实习有所实践或关注。不同国家对于留学生能否兼职的规定有所不同，同学们需要在决定兼职前多加了解，避免触犯他国法律，如果因此耽误学业，就得不偿失了。

实习是在留学过程中非常宝贵的经历，实习不仅可以锻炼学生的个人能力，还可以使学生深入了解与自己专业相关的行业知识，更好地进行职业发展规划。学生如果在实习期内表现良好，那么在毕业之后转正也是非常理想的。同时，不少公司在招聘时极为看重学生的社会实践或

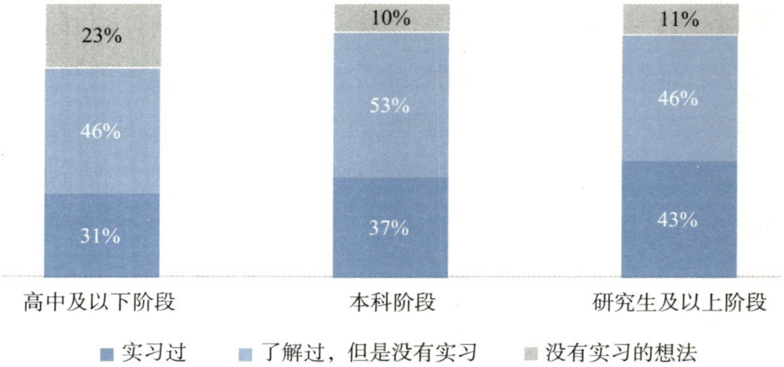

图 6-12 各阶段留学生实习情况

资料来源：《2019 出国留学蓝皮书》调研，针对正在海外就读及已经毕业的留学生人群共采集样本 1 137 份，其中高中及以下阶段采集样本 113 份、本科阶段采集样本 540 份、研究生及以上阶段采集样本 621 份。

是工作实习的经历，认为有实习经历的申请者可以更快地适应职场，因此对有实习背景的申请者青睐有加。下面将以美国、英国、澳大利亚、新加坡为例，具体介绍兼职或实习的相关政策。

1. 美国

想要在美国合法工作，第一步是获得社会安全码（Social Security Number，简称 SSN），这是在美国参加合法工作或者实习所必不可少的证件之一。

大多数留学生持有的是 F-1 签证，美国针对持有这类签证国际生的兼职地点、时间和工作种类都进行了细致的规定。F-1 签证规定学生只能在校内打工，而且在正常学期内，每周工作时长不能超过 20 小时；寒暑两假期间，每周工作时长不可超过 40 小时。在校内打工，一类工作是在食堂、办公室前台等学校职能部门；一类是和学校的教学活动有关，比如助教等，具体的工作内容包括帮助老师修改作业、进行实验调查等。

美国正式实习一般分为两种，一种是 CPT（Curricular Practical Training，课程实习训练），一种为 OPT（Optional Practical Training，选择性实习训练）。CPT 为学生提供在校期间实习，一般规定学生在就读一年之后才可以申请，并且要求实习公司和参与的项目必须与学生所学的课程相关。CPT 可以作为学生学分的一部分，但留学生累计 CPT 的时长不得超过 12 个月，否则将会影响毕业之后 OPT 的申请。

OPT 与 CPT 都为实习，但是 OPT 只能在完成学业之后，最早可在毕业前 90 天开始申请，获得 OPT 的同学可以在毕业后在美国合法工作。但使用 OPT 在美国也有相关的规定，若学生没有在 OPT 生效之日起的 90 天内找到工作，那么学生就必须离开美国，剩余的 OPT 时长也将作废。OPT 的有效期一般为一年，但 STEM（科学、技术、工程、数学）专业的学生在首次 OPT 到期后可以申请延期，最多可以进行两次延期，可以将 OPT 的总时长延长到 3 年，相较于其他专业的学生具有明显优势。

拓展阅读　什么是社会安全码？

社会安全码，原目的是用于追踪个人的纳税情况，但现在的用途远不止如此。它类似于我们的身份证号码，除了证明身份外还可以用于查询个人的信用记录，在租房、申请信用卡等方面都有较大用处。◀

如何申请社会安全码？

学生在获得了雇主的录取通知后需要向学校的国际学生办公室提出申请，学校审核完成后会发放“介绍信”。之后学生需要向当地的社会安全署（Social Security Administration，简称 SSA）递交申请材料，材料包括：雇主的录取通知、护照原件；I-94 入境表；I-20 原件（3 页完整版）；国际学生办公室的推荐信；SS-5 表格。◀

2. 英国

英国规定持有 Tier 4 学生签证的留学生可以每周最多进行 20 小时的兼职工作。一般兼职工作可以分为学校和校外企业两类。学校的兼职同美国类似，可以选择食堂等职能部门或者助教等；校外的兼职机会主要来自服务行业或者其他商业公司。相对而言，服务行业（如零售业）的兼职机会更多，包括服装、餐饮、零售等。随着在英国消费的中国人越来越多，这类兼职机会也在逐渐增加。留学生如果想要申请这类兼职，可以携带简历直接去店里与管理人员面谈。

有些同学更希望进行与自己专业相关的兼职，以便在实践中提升自己的专业水平。这类兼职机会需要大家实时关注相关公司的招聘动态，认真准备个人简历和求职信。除了公司的官网，学校的就业中心也会发布这类兼职信息，同学们应该合理、有效地利用各类资源，寻找实习机会。

英国对于留学生实习的政策性规定相较于美国更为宽松，但是每周的工作时间不可以超过 20 个小时。英国大部分学校都设有学生就业中心，就业中心经常发布有关就业及兼职的最新资讯，如果留学生有意向在英国寻找实习或工作机会，可以订阅相关邮件，按时查看。除了在学生就业中心以及公司招聘网站获得招聘信息外，教授推荐也是一条有效渠道，这需要学生在日常学习中让教授认可自己的能力，从而获得教授的青睐和推荐。

3. 澳大利亚

澳大利亚的兼职种类与欧洲和美国类似。政府规定持有学生签证的留学生在学期内每周有 20 个小时的合法打工时间，寒暑假则不受时间的限制。

与其他国家相同，澳大利亚大学的学生就业中心会提供企业招聘信息并帮助同学申请工作，有些还会提供修改个人简历和求职信等支持性服务。部分大学的部分专业设有实习课程，并会为学生安排实习工作，课程老师也很乐意帮助学生寻找合适的实习机会。因为这类实习是学校的课程安排，参加与否与学生能否获得学分、能否顺利毕业直接相关，所以实习的时长不计算在20个小时的合法打工时间内。除此之外，经营好人际关系网络，积极参加校友聚会并与校友保持紧密联系、相互分享实习工作机会及经验也是获得更多实习信息的方法。

4. 新加坡

新加坡对留学生打工的政策更加严格，要求学生必须大于14周岁且就读于新加坡的政府学院。同时，学生每周的打工时长不能超过16个小时，假期则不受限制。一般情况下，留学生在新加坡的私立学校读书是不允许打工的，但部分通过新加坡教育服务认证理事会鉴定的私立学校的留学生可以享有兼职权利，也有少数私立大学会帮助学生把学生签证转换成实习工作许可（Training Work Permit）来进行合法实习。

拥有一段实习经历固然会为留学生活增添色彩，但需要注意的是，学生的本职工作仍为学习。留学生应以学业为重，在保证学习成绩的情况下，再考虑进行兼职或实习。同时，务必平衡好生活、兼职与学习之间的关系。

中信银行英才实习营

中信银行联合中信银行（国际）、中信证券、中信建投证券等集团子公司，为学生提供内地和香港的实习机会，并在学生实习结束后提供实习证明，部分表现卓越的实习生更可获得所在实习单位高管的推荐信。学生通过实习可充分体验金融领域的工作常态，学习金融界专业知识，提升自己在金融专业申请或者金融领域求职的综合竞争力。◀

第三节　毕业后选择：深造与就业，提早规划、长远考虑

对于绝大多数家庭来说，出国留学是一笔很大的教育投资。留学可以给孩子提供良好的机会和平台，让孩子接触更加广阔的世界，接受多样文化的洗礼，获得更好的发展机会。然而，学生在毕业后该何去何从，是继续深造还是选择就业？是留在海外还是回到国内？这些需要家长和学生反复斟酌与讨论。

一、留学生深造与就业意向概览

调查数据显示，30% 以上的留学人群会考虑在完成现阶段学业后继续深造（见图 6–13），并且这一数字在计划出国人群和海外留学人群中基本保持稳定。不难看出，对于是否继续深造的问题，一部分留学生在出国前就基本确定了未来的规划和打算。

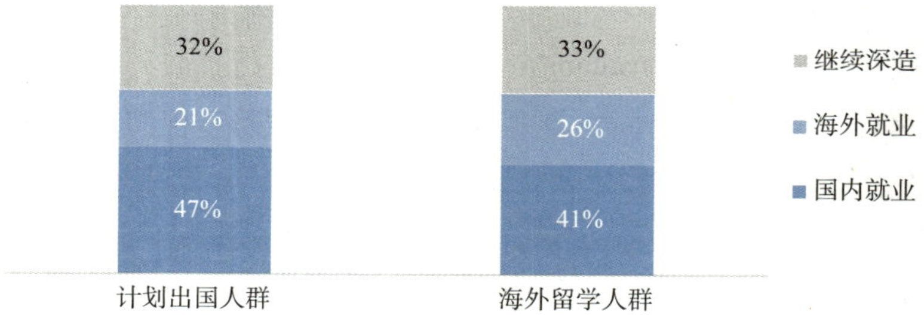

图 6–13　留学生毕业后规划

资料来源：《2019 出国留学蓝皮书》调研，其中针对计划出国人群共采集样本 4 075 份，针对正在海外就读及已经毕业的留学生人群共采集样本 1 137 份。

除继续深造的群体外，70% 左右的留学生在完成现阶段学业后会面临就业。在选择就业的学生群体中，超过 60% 的留学生考虑回国发展，不足 40% 的留学生希望在海外就业。同时，相比计划出国人群，

正在海外就读的留学生对在海外就业的意向占比略高。这反映出对于这一部分学生来说，当他们真正走出国门，在对海外的学习和生活有了一定程度的适应和了解后，对留在海外工作的信心有所提升，因而萌生出在海外就业的想法。从实际数据来看，正如本书在第一章介绍留学趋势时所提到的，在已完成学业的留学生中，每年有 80% 左右的留学生最终仍会回到国内就业。因此，现阶段回国发展是留学生就业的主流。

二、继续深造：提前规划，做出合适抉择

与国内相似，本科毕业作为分水岭，一部分留学生选择继续深造，另一部分留学生则面临就业。在这一问题的观点上，家长和学生的想法出现分歧。数据显示（见图 6–14），在整体计划留学人群中，家长考虑“继续深造”的占比为 43%，明显高于学生的 27%。继续深造和就业对于留学生的意义和价值分别在哪里？留学生该如何做出合理的选择呢？

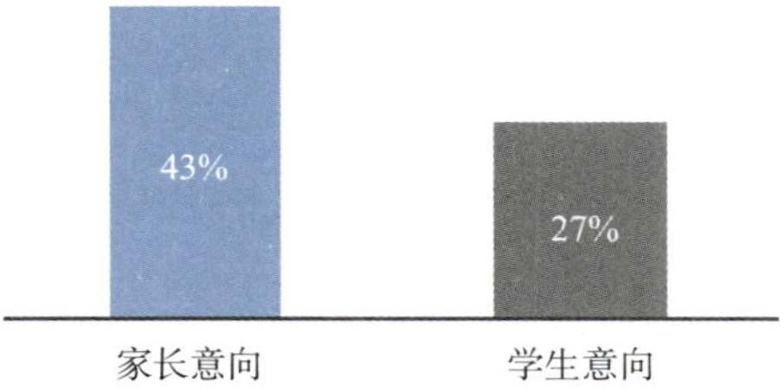

图 6–14　毕业后继续深造意向

资料来源：《2019 出国留学蓝皮书》调研，共采集中介人士样本 4 075 份，其中有留学需求的学生家长样本 1 425 份，有留学需求的学生样本为 2 650 份。

继续深造的主要目的在于学习和实力的提升。一方面，对于未来有回国打算的留学生来说，继续深造可以进一步学习国外先进的科学知识

和尖端科技，在专业领域取得进一步的成果，由此在激烈的时代竞争中更能站稳脚跟。随着我国进入知识经济时代，国家对于高学历、高素质人才的需求和重视不断提升，更需要与国际接轨的高层次专业性人才投身国家建设。与国内相比，国外有更好的科研环境和技术水平，学生在学成之后可以回国贡献自己的所学所获。另一方面，对于已经在国外接受了几年教育的学生而言，语言方面已基本不存在障碍了，他们在申请研究生阶段时，也更有机会获得国外教授的推荐信和一些海外实验室的实习经验。

如果学生希望自己未来长期在海外发展，那么继续深造也是一个更合适的选择。近年来，许多国家的移民政策都在逐渐收紧，门槛越来越高，手续越来越复杂，等待时间也越来越长。在这种情况下，学术移民无疑是一个比较好的选择。以美国为例，持 F-1 学习签证的学生，在结束各阶段的学习后可以申请为期 1～3 年的 OPT，但在 OPT 到期后获取 H1B 工作签证就非常困难了。由于每年申请工作签证的人数庞大，目前工作签证需要通过抽签的方式获取。但如果申请人拥有硕士及硕士以上的学历，那么在每年的正式抽签之前，他们可以获得一次针对高学历人群的签证抽取。相对于本科毕业生来说，他们拥有更大的机会。同时，在申请加拿大工作签证或者绿卡时，研究生学历的申请者也可以获得更多的加分，使获签概率大大提升。

继续深造的意义还体现在错峰就业方面。学生选择继续深造的很大一部分原因是他们尚未做好就业准备。走出大学的象牙塔，学生面临就业困难的窘境是一个不争的事实，无法回避。无论是国内还是国外，随着就业市场的饱和，企业招聘条件不断提升，本科生就业形势越发严峻，所以众多本科生选择了继续留学深造。留学深造不仅让学生暂时免去就业的烦恼，同时又为以后的就业铺就了更高的台阶。从长期来看，这具有深远的意义和影响。

继续在国外深造也存在一定的弊端。多数学生毕业后会选择回国就业，国内的应届毕业生则成为其强有力的竞争对手。在应聘过程中，相比于国内的毕业生，留学生往往对国内的就业环境与行业需求缺乏了解，除此之外，有些专业（如商科或管理专业）的学生在就业时，学历固然重要，但是雇主们往往更看重学生的实践能力，留学生单靠一纸文凭很难获得认可。读这些专业的学生一方面可以往理论或科研方向发展，另一方面也可以考虑直接就业，在职场中实现自身的价值，提升自己的实践和工作能力，提早积累经验。

继续深造有利有弊，留学生应审慎考虑，合理规划，选择一条最适合自己的道路。如果只是为了逃避就业而选择深造，那么这将适得其反，耽误年华，毕竟未来总要走出校园，踏上就业的道路。如果留学生有申请更高学位的打算，那么他就应该提早准备，一般在申请国外研究生时，国外大学对学生大学的平时成绩及语言成绩都有要求，学生应尽早准备，这样在申请国外研究生时才不至于手忙脚乱。

我本科曾就读于悉尼大学，临近毕业时考虑过直接就业。但是，就业压力很大，我没有把握可以找到如意的工作，最终决定申请新南威尔士大学的研究生。再多读一个学位也许不会给找工作带来很大的优势，但是应聘同一个职位时，相比于本科毕业生，研究生成功的概率更高一点。

——王同学（澳大利亚新南威尔士大学研究生在读）

三、留学生就业：竞争激烈、早做准备，结合专业长远考虑

1. 海外就业与归国就业优势对比

根据本次调研“已毕业学生深造及就业选择”的结果来看（见图 6-15），就业仍是留学生毕业后的主要选择。其中 40% 的留学生选择回

国就业，23% 的留学生选择海外就业，19% 的留学生偏向先在海外实习再继续找工作。

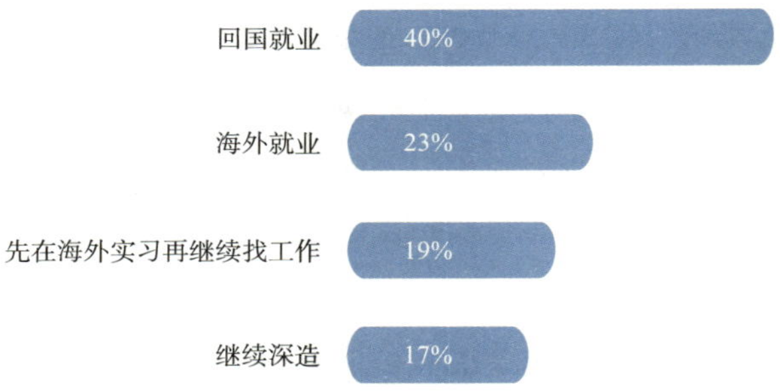

图 6–15　已毕业学生深造及就业选择

资料来源：《2019 出国留学蓝皮书》调研，针对已毕业人群共采集 684 份样本。

近几年，随着国内经济不断发展、新兴科技企业势头迅猛，加上国内稳定的政治形势和不断优化的就业、创业环境，回国后的发展机会越来越多，因此海外留学生在毕业之后选择回国就业的比例也越来越高。党的十八大以来，留学回国人数不断攀升，已有 231.36 万人学成归国，占改革开放以来回国总人数的 73.87%。

通过调研留学生选择回国原因（见图 6–16 和图 6–17）我们可以看到，有接近 60% 的留学生选择了“离亲友更近”。同时，国内的就业机会多、政治环境稳定、安全指数高和经济发展潜力大也都是留学生选择回国就业的主要原因，而归属感缺失、签证难和工作难找等海外因素也成为他们回国就业的理由。

留学生不在国内就业的原因主要集中在国内房价过高、人际关系复杂、空气及食品质量令人担忧、薪资水平不高等方面（见图 6–18 和图 6–19）。有部分留学生认为，自己花费了大量的时间和金钱去海外留学，但回国后的工资并不能与之相匹配。根据《2018 中国海归就业创业调查

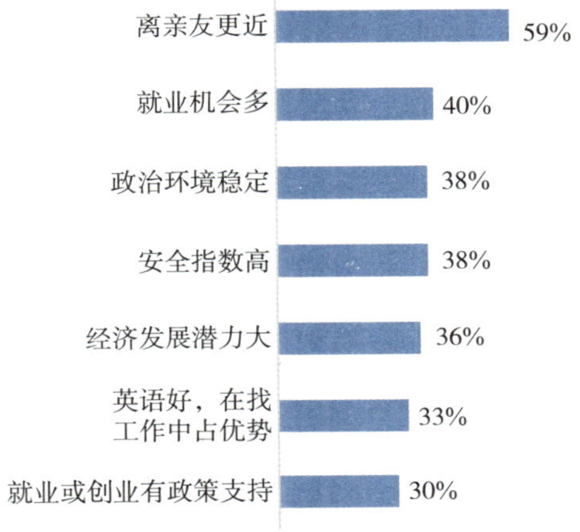

图 6-16　选择国内就业原因（国内因素）

资料来源：《2019 出国留学蓝皮书》调研，针对已毕业人群共采集样本 684 份。

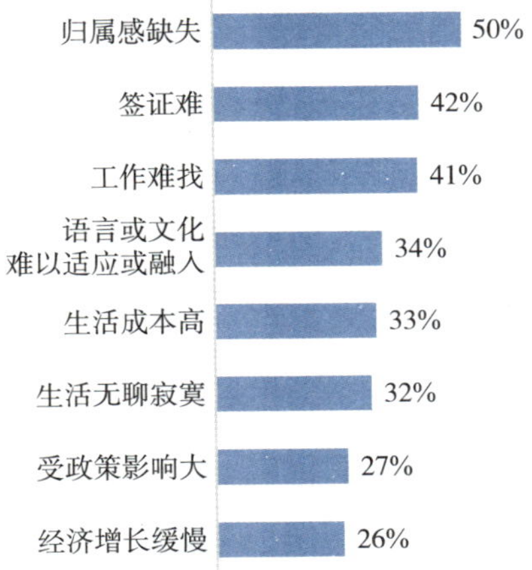

图 6-17　选择国内就业原因（海外因素）

资料来源：《2019 出国留学蓝皮书》调研，针对已毕业人群共采集样本 684 份。

报告》显示，超过 1/3 的海归税前薪资在 6 000 元以下，这明显与动辄十万、百万元的留学费用不相匹配。报告同时显示，在海归人群中，有超过 80% 的人认为收入水平低于预期，所以薪酬优厚这一点成为留学生普遍认同的在海外就业的优势。同时，良好的工作环境和空气质量也是留学生认同的海外就业优势。

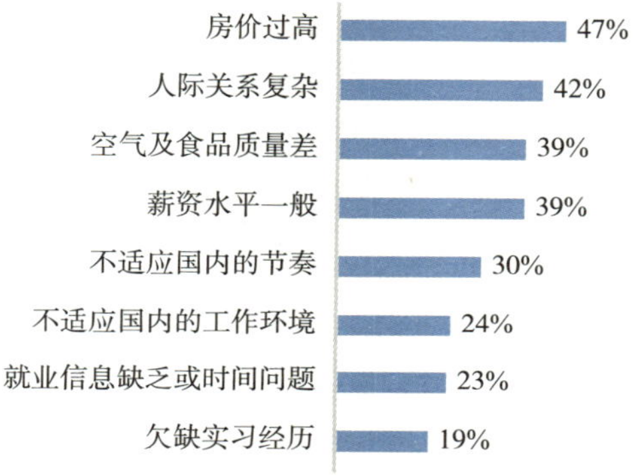

图 6–18　选择海外就业原因（国内因素）

资料来源：《2019 出国留学蓝皮书》调研，针对已毕业人群共采集样本 684 份。

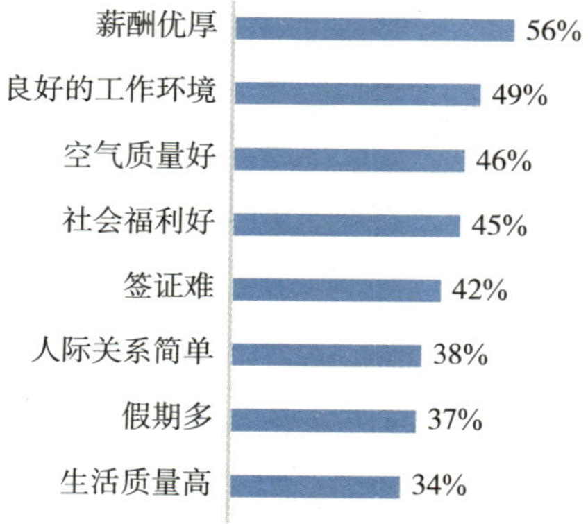

图 6–19　选择海外就业原因（海外因素）

资料来源：《2019 出国留学蓝皮书》调研，针对已毕业人群共采集样本 684 份。

另外，对国内工作信息收集匮乏及回国时间不同等问题成为留学生归国就业的一大劣势。由于国内大部分企业的秋招从 8 月份开始，而招聘的学生大多数是还未毕业的学生，这就使得海外的应届生在回国后变为非应届生。同时，由于部分国家高校的毕业时间与国内高校毕业时间不同，留学生回国后很可能已经错过校招。

留学生求职经验分享二维码 ▶

2. 归国就业：机遇与挑战并存

（1）留学生归国就业竞争力

在此次调研中，我们加入了企业招聘者对于留学人群看法的相关内容，希望更加深入地探讨从企业角度如何看待留学人群，以便了解留学人群的就业特点及优劣势。

从针对企业管理层或人事岗位的工作人员的调研数据来看（见图 6–20），在测评员工工作能力及性格的 19 项指标中，招聘者认为拥有留学背景的员工在其中 12 项指标上相较没有留学背景的员工来说表现更为抢眼。这些优势集中在人际交往能力、语言能力、创新能力及一些思维方式上。这与我们前面提到的留学生对自身评价的结果基本吻合，也侧面验证了海外留学经历给留学生带来的积极影响。

另外，招聘者也明确表示，在努力程度、自制力、务实性及稳定性方面，具有留学背景的员工表现得稍逊于只有国内教育背景的员工。

由于近年来留学归国人数越来越多，很多公司不再盲目迷信对留学生的招聘录用。因此，留学生找工作的优势逐渐在弱化，特别是对于一些留学热门专业（如金融、管理等）的学生。人员的扎堆给行业造

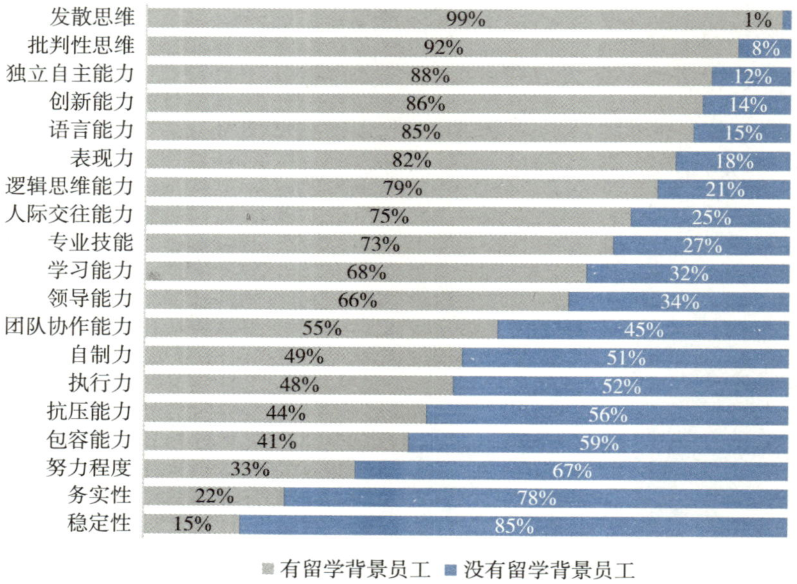

图 6-20 留学人群工作表现优劣势

资料来源：《2019 出国留学蓝皮书》调研，针对社会人士共采集样本 116 份。

成越发激烈的就业竞争形势。通过调查我们发现，目前我国大部分企业对于留学人员的需求并不是非常强烈，留学背景并非“必须项”，而为“加分项”（见图 6-21）。如果应聘者中有留学背景的候选人，那么大多数企业还是会优先考虑有留学背景的应聘者。同时，超过 90% 的招聘者认为留学具有重要意义，主要体现在开阔视野、创新思维、提升语言能力和提升沟通能力等方面。应聘的成功与否虽然最终仍取决于个人综合素质，但应聘者如果能在笔试和面试中体现出更加开放和创新的思维，这无疑能为笔试和面试加分，这样应聘者更有可能取得面试官的青睐。

图 6-21 用人单位对海归人群的诉求

资料来源:《2019 出国留学蓝皮书》调研，针对社会人士共采集样本 116 份。

> 未来变数很多，我还没有做长远的打算，但是确定了要读研究生。主要原因在于，我通过实际了解发现，大学生不好就业，我自己也没有突出的优势，外加对工作有一些恐惧，不太了解人事关系，还没做好充分的准备，所以准备在读研时多多实习，提升自我，这样未来会更好找工作。在研究生毕业之后，我可能会选择当老师，没有读博的打算。小伙伴们几乎都会选择在研究生毕业之后就业。大多数同学会回国实习，但是也有成功在国外实习的同学，这些同学能成功的原因是努力加充分的准备，但与所选专业也有关。国外实习主要和个人性格有关，有组织能力、社交能力的学生更容易找到国外实习的机会，如学生会主席。计算机专业的同学也比较好找实习工作。
>
> ——谢同学（美国波士顿大学本科在读）

对于就业，麻省理工学院前面试官史蒂文·亨德里克斯在访谈中给出了他的观点和建议。史蒂文提道，留学生在国外学习期间，不应仅仅将重点放在学习和获得学位这件事情上，还应该建立更加广阔的视野和进行长远的规划，比如注重为自己搭建一个国际化平台。毫无疑问，学术水平的提高是留学的主要目的之一，但是有意识地培养自己国际化的思维方式、积极开放的沟通表达也同样重要。史蒂文举例说："有一些学校的中国学生人数众多，中国留学生更愿意和中国人交朋友而不是和来自其他国家的留学生交朋友，而且很多教授觉得中国的留学生很难融入课堂的讨论中，这样他们的英语水平很难得到快速提高，沟通交流能力也没有得到锻炼。但是，在国外就业过程中，除了少数科学家、工程师等科研岗位对语言水平的要求略低，其他绝大部分公司都希望自己的员工有较好的沟通能力和英文水平。"

（2）归国就业地选择

就业城市的选择是留学生归国就业时首先需要考虑的问题。如图 6–22 所示，留学生归国就业地点的第一选择依旧集中在北京、上海、广州、深圳 4 个一线城市。由于经济文化发展水平较高，就业机会众多，因此一线城市吸引了大批的海归人士。紧随其后的是杭州、成都、西安、厦门等新一线城市。杭州近年来由于互联网产业的快速发展带来了大量的就业机会，特别是阿里巴巴等知名企业在杭州扎根，也吸引了一大批海外学子。同时，杭州、西安等地方政府颁布了大量吸引人才的优惠政策，对留学生具有较强吸引力。

近年来，海外留学归国人数越来越多，公司的入职标准也越来越高，留学生在回国就业时会明显地感受到压力。在同一职位的竞争者中，很多人都拥有海外名校的背景，很多留学生原本引以为傲的"海归光环"也逐渐减弱。出国留学不再是少数经济富足的家庭才能做出的选择，越来越多中产阶级开始考虑增加子女的教育投资，并将出国留学作为一项重要手段。面对愈演愈烈的就业竞争和越发严苛的就业环境，提前做好职业规划是每位留学生必做的功课。有效的职业规划会帮助学生在留学过程中充分安排好时间和分配好精力，从而更快地找到适合自己的职业方向，并且在回国后避免错过每个合适的就业机会。

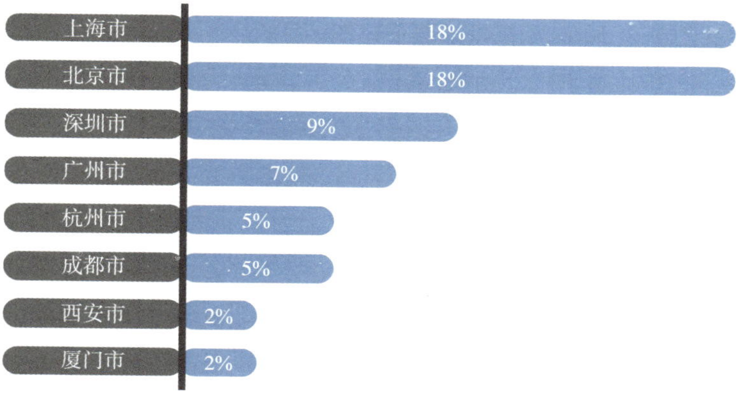

图 6–22　留学生归国就业地点选择

资料来源：《2019 出国留学蓝皮书》调研，针对正在海外就读及已经毕业的留学生共采集样本 1 137 份。

对于就业规划比较遗憾的事情是自己关注工作比较晚，有同学提议在 7 ~ 10 月休学回国找工作并推后一学期毕业，但是我自己因为觉得手续烦琐没有这么做，但现在觉得这种方式是可行的。有些面试因为时间、地点问题我没有参加，后来经过朋友提醒也发现自己错过了一些很不错的公司。

——赵同学（新加坡国立大学研究生毕业）◂

在实习过程中，令自己触动很大的事是发现国内公司企业其实对应聘者的英语要求不高，应聘者的进入门槛也较低，但应聘者的英语好会有明显优势，他可以对接外国客户，从而可以获得更多的工作机会，因此英语好对日后的发展很有帮助。同时，对工作较为有帮助的计算机知识等都可以提前学习，以便日后更好求职。

——陈同学（美国康奈尔大学在读）◂

（3）留学生如何应对归国就业的竞争压力

根据海外留学生的求职反馈（见图 6–23），仅有 18% 的学生在出国前或留学早期开始进行未来的职业规划，而 50% 的学生表示他们是在留学的中后期才开始准备求职，更有 31% 的学生表示他们是在归国后才开始进行求职的相关准备。

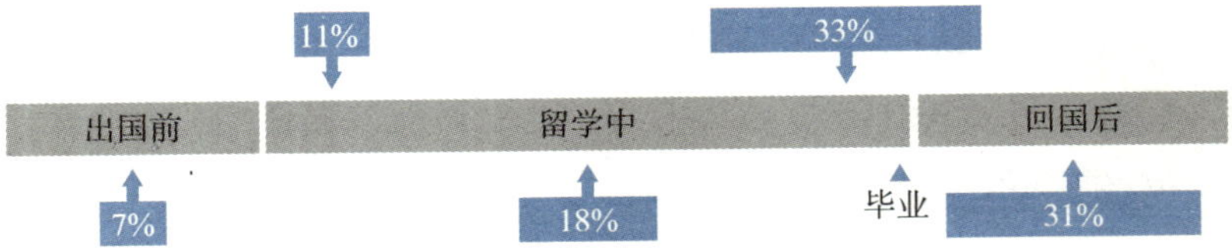

图 6–23　留学生求职准备节点

资料来源：《2019 出国留学蓝皮书》调研，针对留学经验人群共采集样本 1 137 份。

部分留学生认为，就业问题是毕业之后才需要考虑的事情，在院校申请阶段以及留学阶段的主要任务是好好学习，并拿到学位证书，其实这样的想法是不全面或者说有失远见的，真正的职业规划应该在入学前的申请阶段就开始。

首先，在选择专业时，留学生应当对自己的兴趣有较为清晰的认知，以自己的兴趣为方向进行选择，而不要盲目跟风地选择热门专业。事实上，“热门专业”在受到追捧的同时也隐藏风险。在金融业高速发展的时期，行业整体的人才需求量大、行业发展潜力高，从而吸引了大批人才。但随着行业发展趋于稳定，人才储备也出现饱和，曾经的“热门行业”也逐渐失去光彩。同理，近年来高速发展的互联网、人工智能等行业吸引了大批人才。从大趋势来说，就业的热点和趋势难以预测，热门专业的变化规律也很难预见，学生在出国时选择的“热门专业”在毕业回国时是否还热门都是未知数。除了不要盲目跟风外，学生还要考虑自己的个人能力和性格特质与行业是否匹配。只有从事自己感兴趣并且擅长的事情，才能在职场中迅速找准位置，并在工作中取得更多成就，从而发挥自身价值。

其次，在了解了自己的兴趣和能力之后，需要自己对学科、行业和岗位尽量充分地了解。很多学科也许表面上十分光鲜有趣，但其中的理论学习部分非常枯燥。因此，学生应该对自己感兴趣的专业多加了解，以确认自己的所见与所想一致。比如，一些学生对心理学感兴趣，但是由于缺乏专业性的了解，他们通常只看到这个行业光鲜有趣的一面，却忽略了心理学需要扎实的理学和逻辑学基础。所以，不妨先罗列出自己感兴趣和擅长的科目，再到网络上查询这些科目的课程设置，评估学习内容是否与自己的预期相符，自己对课程本身是否感兴趣，以及课程难度，等等。

最后，在有了较为清晰的行业选择后，就需要自己在留学过程中提高自己的能力了。除了专业技能外，是否具备开放和创新的思维方式、更高的英语水平也是回国应聘时企业着重审核应聘者的内容。当然，丰富的海外实习经历也可以为自己的简历锦上添花，从而增加竞争力。同时，提前实习还可以让自己通过实地观察感受了解自己想从事的行业和职业特点，使自己确认该工作是否符合预期，从而大大降低“职场试错率”。有时，如果在实习公司展现出优秀的个人能力和专业能力，还有可能在实习结束时收到录取通知直接留任。在当今激烈的就业竞争环境中，用人单位对于留学生的“优待”越来越不明显，留学生应该早做准备，有清晰的心理定位，脚踏实地。求职时，切忌好高骛远，这样才能从容应对在求职中的各类困难。

【专家视角】如何正确认识留学生就业问题——认清自我优势，提前做好规划

访问对象：国家千人计划专家、蔓藤教育创始人兼首席执行官马列伟博士

留学不仅与学习相关，留学后的就业问题更牵动着广大留学家庭的心。近年来，随着越来越多的留学生归国，留学生已经从“稀缺人才”逐渐失去光环。从“海归”到“海待”，留学生的就业形式越发严峻。动辄几百万元的留学费用，如何在留学生就业时体现价值？留学过程的种种经历，如何成为留学生就业时强大的竞争力并使其脱颖而出？长时间的海外学习生活在留学生身上烙下了怎样的优劣势？这些都是越来越被人们关注的话题。

关于就业地的选择，马博士表示：“就业地的选择与个人的职业选择息息相关。我们之前做过一系列留学生访谈，大多数学生认为‘在国外有一段工作经历再回国’是留学的最佳结果。这样，可以使留学生无论在薪资还是职位的问题上都获得最理想的结果，也可以使留学的价值最大化。”

虽然海外工作经历可以使留学利益最大化，但留在海外工作会面临大量问题，这也就要求留学生在求职时准备得更加充分。马博士谈道：“从目前的情况来看，大多数留学生因为缺乏职业规划意识，对职业路径、岗位标准等了解甚少，更不知道如何实践，而且求职准备启动太晚，都是临毕业才开始找工作。在这种情况下，留学生在求职时会变得非常被动，会变成靠运气找工作。”

在马博士看来，国际化的就业竞争力是留学过程中最核心的培养要素，要求学生经历长时间的准备过程，那么怎样的准备才能让学生具有国际化的就业竞争力呢？

“我们首先要了解企业需要什么样的人？什么价值是企业最看重的？留

学是否可以带来更多的价值？我们可以将竞争力分为硬技能、软技能和行业人脉，留学生要想满足这3点要求，并不是通过简单的上课、考试就可以达到的。留学生应该有清晰的职业规划，有了目标才能有努力的方向．但恰巧职业规划是今天留学生最缺乏的技能。”

什么时候开始职业规划更有优势？马博士认为：“职业规划不能留到毕业前夕才开始，学生在读书过程中，甚至是从到达留学国家或是有留学计划时就应该开始规划。在中国的高等教育中，职业规划是一个比较新的概念。中国的经济发展源于计划经济，加之中国大学更偏向于集体规划的教育体系，这些导致了学生对职业规划问题的不重视。而在今天，职业规划是个性化的职业发展路径规划。学生想要形成完整的职业规划，应该按照以下4个阶段进行。

第一阶段，设定职业目标，这里的目标包括学生设定的想要就业的行业、心仪企业以及相应任职的岗位等；第二阶段，分析差距，充分了解自身能力与岗位要求的差距，更好地认识自身不足；第三阶段，规划提升，根据自身的不足，查缺补漏，规划如何填补自身与岗位之间的差距；第四阶段，技能测评，用量化的方式测量技能的差距。

在马博士看来，国内大部分企业依旧青睐有留学背景的学生，尤其是走向国际化的企业，但难点在于留学生应怎样选择合适自己的企业，很多企业也存在不知道如何让留学生发挥其最大价值的问题。

在当前的就业环境中，单纯的留学经历已经无法赋予留学生足够的就业竞争力。但仍有一部分留学生认为，他们在留学过程中锻炼了独立生活的能力，也经历过很多国内学生没有经历过的挑战，因此他们在回国后自然应当获取比国内学生更高的待遇。

实际上，这部分学生忽视了求职中最根本的问题，虽然雇主们看重留学生的经验及阅历，但在根本上，他们更关心的是应聘者能否解决企业的问题，也就是我们之前所说的求职者是否具备企业需要的硬技能和软实力，是否拥有一定的行业人脉资源。留学是人生中的一段黄金学习经历，但是如果上百万元的留学投资没有规划好，留学生在回国后依然会落入“海待”的大军。在每年 50 万人的留学生回归大潮中，前期是否做好充分的职业规划，决定了这个学生是被大潮卷跑，还是在坚定的屹立者当中找到自己的一席之地。

更多求职知识请扫描右侧二维码 ▶

第七章

留学金融服务，助力留学之路

从留学决策开始，到踏出国门开启海外留学之路，再到学成归来工作、创业，金融服务都一直伴随着留学生的生活。对于大部分家庭来说，留学是一笔较大的教育投资。我们应善用各类留学金融服务。留学金融服务不仅可以帮助申请者更加便捷地走上留学之路，还可以通过专业顾问的合理规划实现留学资金效能的最大化。

第一节　留学所需金融服务概要

在留学的漫长过程中，金融服务必不可少。不论是留学资金的准备，前期各项费用的交纳，还是签证所需的资金证明、海外消费，都是每个留学家庭必须面对和考虑的问题。做好全方位的准备，没有后顾之忧，这样才会让留学生在求学的道路上走得更加踏实。

表 7-1 列出了出国留学过程中可能需要的金融服务支持。不难看出，留学金融服务贯穿整个留学过程，留学过程中的许多活动都与金融服务密不可分。

图 7-1 显示了受访者在留学过程中使用的金融业务类型。最常用且需求量最大的金融业务是资产证明服务，79% 的受访者表示使用到了这一业务；其次，使用过结售汇业务服务的受访者也达到了 67%；信用卡业务也是常用的留学金融服务，使用该业务的受访者达到了 43%；需要海外账户的受访者紧随其后，也达到了 36%。那么，这些金融服务如何帮助到留学生及留学家庭？在使用、办理金融服务的过程中，留学生及

留学家庭又要注意哪些问题呢？

表 7–1　留学过程中涉及的金融服务

留学阶段	涉及项目	金融服务类型
学校申请阶段	留学贷款	贷款
	学校申请费	信用卡、银行电汇、汇票等
	标准化考试报名费（如托福、SAT、GMAT 等）	信用卡、部分支持支付宝等方式
	标准化考试成绩送分费	
	国际快递费用	信用卡
	入学押金（deposit）	信用卡、银行电汇、汇票等
	资金证明（美国需在学校申请阶段提交）	存款证明
签证准备阶段	签证费用交纳	银行柜台或网银支付
	存款证明（除美国外，其他国家在签证阶段提交）	存款证明
	学生和交流访问学者信息系统（SEVIS）服务费——仅美国	信用卡
留学阶段	学费	信用卡、银行电汇、汇票等
	生活费	购汇、换汇、信用卡等
	取现	信用卡、储蓄卡等
	消费	信用卡、网银支付、部分支持支付宝等方式
留学后	实习	储蓄卡
	贷款	贷款、存款证明等
	结汇	结汇等

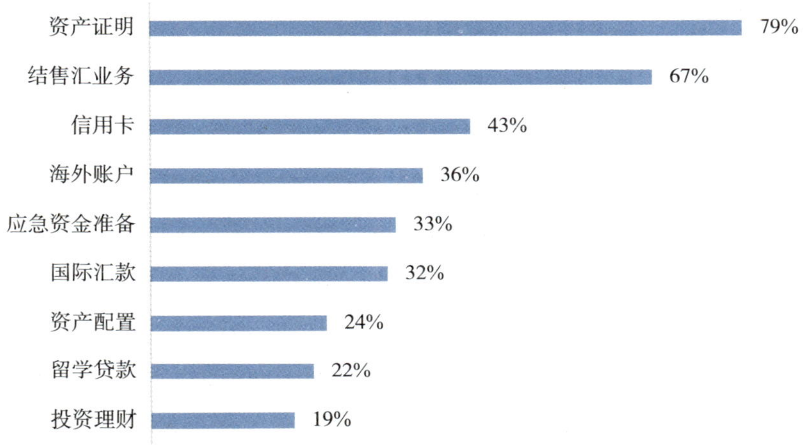

图 7–1　留学过程中使用的金融业务

数据来源：《2019 出国留学蓝皮书》调研，共采集 4 075 份样本。

第二节　留学申请阶段的金融准备

留学申请的准备阶段，也是涉及金融服务最多的阶段，繁杂多样的金融服务类型和选择难免让首次办理留学申请的家庭产生疑惑。在这一阶段，资产证明、外币信用卡和国际汇款是大部分留学生需要的几种最主要的金融服务。

一、留学资金准备

由于多数留学国家要求申请者提供资产证明，因此资产证明在众多留学金融服务中使用人数比例最高。资产证明相关材料是留学生申请自费出国留学的必备材料，它能够证明申请学生或其家庭有足够的资金用于支付其在海外留学的某一段时期内所必需的学习、生活等费用。一般情况下，我国银行提供的资产证明主要为“存款证明”和“留学贷款证明”两种方式。

1. 存款证明

个人存款证明业务是指银行为存款人出具证明，证明存款人在当前某个时点的存款余额，以及在以后某个时点前不可动用的存款金额。在开具存款证明的时间段内，该笔资金自动被冻结且无法使用。

不同留学国家对申请者要求的存款证明数额以及开具时长有不同的规定。

美国驻华大使馆和领事馆对于存款证明的期限没有严格的规定，一般建议存期在6个月以上，可以以父母或者直系亲属的名字开取证明，但需要证明申请人与存款证明开具人的关系。存款证明冻结时间根据不同学校的要求决定，大部分学校要求解冻日期在签证之后、正式开学之前。与其他国家不同，美国高校要求申请者在申请时就提供存款证明。申请者若同时申请5所高校，则需要向5所高校分别提供存款证明。存款证明中的金额至少需要满足申请者在美国就读期间的学费加生活费总额。

与美国不同，去往英国的留学生办理签证的政策从2018年7月6日起有所简化。新政策规定，在办理Tire 4签证时不强制要求中国留学生提供资产证明，但是建议前往英国的留学生仍然准备好金额不低于在英国就读的学费和生活费的资产证明，以防被使馆抽查。其他热门留学国家及地区要求的存款证明可以参考表7-2不同留学国家存款证明要求。

中信银行可为留学家庭提供中英文双语对照的存款证明——在大使馆具有较高的认可度。凭本人（学生或家长）在中信银行的储蓄存款在柜台或门户网站申请开具存款证明，从开具当日起至证明期满这段时间，对该客户的账户实施冻结，到期自动解除冻结，账户恢复使用。存款证

表 7–2 各留学国家或地区学校申请及签证时存款证明要求

国家或地区	学校申请阶段	签证申请阶段	存期
美国	40 万～50 万元	高中，80 万～120 万元；本科，50 万～100 万元；研究生，35 万～50 万元	6 个月以上，建议 1 年，以覆盖整个申请周期
英国	无	不强制要求，建议提供 30 万～50 万元	28 天起，建议 3 个月，以覆盖签证申请周期
加拿大	无	80 万～100 万元	1 年，金额能够覆盖至学业结束，要求提供 6 个月以上的存款流水
澳大利亚	无	高中，40 万～50 万元；本科，不强制要求，建议 20 万～30 万元	建议 6 个月
新西兰	无	35 万～60 万元	要求提供 6 个月以上的存款流水，避免一次性大额存入
中国香港	无	建议 20 万元	建议 3 个月以上
欧洲其他国家	无	建议 20 万元	建议 6 个月以上
亚洲其他国家及地区	10 万～20 万元	无	6 个月以上

资料来源：根据调研样本留学生反馈整理。

明可用于在申请签证和学校时将个人信用转化成银行信用，以提高签证申请人的信用水平。

2. 留学贷款证明

为准备申请留学所需资金证明材料，银行可以根据不同国家的留

存款证明常见问题

- 在银行的所有资产都可以开存款证明吗？

随着银行业务的不断发展，除了传统的银行存款产品外，银行还发展出了银行理财，代理销售的基金、保险、贵金属等产品。根据境外留学机构的要求，存款证明需为一段时间内资金价值不会发生变动的资产，也就是说，只有本外币存款（定期、大额存单）才能够严格满足这一要求。

- 开立存款证明的资金我还能动用吗？

在存款证明开立期间，资金需要被冻结，客户是不能再使用这部分资金进行转账汇款、支付、投资理财的。冻结期限根据学校要求，一般为 3～6 个月。到期后，资金自动解冻，恢复可以使用的状态。

- 存款证明只能去银行网点开吗？

中信银行提供了在线存款证明办理业务，客户可通过电子银行线上申请开立存款证明，开立完成后打印即可。

- 签证通过后存款证明可以提前解冻吗？

网点柜台开立的存款证明可以提前解冻，但是必须交还所有开出的存款证明文件，并携带身份证前往银行柜台办理。◀

学政策要求，根据客户在本行发放的留学贷款情况开具留学贷款证明，用于证明申请人的资金来源。该留学贷款证明不具有任何经济担保作用。

除此之外，为了方便中国留学生申请材料的办理，加拿大和新西兰提供 GIC（Guaranteed Investment Certificate，担保投资证）计划和留学汇款专用账户等途径和政策，以进一步简化手续，拓宽渠道，提升办理效率。

（1）加拿大 GIC 账户

GIC 是银行开具的担保本金的投资证明。自 2011 年 5 月 3 日起，加拿大驻华使领馆颁布了为具备良好英语水平的学习许可申请人简化资金文件的留学新政策，对于符合条件的申请人可递交由参与的加拿大金融机构出具的有效 GIC 以取代原本资金担保所需相关文件。

加拿大皇家银行是使馆认可出具 GIC 的金融机构之一，留学家庭可在中信银行预先开立加拿大皇家银行账户，将 10 050 加元通过中信银行汇至加拿大皇家银行账户，同时将手续费 1 500 元通过中信银行汇入加拿大皇家银行指定账户，加拿大皇家银行会在收到手续费和自保金之后出具资金证明文件（GIC Certificate）。中信银行与加拿大皇家银行具有合作关系，申请人可通过办理中信银行代理见证开户业务开立加拿大皇家银行 GIC 账户。

（2）新西兰留学汇款专用账户

为了方便中国公民赴新西兰留学签证的审理，新西兰移民局为中国公民赴新西兰留学提供了另一种证明经济能力的途径。留学生在预签证前，可通过新西兰移民局指定的银行办理留学汇款专用账户，存入对应年限的学费和生活费。在预签证后，银行将对应的首年学费和生活费解冻转入澳新银行，其余部分资金继续被冻结。在正式获得签证后，留学生父母可以通过新西兰留学汇款专户为子女后期的学习和生活汇款，一般每年至少汇款一次。

新西兰留学汇款专用账户，一方面简化了留学生签证申请资金证明的手续，解决了留学家庭资金证明存期不足的问题；另一方面，方便了父母监控其子女在新西兰的资金使用情况。

目前，中信银行是新西兰移民局唯一授权办理新西兰留学汇款专用账户的中资银行。

留学贷款

在出国留学时，无论是学杂费、生活费，还是保证金，都将占用大笔的流动资金。如果留学决定做得比较仓促，并且自有流动资金不足，可向银行申请用于留学的贷款。

银行向有资金需求的留学客户或其家庭成员发放用于支持受教育人在留学期间支付学杂费和生活费，或用于满足借款人在申请出国留学过程中所需保证金的人民币贷款，即留学贷款。

留学生也可用自有或父母房产抵押，向中信银行申请住房抵押综合授信额度。额度项下的贷款可用于支付留学学费或海外生活费。◀

二、外币信用卡

外币信用卡是留学过程中最常用的金融服务之一。在交纳申请费、考试送分、交纳国际快递费时，甚至在日后的海外生活中，留学生都会用到外币信用卡。根据发卡组织的不同，目前各家银行常见的外币信用卡类型为万事达（Master）、维萨（Visa）、美国运通卡（American Express）、JCB（日财卡）和大来卡（Diners Club）。其中以万事达、维萨最为常见，在绝大多数的商家中都可以正常使用；而美国运通卡、JBC和大来卡的使用范围略小于前两种，可能会遇上商家不支持该发卡机构的情况。

标准化考试中信用卡的作用

无论去哪个国家学习，各类标准化考试成绩的准备是必不可少的环节。出国留学常见的考试有托福、雅思、GRE、GMAT、SAT。目前各类考试都以网络线上报名的方式进行，为方便中国考生报名，我国教育部对托福、雅思、GRE 和 GMAT 考试的收费进行了一体化办理，学生可以通过国内渠道进行缴费。2016 年年底，教育部考试中心统一调整了常见标准化考试（托福、雅思、GRE、GMAT）的缴费方式，将缴费方式改为支付宝或首信易两种支付方式。

但由于部分考试并未在内地设置考点，因此其收费方式也未加入教育部的统一收费系统。以 SAT 考试为例，SAT 考试最近的考点位于香港，且以美元为收费货币，仅支持可以支付美元的信用卡在线支付。◀

从外币信用卡办理时间的角度来看，目前线上申请已经成了主流的申请途径，客户在申请后大概 7~20 个工作日可以收到信用卡，建议客户提供比较完善的资产证明、在职证明、收入证明等材料，因此有此类需求的考生家庭需要提前准备。对于已经持有美国签证的客户，中信银行提供美签渠道办理特殊政策，客户可凭申请表、身份证、赴美签证页复印件和 DS-160 确认页等简单材料申请信用卡，附属卡年龄下调至 15 岁，并适当提升客户信用卡额度，以满足出国留学家庭的需求。“护航计划”联名信用卡附属卡申请年龄下调至 14 岁。

境外信用卡紧急服务

- 发现信用卡被盗刷怎么办？被盗刷的资金可以追回吗？

发现信用卡账单出现非本人交易（或与实际交易情况不相符）的记账，在规定时间范围内（交易日起 60 天内）可向发卡银行提出争议，由发卡行通过卡组织（如银联、维萨、万事达、JCB、美国运通等）向收单行提出调阅交易凭证的请求，以便了解交易的相关情况。

调阅的交易凭证包括但不限于：签购单影像件，取现流水单据影像件，商户情况说明，与交易有关的截屏（电邮）或其他与交易相关的资料（内部参考，灵活运用）。

调单处理范畴：调单只针对信用卡交易是否成功、交易金额是否正确、有无重复入账以及商户是否按照卡组织规定进行收单操作进行核实（不针对签名笔迹、持卡人是否在现场等情况进行调查）。

▪ 在什么情况下会提示信用卡被锁？发现信用卡被锁后如何解锁？

被锁的原因应该有很多，如密码多次输入错误，可联系客服解锁，或通过自助渠道解锁。

▪ 若进行大额消费时剩余额度不够，应该怎么做？是否可以临时提升额度？

临时额度可以尝试向银行申请。中信银行有海外专属额度服务，为了满足客户在境外的用卡需求，为优质客户提供海外专属额度，客户通过客服或上行短信激活该额度后，即可实现在海外指定地区消费。

银行系统会根据客户的用卡情况，自动审核生成海外额度，是否有海外额度及额度大小会根据客户的用卡情况有所变化，海外额度可在中国境外地区使用。海外额度激活后，符合条件交易，优先使用海外额度，再使用自身额度。

海外专属额度激活实时生效，有效日期为 1 个月，有效期内未使用将自动失效。海外额度仅在海外指定地区进行刷卡消费类交易时生效，提现、预授权、非刷卡交易等无法使用海外额度。海外额度激活成功与否，都会有短信提醒。在境外使用海外额度时无短信通知。◀

三、国际汇款

在留学生求学的过程中，境外汇款是必须用到的金融服务。一般来说，留学生家长一年给留学生汇两次学费；而生活费的汇款次数因家庭而异，基本按照月、季、半年的周期来汇款。银行提供的国际汇款业务一般有两个途径：电汇和国际速汇（见表 7-3）。

1. 电汇

电汇指客户到银行柜台，或通过网上银行、手机银行等电子渠道，

表 7–3　不同汇款方式比较

	电汇	速汇金	西联汇款
手续费	手续费较低	手续费较高	手续费较高
是否需要海外账户	是	否	否
到账时间	1～10 个工作日	10 分钟左右	10 分钟左右

准确、完整填写电汇单后，将外币汇到学校指定账户。境外电汇所需要填写的信息全部为英文，常见必备信息包括所在学校的账户名称、账号、开户行名称、开户行地址及 SWIFT Code（银行国际代码）等。

总体来说，电汇具有方便安全、到账较快、费用便宜等优势。目前，中信银行办理美元、港元、日元、英镑、澳元、加元、新元、欧元、新西兰元等外币的汇入、汇出业务。电汇可以通过银行柜台、个人网银、手机银行等渠道办理。

留学家庭通过中信银行的网上银行和手机银行办理电汇，只需填写一次汇款单，银行便会把客户的汇款信息存入系统，如果再次汇款与首次汇款收款人的账户信息相同，系统将自动把联系人信息调出，客户只需要核对，不需要手工填写境外银行名称、地址、SWIFT Code、收款人名称、账号等信息。

2. 国际速汇

如果留学生在国外有紧急小额资金需求，家长可以选择国际速汇业务。目前，国内主流的国际速汇业务有两种：速汇金（MoneyGram）和西联汇款（Western Union）。国际速汇与电汇相比，速度更快且无须预先开立境外银行账户，但同时具有大额汇款费用高、币种少、仅支持个人对个人汇款等缺点。

电汇小知识

汇款方式：目前多数银行都提供柜台、网上银行（一般需要 U 盾）、手机银行等多渠道换汇功能。客户仅凭身份证，在未提供其他材料的情况下，每年在所有银行柜台、网上银行、手机银行等渠道购汇额度合计为等值 5 万美元，也称“便利购汇额度”。超过 5 万美元的购汇，或者不希望占用本人便利购汇额度，则需要持汇款真实性证明材料到柜台进行办理。由此可以看出，对于所需学费较高的留学家庭而言，建议持有效留学签证、留学真实性用途材料（如录取通知书、学费缴费通知单等）到银行柜台汇款，这种方式虽然提供的材料较多，但可以不占用 5 万美元的“便利购汇额度”，“便利购汇额度”可以用于支付学生的生活费。

汇款进度：一般来说为 1～10 个工作日。在进度查询方面，中信银行“信 e 汇”支持客户自主通过线上渠道查询汇款进度，可通过微信或短信通知汇款到账金额及时间，可以节约客户奔波柜台的时间，也提高了查询的准确性和及时性。

汇款费用：银行电汇的手续费一般在 0.1% 左右（一般会设置手续费最低和最高值），另有 80～150 元的邮电费（不同国家和地区有所区别），还包括清算账户行手续费和收款行手续费等。中信银行“护航计划”联名借记卡持卡人可享受跨境汇款手续费 5 折优惠（不含邮电费）。◀

第三节　留学过程中的金融服务

当留学生走出国门，踏上海外求学的道路时，除了丰富多彩的学习生活，他们还会迎接新的挑战。面对这些挑战，丰富的金融产品和增值服务能够为留学生的海外学习生活解决问题，增添便利。

在本章第一节中，我们通过对正在海外就读及已经毕业的留学生人

温馨提示

留学费用的支付渠道主要包括银行类金融机构和提供学费支付服务的第三方支付机构。考虑到留学费用金额较大，建议客户首选银行类金融机构作为主要办理渠道。目前，部分银行已与第三方支付机构推出了合作产品，为客户提供了多样化的产品选择。

在办理跨境电汇时，有一些细节值得注意。一是对于欧元、英镑等币种，校方可能同时提供了收款银行账号和 IBAN（国际银行账户号码），我们建议客户在汇款时直接将 IBAN 填入收款方的收款账号，否则可能会因为人工处理而发生较高的扣费甚至被退汇；二是全额到账服务并非适用于所有国家和地区，所以建议客户在使用该服务前事先咨询银行客服；三是目前已有银行推出了跨境汇款状态查询服务，能够帮助客户动态掌握每一个汇款环节。中信银行推出手机银行跨境汇款服务品牌“信 e 汇”，加速汇款到账，免费通过微信、短信推送汇款状态信息，有效保护资金安全。◀

群的调研，了解到他们留学期间学费和生活费的汇出、信用卡服务、理财等增值服务是留学生金融产品需求中极为重要的部分。针对这些需求，中信银行提供了个性化的便捷服务，以帮助留学生更好地利用留学金融服务，为海外学习生活提供更多便利。

一、代开境外账户，落地直接使用

在出国读书时，学费、生活费存在哪里呢？飞机落地找银行？排队预约办账户？

目前，国内部分银行可以提供中国居民在境内远程开立境外账户的服务。在国内预先开好留学目的国家和地区的银行账户，能帮助留学生减少陌生感，能实现便捷的全球支付，如学费、生活费等。

中信银行提供代开境外账户服务，由中信银行负责收集、审查、传递客户开户申请文件，由境外合作银行负责个人账户开立及境外银行服务的业务。客户不出国门即可开立境外账户，其优势如图 7–2 所示。

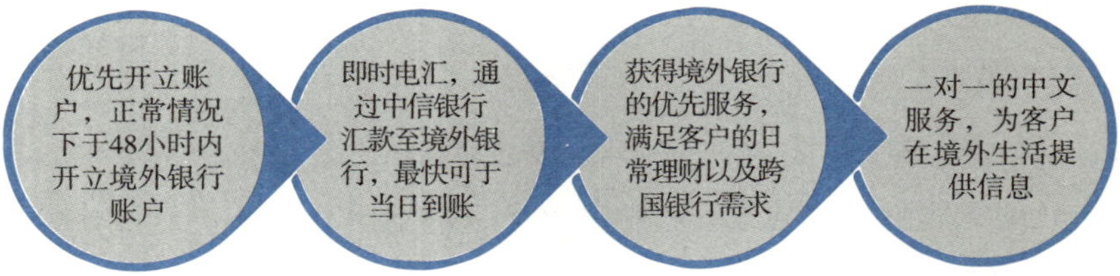

图 7–2　中信银行代开境外账户服务优势

目前，中信银行已经与澳大利亚联邦银行、加拿大皇家银行、美国华美银行、中信银行（国际）合作，为客户开立澳大利亚账户、加拿大账户、美国账户和中国香港账户。留学生在 2019 年 12 月 31 日前申请开立境外账户免收服务费。

二、外币兑换，简单便捷

个人外汇业务是留学生在留学中接触最频繁的金融业务之一，其涵盖的产品包括个人购汇、个人结汇和外汇买卖。多元化的办理渠道以及人性化的产品设置极大地满足了留学生外汇业务的办理需求。

1. 个人购汇

个人购汇业务是以人民币购买外币的业务。

留学家庭可以通过银行柜台、个人网银和手机银行等全渠道办理包括美元、英镑、欧元、澳元、日元、加元、新西兰元、新元、瑞士法郎、港元等各种主流币种的个人购汇业务。

温馨提示

目前，境内个人每年的“便利化购汇额度”为等值 5 万美元。如果留学生提供学校录取通知书、学校官方的学费证明材料、学费交纳通知等有效证明，则用于留学学费、生活费的购汇可不占用本人“便利化购汇额度”。◀

巧购汇、省花费

- 购汇汇率总在波动，应该在什么时间购汇呢？

建议家长可以根据留学资金的需要，分批购汇。如果您是中信银行的客户，您可下载登录中信银行“信汇投资”App（应用软件），不仅能够查实外汇实时汇率情况，实现本外币、多种外币之间的转换，还可根据设定汇率报价进行委托外汇买卖，实现智慧投资。

- 如果为孩子留学储备的外币暂时用不到，就存成银行活期账户吗？

如果家长提前几年就开始准备子女的留学资金，考虑到这部分资金不能存在任何风险，建议考虑银行的外币定期产品。目前，中信银行推出了多款外币大额定制产品，多种期限选择、利率水平同业中屈指可数，对于 3 个月以上存期需求的留学家庭建议首选。

如果学生临近留学用款时间并对外币资金的流动性有很高的要求，那么中信银行的美元增利煲、外币薪金煲能够在满足流动性需求的同时提供超过活期 10 倍以上的收益。◀

“信汇投资”App 下载二维码 ▶

2. 个人结汇

个人结汇业务是指以外币购买人民币的业务。

3. 外汇买卖

外汇买卖业务是指以一种外币购买另一种外币的业务。

中信银行柜台、网上银行、手机银行、"信汇投资"App可办理个人购汇、结汇和外汇买卖业务。中信投资平台除可办理各类个人外汇业务外，还可实时查询外汇牌价。"双币宝"产品可以帮助留学非美国国家的家庭实现以理想的汇率换取留学国家货币，并保证资金收益的目的。

> 双币宝是创新性的个人外汇期权产品，可按照客户预期的价格实现货币间的转换，如未达到预期汇率，还可获得外币理财收益，从而使客户实现兑换、投资两不误。◀

三、资金携带方法多

1. 携带现钞

留学生可在银行购汇后提取现钞随身携带。

各个国家或地区对于携带现金也有不同限制，一部分国家或地区对出、入境携带现金的金额都有限制，一部分国家或地区则只限入境携带的现金的数量，还有的国家或地区要求入境至少要携带一定量的现金。因此，留学生在出行前需要充分了解当地的海关规定，虽然各个国家或地区都是随机抽查，但请各位同学不要存在侥幸心理，一定要遵守各个国家或地区的现金携带规定，避免不必要的麻烦。各个国家或地区的外币携带管制条件如表7-4所示。

表 7–4　各个国家或地区的外币携带管制条件

国家或地区	携带币值	备注
中国台湾	最多可携带 6 万元新台币现金出入境，携带外币入境则不予限制	超过限额应在入境或出境前事先向台湾“中央银行”申请核准，持凭查验放行
美国	不超过 1 万美元现金、旅行支票或者其他货币等	如不申报，当事人最高可面临 50 万美元的罚款及 10 年以上有期徒刑
加拿大	不超过 1 万加元或等值货币	超过金额，需如实申报
澳大利亚	不超过 1 万澳元或等值外币	超出限额需向海关申报
德国	不超过 1 万欧元	
法国	不超过 7 600 欧元	
韩国	不超过 1 万美元或等值货币	超出限额出入境都需向海关申报
日本	不超过 100 万日元或等值货币	填写申告书
英国	不超过 1 万欧元	超出部分需提交申请
阿联酋	不超过 5 000 美元	
泰国	至少携带 2 万泰铢	

温馨提示

根据国家政策规定，携带超过 5 000 美元或等值外币出境，海关将对外币携带证进行核验。如果携带金额在等值 5 000 美元以上、1 万美元（含）以下的外币现钞出境，可以到银行网点申请开立外币携带证，出境时，海关凭加盖银行印章的外币携带证验放。如果携带金额超过等值 1 万美元的外币现钞出境，需要到外汇管理局开具外币携带证明，海关凭加盖外汇管理局印章的证明文件验放。◀

2. 外币汇票

外币汇票是指国内银行与国外银行签订协议，在银行签发外币汇票后，持票人到国外银行进行解付，国内银行与代理解付银行根据双方事先签订的协议进行资金清算。

3. 银行卡

银联、维萨、万事达等卡组织发行的借记卡和信用卡均可在国外消费和取现。但取现手续费会根据各家银行的政策而产生变化，需以各家银行公布信息为准。

2017年12月29日，中国国家外汇管理局发布《国家外汇管理局关于规范银行卡境外大额提取现金交易的通知》，自2018年1月1日起，个人名下银行卡（含附属卡）合计每个自然年度境外取现不得超过等值10万元。同时，将人民币卡、外币卡境外提取现金每卡每日额度统一为等值1万元。

信用卡境外取现按取现金额的3%收取，最低收费为3美元或30港元或3欧元，同时按照每日万分之三到万分之五的比率收取利息。信用卡境外取现限额与借记卡基本相同。

四、使馆业务，说走就走

当留学生逐渐适应了海外生活，远在故乡的父母希望与子女相聚，一同感受惬意时光时，留学家庭是否还在为英文障碍和复杂的办理流程所苦恼？中信银行的“全球签”业务，让你说走就走，不再苦恼。

1. 代收费

中信银行与使领馆签约合作，代理收取签证申请费、服务费和增值

中信银行“护航计划”联名借记卡和信用卡

2017 年，“护航计划”公益项目由中国儿童少年基金会联合有关单位共同推出，旨在为出国留学的少年学子提供公益保障服务，通过安全护航、服务护航、文化护航及数据护航，从 4 个方面对海外留学生提供全方位的保障。

中信银行作为“护航计划”爱心编队成员，肩负起社会责任，响应基会的号召，推出“护航计划”联名借记卡和信用卡，在满足留学家庭境外消费、境外取现、学费汇划等核心需求的同时，整合了便捷签证、航班延误险、存款证明免费、跨境汇款手续费 5 折、见证开户免费、免货币兑换费、留学资讯、社会实践活动等权益，为留学家庭提供专业的出国金融服务，用心护航留学之路。◀

扫描右侧二维码获取更多“护航卡”信息 ▶

服务费等费用。申请人可凭本人有效护照等材料到中信银行的营业网点或门户网站（根据与不同使馆的协议约定）办理交费手续，并凭中信银行开具的收据向使领馆申请签证。

2. 代传递签证申请材料

“代传递”业务是指使领馆所在地的中信银行分支机构（传递行）根据使馆有关规定收取签证申请材料后，由专人将签证材料送交使领馆签证部门，并在约定期限内到使领馆取回所交材料后退还申请人的业务。目前，中信银行受理的“代传递”业务的国家包括美国、新加坡、意大利等。签证“代传递”服务免去了留学家庭往返奔波使领馆之苦，同时，中信银行直接对接使领馆，保证了护照等重要身份证件的安全。

3. 移动签证服务

中信银行与英国使领馆及法国使领馆合作推广英国“如意签”和法国“随行签”移动签证服务，即使领馆为贵宾客户提供上门采集指纹和接受申请材料的移动签证服务。该服务具有预约灵活、上门服务、人数不限、省时省力等特点。

4. 中信银行“全球签”

中信银行与美国驻华大使馆和领事馆自 1998 年起独家合作 19 年，获美国、英国、意大利、巴西、南非、新加坡、新西兰、以色列、澳大利亚 9 国使领馆权威授权，有着丰富的签证经验。中信银行“全球签”，即业内首创线上签证平台，为客户提供覆盖 70 余个热门国家和地区的签证咨询、翻译、填表、预约、代送、协助购买保险、预订酒店机票、面签指导等服务。留学生家长再也不用因为沟通障碍和各国签证复杂各异的办理流程而对海外旅行望而却步，而是跟随孩子的节奏，用脚步丈量世界，享受说走就走的旅行。

全球签二维码 ▶

5. EVUS——在线签证更新电子系统服务

对于已经拿到 10 年期旅游签证的留学家长，在赴美前还有一件重要的事情，那就是通过 EVUS（签证更新电子系统）进行在线签证信息登记。自 2016 年 11 月 29 日开始，根据美国国土安全部的要求，持有 10 年期有效 B1/B2、B1、B2 签证的中国公民必须登录 EVUS 在线登记个人信息，才能顺利入境美国，如图 7–3 所示。

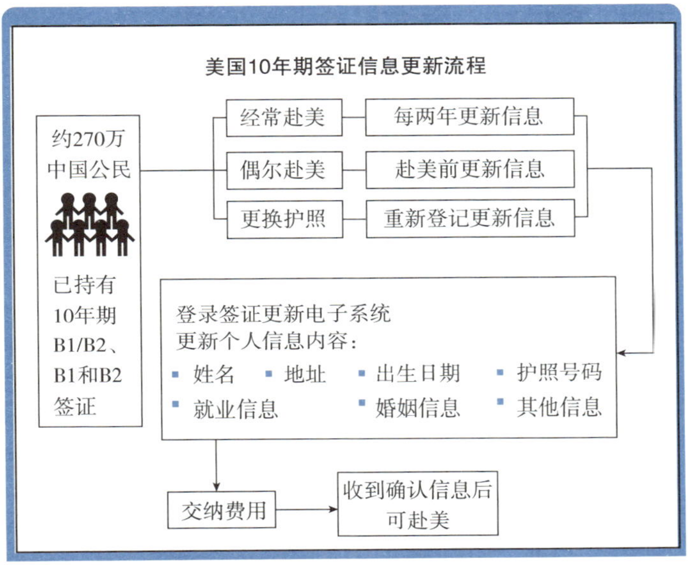

图 7-3　EVUS 签证系统信息更新流程

中信银行率先获得美国国土安全部权威授权使用 EVUS 商标并联合推广。登记 EVUS 需要用英文填写 5 大类 76 项内容，为了帮助中国公民

温馨提示

只要是持有中国大陆因私护照和美国 10 年期签证（特指 B1/B2、B1、B2 三种类型），就必须使用 EVUS 系统，并且每两年更新一次。若签证或护照两者中有任何一者过期，EVUS 登记信息便失效，那么签证持有人必须在前往美国前再次登录 EVUS 更新个人信息。在 EVUS 生效后，中国旅客若未能至少每两年对其信息进行一次更新，或者未在获得新护照更新信息，将无法使用 10 年期签证。◀

顺利完成登记，中信银行创新性地开发了 EVUS 中文填表系统，帮助英文水平有限的赴美公民准确完成 EVUS 信息登记。申请人 10 分钟即可完成登记、取得回执。

申请办理 EVUS 登记二维码 ►

五、特色信用卡，越刷越省

国际卡组织和国内发卡银行与境外商户合作，为留学生海外消费提供众多便利和优惠，是留学生消费、省钱的好帮手。以中信银行为例，中信银行有多种配有国外权益的信用卡可供留学生选择，如表 7–5 所示。

六、投资平台巧理财

留学家庭如果卡里还有准备换汇的人民币，则需要实时了解外汇价格，逢低购汇。留学家庭如果卡里还有美元，则需要了解如何保值增值、抵御汇率变化的风险。如何让留学资金创造更多的价值也是海外留学家庭要关注的问题。

家长在为孩子准备留学的前期也都做足了功课，提前就换好了充足的外币。留学生每年所需要的费用是相对固定的，那么对于还未使用的外币资金该如何利用，才能实现资金效能的最大化？

中信银行为留学家庭提供定制外币储蓄与理财服务。留学家庭可以通过中信投资平台实时查询汇率，还可以关注“中信银行微生活”官方微信每周二的外汇专刊，了解影响汇率变化的因素，分析外汇走势，把握换汇时机。

中信银行对符合条件的客户给予差异化外币存款利率定价，针对美元和澳元在基准定期存款利率基础上进行上浮；同时结合留学家庭需求

表 7–5　中信银行信用卡权益介绍

留学生信用卡境外权益	特色权益		
	VISA signature 全币通信用卡	万事达钛金信用卡	美国运通白金信用卡
▪ 安全关怀： ——境内外交易实时短信通知 ——航空意外伤害保险（白金卡专享）	▪ 境外消费返现 ▪ 免 1.5% 境外货币转换费 ▪ 境外消费 3 倍积分 ▪ 境外 Wi-Fi 特权	▪ 境外门店及海淘消费返现 ▪ 全球快速退税 ▪ 免 1.5% 境外货币转换费	▪ 免除 1.5% 货币转换费用 ▪ 全年境外消费 6 倍积分 ▪ 36+1 全运动服务
▪ 出行关怀： ——航班延误保险 ▪ 生活关怀： ——子女 15 岁即可办理附属卡（一般为 16 岁），父母可灵活调控子女的附属卡额度 ——父母子女同步账单通知 ——语言、学费消费分期	▪ 境外酒店优惠 ▪ 航空意外伤害保险 ▪ 盗刷保障险	▪ 境外消费 3 倍积分 ▪ 精选国际购物中心优惠 ▪ 航空意外伤害保险 ▪ 盗刷保障险	▪ 全球超 1 100 个机场、高铁贵宾休息厅 ▪ 全球顶级餐厅、酒店预订 ▪ TopCashback 网站专属返现礼遇

注：信用卡权益具体以银行最新活动细则为准。

不定期发行外币理财产品，包括美元、澳元、港元等，为留学家庭外币资产提供更多投资选择。

对将来孩子留学目的国家还犹豫不决的家长也不必担心，即便提前兑换了欧元、英镑等外币为孩子未来留学做准备，中信银行也能够为这部分资产提供配置方案，双币宝能够按照客户预期的价格实现货币间的转换，如未达到预期汇率，还可获得外币理财收益，从而使客户实现兑换、投资两不误。

扫描右侧二维码获取更多“信汇投资”信息 ▶

七、全方位增值服务

1. 海外安全保障

近年来，随着留学人数的快速增长，尤其是低龄留学生的比例持续提升，留学生在海外的安全问题越来越受到关注。

（1）旅美生活服务平台

作为美国在中国境内唯一授权办理赴美签证业务的机构，中信银行承载了赴美“必经前站”的责任与使命。为了给中国公民赴美提供安全保障，同时为赴美人群提供全方位生活、学习等实用指导和服务，中信银行与中国驻美国大使馆、外交部领事保护中心共同推出“中国赴美公民全方位领事保护公共服务”，包括《中国驻美国大使馆领区手册》、领事“随手拍”系列视频、旅美生活服务平台、24 小时呼叫热线 4 大安心保障，为我国赴美客户打造全方位的旅美生活安全服务。

旅美生活服务平台二维码 ▶

（2）海外保险

中信银行推出多款海外保险产品，为留学生在海外生活提供保障，满足留学家庭的个性化需求。

2. 优惠租车、免费 GPS 等海外增值服务

无论是与伙伴一同自驾出行还是与父母共赏美丽风光，想要全方位

畅快领略国外的景色，自驾是留学生及其家庭喜爱的体验方式之一。中信银行联合领先出境自驾游租车平台，为客户提供免费国际驾照、免费 GPS（全球定位系统）和海外优惠租车服务。

出国租车小贴士

境外租车所需文件和资格：

- 护照原件，有效的本国驾照原件，至少 1 年驾龄。
- 年龄 21 岁或以上（年龄在 21～25 岁，可能需支付低年龄附加费）。
- 有效的国际驾照，中国公民需提供中国驾照英文翻译或公证书（不再需要国际驾照），并同中国驾照同时使用。
- 有效的国际信用卡。◀

3. 中信英才实习营与出国训练营

面向广大正在申请国外学校和即将迈出国门的学子，中信银行每年暑假都将在各个分行所在地举行出国训练营活动，通过对烹饪、理发、礼仪、防身术等实用技能的培训，帮助留学生更好地适应留学生活。

留学生在暑期归国期间还可以参加中信银行英才实习营，在丰富实践的同时还能结识志同道合的小伙伴，让自己的留学生涯更加精彩。

中信银行联合中信银行（国际）、中信证券、中信建投证券等集团子公司，为学生提供内地和香港的实习机会，并在实习结束后提供实习证明。部分表现卓越的实习生还可能获得所在实习单位高管的推荐信。学生通过实习可充分体验金融领域工作常态，学习金融界专业知识，提升自己在金融专业申请或者金融领域求职的综合竞争力。

第四节　留学后服务

2018 年 8 月，全球化智库（CCG）与智联招聘联合发布了《2018 中国海归就业创业调查报告》。报告显示，党的十八大以来，已有 231.36 万人学成归国，占改革开放以来回国总人数的 73.87%，同时 90 后已成为新生代海归的主体，占比高达 55%。在《2019 出国留学蓝皮书》调研报告中，受访者表示选择回国发展一方面是为了方便与家人团聚，更容易获得亲戚、朋友等人脉资源的支持；另一方面是看好国内的发展潜力。而选择留在国外发展的受访者大多是在国外找到了满意的工作，或者已经完全融入了国外的生活环境，并建立了自己的交际圈。

温馨提示　留学后资金规划服务

留学归来时，剩余的外汇可以根据需求选择结汇或者购买银行外币储蓄、理财产品。对于高息货币，如美元，2018 年美元加息 4 次，与人民币产品收益差已经很小，目前中信银行等部分股份制商业银行美元一年期存款产品年利率已达 3.6%，考虑近期人民币美元汇率波动加剧，可以将剩余的美元转为存款或理财产品，作为家庭资产避险一部分。对于低息货币，如英镑、日元等，若无特殊用处，则可以将其兑换为美元来购买理财产品；或者选择委托结汇的方式，将外币换成人民币进行投资理财。◀

一、留学生归国金融服务

1. 融资支持

部分留学生在归国后需要解决置业问题，这给其中一部分留学家庭带来了不小的经济压力。同时，越来越多的海归选择创业，融资困难是目前海归创业者遇到的难题，“巧妇难为无米之炊”，纵使留学归国人员具备先进的知识和素养，拥有国际视野及跨文化沟通能力等优势，但若不能获得足够的资金支持，他们要想成功也绝非易事。从留学家庭的周期性需求出发，中信银行创新贷款方式，缓解留学家庭融资压力，协助海归顺利安家立业。

留学家庭以核心房产为抵押，可以向银行申请综合授信额度，额度项下贷款金额可用于消费用途和经营用途，其中消费用途包括购车、装修、教育、医疗、旅游、日常消费等其他满足家庭生活消费的用途。

个人房产抵押综合授信额度的授信期限最长不超过 30 年；授信到期日不得晚于抵押房产对应的土地使用权到期日。

除了常规的等额本息和等额本金还款方式，中信银行还推出多种创新还款方式，有效降低客户还款压力，提高资金使用率。

2. 结汇及外币理财

留学生学成归国后，留学家庭手中一般都会持有部分结余外汇。留学家庭根据自身需要，可选择结汇或继续持有，多元化投资，分散风险。

（1）结汇：把握时机，多结多得

如本章第二节所述，个人结汇业务是指以外汇购买人民币业务。由于国内各家银行结汇汇率不同，留学家庭在不同银行结汇的成本各异。建议留学家庭在选择结汇银行时多方比较，并关注外汇市场，把握最佳结汇时机。

中信银行结汇汇率位于同业最优梯队，并不定期开展点差优惠活动，多结多得。中信银行每周二发布外汇市场分析报告，帮助留学家庭更好地了解外汇走势，把握结汇时机。

（2）持有外币：储蓄投资两相宜

如果在留学生归国后，留学家庭仍有后续出境需求，或希望进行多

币种投资，以规避风险，那么建议留学家庭在一定时间内继续持有部分外币。

中信银行通过外币存款差异化利率定价，美元、澳元、港元等多币种专属外币理财，“信汇投资”App 实盘外汇买卖，多种投资选择，长期专注帮助客户增利。

3. 留学生归国就业服务

《2019 出国留学蓝皮书》针对正在海外就读及已毕业留学生的调研结果显示，有 19.62% 的受访者表示需要就业指导，有 14.58% 的受访者表示需要就业创业服务。因此，中信银行开展英才实习营活动，整合中信集团内企业资源及优质合作机构资源，为留学生提供实习机会，为留学生成功就业提供支持。除此之外，中信银行还积极为留学人员提供高质量的海归精英专场招聘会。

中信银行以留学回国人才创办企业需求为引导，为具有一定规模、发展前景良好、流动资金暂时不足的小微企业提供融资服务。中信银行根据小微企业经营行为特点和融资需求而设计的特色金融产品，具有抵押率高、审批效率高、融资额度高的特点。

4. 留学家庭全球资产配置服务

对于计划在海外长期发展的留学家庭，家庭资产配置方案是一个重要的考虑方面。中信银行作为业内理财起步最早的金融机构，拥有业内最强的财富管理体系和产品。家族信托服务更是高净值客户最重要的财富管理工具，它能够利用信托财产独立性的法律保护，实现财富隔离保全、多代传承的管理目标。

二、中信银行留学金融产品：助力留学之路

出国金融业务是由中信银行率先推出、针对出国人员和来华外籍人士等提供的一整套安全、快捷、便利的多样化金融服务。中信银行深耕出国留学服务 20 多年（见图 7–4），针对客户的不同需求，提供出国留学、旅游探亲、商务出国、移民海外、外籍人士 5 大系列的一站式服务方案，业务范围包括：签证、出国贷款、外汇结算、跨境汇款、资信证明、全球资产配置等多项业务。同时，中信银行与优质资源跨界融合，围绕留学周期提供专属增值服务，满足留学生背景提升、海外安全、全球实习等需求。打造“线上 + 线下”“金融 + 非金融”的出国金融服务生态圈。

1998年3月
独家推出代收赴美非移民签证申请费业务
独家推出赴美代传递业务
率先推出速汇金业务
率先推出个人出国留学保函业务
推出赴德代传递业务

2002年4月
首批推出个人购汇业务

2004年6月
独家推出赴意大利代传递业务
独家推出赴新加坡代传递业务

2004年12月
推出赴日代传递业务

2005年1月
独家推出新西兰留学汇款专用账户业务

2008年9月
推出预约开立中信银行国际香港账户业务

2013年5月
推出代开澳洲联邦银行账户业务

2013年9月
推出预约开立中信银行国际美国账户业务

2014年6月
推出预约开立美国华美银行账户业务
推出赴英增值服务网上付费业务

2014年12月
推出预约开立加拿大皇家银行账户业务
推出预约开立加拿大皇家银行GIC账户业务

2015年6月
推出“全球签”一站式签证办理服务

2015年10月
业内首创全能型出国金融国际规划师队伍

2015年11月
全国首发《出国留学中介评价指数白皮书》

2016年1月
推出英国国际学生实习计划

2016年11月
推出EVUS登记服务
《出国留学蓝皮书》出版发布

2016年12月
推出“信汇投资”外汇贵金属投资专业App

2017年4月
推出英国“如意签”移动签证服务

2017年11月
推出外币薪金煲业务

2018年4月
加入中国儿童少年基金会护航计划发行护航联名卡

2018年8月
推出法国“随行签”服务

2018年9月
推出外币增利煲业务

2018年10月
推出“信e汇”服务

图 7-4　中信银行出国金融业务发展历程

附　录

出国留学中介机构白名单

教育部最新统计数据显示，2018 年我国出国留学人数达 66.21 万人，其中主要人员为自费出国留学人员，市场上对于留学中介机构的诉求空前高涨。留学中介机构影响着留学家庭申请过程中的体验，而且留学家庭所申请的结果更是对留学生未来的发展有着巨大的影响，留学家庭迫切需要了解可靠、优质的留学中介。

2017 年 1 月，国务院印发《关于第三批取消中央指定地方实施行政许可事项的决定》，该决定明确指出，“取消对自费出国留学中介服务机构的资格认定”，自此留学中介机构的资格认定成为历史。伴随留学中介机构资格认定的取消，留学中介市场变得“鱼龙混杂”。市场对留学中介机构日益增长的需求与混乱的行业状况产生矛盾，为了解决这一问题，中国教育国际交流协会自费出国留学中介服务分会颁发了首批留学服务行业白名单企业，希望可以以此为监督指导，建立良好的中介服务机制，同时给广大学生和家长提供指导。

根据《留学服务白名单管理办法》，所有入围机构皆签署了诚信自律公约，承诺采用国家标准进行留学和语言培训服务，并在留学分会共同开设了消费者绿色快速调解通道。中国教育国际交流协会负责建设完善白名单制度的长效机制，加强对白名单机构的监督工作，定期抽查白名单企业的服务质量体系，接受消费者消费调解申请。

截至 2018 年年底，共有 138 家机构成功加入留学中介机构白名单，具体名单如附表 1 所示。

附表 1 留学中介机构白名单

	注册单位	机构名称
北京市		
1	北京嘉华世达国际教育交流有限公司	嘉华世达
2	东方国际教育交流中心	东方国际
3	中教国际教育交流中心	中教国际
4	北京威久咨询有限公司	威久留学
5	金吉列出国留学咨询服务有限公司	金吉列
6	北京澳际教育咨询有限公司	澳际教育
7	北京驰美科技有限公司	3W-UCSE 北美高中
8	北京东方人力科贸发展有限公司	顺顺留学
9	北京新东方前途出国咨询有限公司	新东方前途出国
10	北京天创四方教育科技有限责任公司	天创四方
11	北京航天留学服务有限公司	航天留学
12	北京环球翔飞教育科技有限公司	环球翔飞
13	北京金矢教育信息咨询有限公司	金矢教育
14	北京利学国际教育咨询有限公司	利学国际
15	北京星源大家庭教育咨询有限公司	星源大家庭
16	北京陆桥时代国际教育咨询有限公司	陆桥时代
17	北京齐欣文化发展有限公司	齐欣文化
18	北京全纳精英教育科技有限公司	全纳教育
19	北京工大世通留学咨询服务中心有限公司	世通留学
20	北京天道恒信咨询有限公司	天道留学
21	北京艾迪国际教育发展有限公司	艾迪国际
22	北京微思弘文教育科技有限公司	微思教育
23	北京光景新知教育咨询有限公司	光景新知
24	北京鑫慧迪教育咨询有限公司	鑫慧迪教育
25	北京联校传奇信息科技有限公司	留洋帮
26	北京中际英才国际管理顾问有限公司	中际英才

（续表）

	注册单位	机构名称
27	东方育才（北京）国际教育咨询服务有限公司	东方育才
28	方通文琪（咨询）北京有限责任公司	方通文琪
29	华盛美伦（北京）教育咨询有限公司	海星高端留学工作室
30	清大澳柯曼教育咨询（北京）有限公司	澳柯曼教育
31	英中全赢（北京）信息咨询有限责任公司	英中全赢
32	智图国际文化交流（北京）有限公司	智图国际
33	中教未来（北京）文化传播有限公司	中教未来
天津市		
34	天津塔斯曼教育咨询有限公司	塔斯曼微留学
河北省		
35	河北省国际教育交流服务中心	—
36	河北国际事务咨询服务中心	—
37	保定河大国际教育服务中心	河大国际教育
山西省		
38	山西尊成国际教育咨询有限公司	尊成国际教育
内蒙古自治区		
39	内蒙古朝阳国际教育交流有限公司	朝阳国际教育
辽宁省		
40	大连鑫泉科教咨询有限公司	鑫泉出国
41	沈阳亨泰莱信息咨询服务有限公司	亨泰莱留学
吉林省		
42	吉林华光教育发展有限公司	华光教育
43	吉林市嘉华教育信息咨询服务有限公司	嘉华教育
44	长春东实留学服务有限公司	东实留学
黑龙江省		
45	哈尔滨市滨才（留学）信息咨询有限公司	滨才留学
46	哈尔滨达利通投资顾问有限公司	达利通国际教育

（续表）

	注册单位	机构名称
上海市		
47	上海上外国际教育交流信息中心	—
48	上海上教国际交流有限公司	上教留学
49	上海斯隆教育科技有限公司	斯隆教育
50	上海傲麦教育科技有限公司	傲麦科技
51	上海司旭教育科技有限公司	BeeReady
52	上海汇紫商务咨询有限公司	51offer
江苏省		
53	江苏教育国际咨询有限公司	—
54	苏州市因私出国服务中心	—
55	徐州玛尔思教育咨询有限公司	玛尔思教育
浙江省		
56	浙江新通留学有限公司	新通教育
57	浙江施强出国服务有限公司	施强国际
58	宁波宁大留学服务有限公司	—
59	宁波乐驰依邦教育信息咨询有限公司	LOFT Consulting
60	杭州世宗教育科技有限公司	世宗教育
安徽省		
61	安徽安教国际教育交流中心	安教国际
62	安徽经济管理干部学院	—
福建省		
63	福建省外服留学咨询中心	—
64	宝择（厦门）留学服务有限公司	宝择留学
65	福州市鼓楼区五湖中视教育咨询有限公司	Offerwall
江西省		
66	江西省教育出国留学咨询服务中心	—
67	江西金才教育发展有限公司	金才留学

（续表）

	注册单位	机构名称
山东省		
68	沃尔德（青岛）教育科技股份有限公司	沃尔德留学
69	青岛国际交流中心	—
70	济南慧侨因私出入境服务有限公司	—
河南省		
71	郑州教育对外交流服务中心有限公司	—
湖北省		
72	湖北省教育自费留学服务中心	—
73	湖北金茂出国咨询顾问管理有限公司	金茂出国
74	武汉剑桥教育服务咨询有限责任公司	剑桥教育
海南省		
75	海南省留学服务中心	—
76	海南美嘉源出国服务有限公司	美嘉源出国服务
77	海南沃德教育咨询有限公司	沃德教育
四川省		
78	成都华樱出国服务股份有限公司	华樱出国
陕西省		
79	陕西省留学服务中心	—
80	西安一则教育科技有限公司	一择 Choice
新疆维吾尔自治区		
81	新疆蓝绿树国际教育交流中心（有限公司）	蓝绿树国际教育
广东省		
82	广东教育国际交流服务中心	—
83	广州广之旅海外咨询服务有限公司	广之旅
84	广州广外留学服务有限责任公司	—
85	广东启德教育服务有限公司	启德留学
86	广州正索教育咨询有限公司	正索教育

（续表）

	注册单位	机构名称
87	北京华通信诺国际文化交流中心广州天河分中心	华通留学
88	北京诺思国际教育咨询有限公司广东分公司	—
89	广东华人出国事务有限公司	华人出国
90	广东汇顺出国服务有限公司	汇顺出国
91	广东汇顺出国服务有限公司清远分公司	汇顺出国
92	广东柏源出国服务有限公司	柏源出国
93	广东介诚教育咨询服务有限公司	介诚教育
94	广东景鸿出国服务有限公司	景鸿留学
95	佛山市东西方留学移民服务有限公司	东西方留学移民
96	广东侨谊海外交流服务中心有限公司	侨谊留学
97	广东省留学人员服务中心	—
98	广东世纪桥国际教育文化交流有限公司	世纪桥国际教育
99	广东英伦教育投资有限公司	UK InLand 英伦留学
100	广东方行海外教育咨询有限公司	—
101	广州诚琛投资股份有限公司	阿博留学
102	广州大九州签证留学咨询服务中心	大九州签证留学
103	广州菲萌教育信息咨询有限公司	菲萌教育
104	广州广南留学服务中心	—
105	东莞市英凯教育投资有限公司	英凯教育
106	东莞市东旅出入境有限公司	—
107	广东中旅移民签证顾问有限公司	东旅留学
108	广州华侨服务中心	—
109	广州景联投资咨询有限公司	景联移民留学
110	广州迈则思教育咨询有限公司	迈思留学
111	广州南湖畅想留学服务有限公司	南湖畅想
112	广州欧中铭睿教育信息咨询有限公司	笨猪网
113	广州上境留学咨询有限公司	上境海外

（续表）

	注册单位	机构名称
114	广州市皇桥教育咨询服务有限公司	皇桥留学
115	广州市晋升咨询有限公司	美国联合教育（UEG）
116	广州市联鸿海外咨询服务有限公司	联鸿移民
117	广州市誉球移民顾问有限公司	誉球移民
118	广州市智行人力资源服务有限公司	—
119	广州韦文教育咨询有限公司	未文教育
120	广州唯实海外咨询顾问有限公司	唯实海外
121	广州新梦留学咨询有限公司	新梦留学 /GoGoOffer 留学网
122	广州耀美教育信息咨询有限公司	—
123	广州一盟教育咨询有限公司	一盟教育
124	广州益升雅思教育信息咨询有限公司	益升教育
125	广州友谊人力资源服务有限公司	—
126	广州海途学子互联网科技有限公司	海途学子
127	惠州市侨邦海外咨询服务有限公司	侨邦海外
128	麦理博教育科技有限公司	麦理博教育
129	茂名市新锐骐人力资源服务有限公司	六零八零网
130	深圳市哈斯教育科技有限公司	哈斯教育
131	深圳市琥珀教育信息咨询有限公司	琥珀教育
132	深圳市华联兴业国际教育交流有限公司	华联移民
133	深圳市仁和海外投资服务有限公司	仁和海外移民
134	深圳市瑞得福国际经济文化交流有限公司	瑞得福出国
135	深圳市西尔北美文化发展有限公司	—
136	中山市东区向洲外语培训中心	—
137	珠海英邦留学咨询交流有限公司	英邦留学
138	珠海中广国际教育交流有限公司	中广国际教育